中華說史

道光十九年

從禁煙到戰爭

沈渭濱 著

中華書局

道光十九年

□
著者
沈渭濱

□
出版
中華書局（香港）有限公司
香港北角英皇道 499 號北角工業大廈一樓 B
電話：(852) 2137 2338　傳真：(852) 2713 8202
電子郵件：info@chunghwabook.com.hk
網址：http://www.chunghwabook.com.hk

□
發行
香港聯合書刊物流有限公司
香港新界荃灣德士古道 220-248 號
荃灣工業中心 16 樓
電話：(852) 2150 2100　傳真：(852) 2407 3062
電子郵件：info@suplogistics.com.hk

□
印刷
點創意（香港）有限公司
香港葵涌葵榮路 40-44 號任合興工業大廈 3 樓 B

□
版次
2015 年 4 月初版
2024 年 2 月第二次印刷

□
規格
16 開（230mm×170mm）

□
ISBN：978-988-8310-88-3

本書繁體字版由華東師範大學出版社授權出版

導論：從中國社會的封閉性說起

道光二十年（一八四〇）前的中國，是一個與世隔絕的封閉性社會，就像馬克思描述的那樣，有如一具小心地保存在密閉棺材中的木乃伊。

封閉性原是封建社會固有的特點，不獨中國為然。因為小農經濟生產的社會性極其有限，生產和流通過程無需廣泛的社會聯繫；生產技術按傳統方式在家族內部甚至更狹小的範圍內世代相傳，有着濃厚的保守性和強烈的排他性。所以，東西方的中世紀史在地理大發現之前，大多數國家都有相當長時間的獨立發展階段，只有地中海沿岸的國家自古代起就有着較為密切的交往，形成為希臘羅馬、尼羅河流域、兩河流域等區域性的文化圈。與西方國家相比，中國由於特殊的地理條件和幾千年人文歷史的積澱，直到鴉片戰爭前仍處於閉目塞聽的混沌狀態，封閉性遠比中世紀時期的西方國家強烈。

中國封建經濟結構不同於歐洲的莊園制經濟，是以一家一戶為生產單位，小農業和家庭小手工業緊密結合的自然經濟。男耕女織是它的典型寫照，一家一戶就是一個世界；一個自然村落無異於一個社會。這樣的經濟生活，養成了中國農民千百年來安於在一個固定的地點從事生產勞動，不思遷徙、安居樂業的保守心態，不像海洋國家的民族那樣樂於冒險、着眼於開發。中國農民雖不像歐洲莊園制中的農奴有嚴格的人身依附，具有相對的人身自由，但卻世代附着於土地，仰其資給，不能須臾或離。農民與土地的緊密結合，使中國的小農經濟具有超強的穩定性；小農業和家庭小手工業的緊密結合，又造成了經濟生活的充分自給性。加上中國地域遼闊，資源豐厚，氣候各別，水源眾多，給封建經濟提供了無須依賴別國的條件。

「天朝物產豐盈，無所不有，原不藉外夷貨物以通有無」，[1]乾隆帝答英王喬治三世的勅諭中這段話，揻開天朝自大觀念，確實形象地概括了中國經濟生活的自給性和封閉性的特點。

中國的君主專制制度到清代發展到了頂峯，成為世界上最有效率的政治機制。清代的皇帝擁有比歷代帝王更大的權力：自古以來作為牽制君權的相權，到清代已不復存在，內閣形同虛設，大學士只是榮銜；分割內閣權力的非常設性的中央機構軍機處，自雍正七年設立起沿而不廢，雖號稱總攬全國軍機要政，卻無絲毫權力，只是皇帝的私人祕書機關；從中央到地方各級政府機構，完全是皇帝的附庸，沒有任何行政上的獨立性，大小官吏的升降罷斥，一兵一將的征戍調動，全都集權於皇帝一人，任何一級官吏都不能憑自己的意志決定任何一件政事；朕即法律，皇帝的旨意可以直貫任何一個地方行政單位而具有無可懷疑的權威性。西歐則不同，君主的權力不僅為諸侯所分割，而且為發達的城邦所侵蝕。有的國家，如統一前的德國，君主的權力遠不如擁有實力的諸侯；中世紀的法國，君主的權力受教會勢力所制約，雖然作為世俗領袖的君主，名義上也是宗教領袖。至於教廷和朝廷在國家中形成兩條垂直的權力系統，互為牽制，共同干預國家的政治和社會生活的情況，在基督教文化和伊斯蘭教文化的國家中比比皆是。歐洲國家的這種權力分割和宗教世俗間的互為制約，嚴重地削弱了中央集權的機制效應，所以歐洲君主的威權，即使在中世紀也不能與中國皇帝相提並論。

中國的社會結構，是建立在以血緣為紐帶基礎上的宗族結合。同一血緣的宗族，構成社會機體中的一個大系統，從同宗中分離出來的各支，又各自以家庭為細胞組成一個子系統，通過每一家庭的生殖繁衍，子系統又逐漸形成為大系統，使同宗變成複雜而龐大的血緣集團。每個血緣集團雖然可以互通婚嫁，但嚴格實行以男性為血緣中心的原則，婦女在其中只承擔繁衍後代、操持家務的職能，沒有決定任何宗族事務的權力與地位；每個支系統又實行嫡長子繼承的原則，使各支之間保持着嚴格的血緣等級秩序，從而把同宗的複雜關係凝固在宗法制度的網絡結構內。所以，每個宗族，對內血緣相親、守望相助，對外保守排他、壁壘分明，嚴重的以至於械鬥仇殺，世代保持着血親復仇的敵對情緒。這種以同宗相繫的宗法制度，具有堅牢難破的凝聚力和陳陳相因的保守性，起着管絡和穩定社會生活的作用。是故，封建社會中的家譜、族譜，都要追溯到同宗的最早祖先，年代久遠；有的則不惜攀比古代名門望族，尋找一個聲名顯赫的歷史人物作為始祖，這種譜諜學中常見的攀比現象，正反映了宗族成員追求血緣網絡結構中所佔層次地位的共同心態，而其背後則隱藏着社會結構的保守封閉特點。國家作為協調宗族組合的機關，實際上是血緣集團間利益和相互關係的最高仲裁者。皇帝以君權神授的天子身份，做了全社會的最高家長。依靠宗法制度，君主專制與家長專制扭結了起來，政治生活和社會生活融合為一個互為依傍的整體。

在這樣的社會結構中，人群的分野不是以階級關係結成利益各別、政治態度有異的社會集團，而是以職業不同區分為士、農、工、商四大群體。在物質利益和血親關係發生衝突時，人們往往以後者去調整前者，又以前者去屈就後者。世俗間的血緣宗法關係被奉為人際關係的親疏準則，從而將社會群體最本質的階級分野蒙上了厚重的霧瘴，所以，長期來中國人的階級意識極為模糊。雖然鴉片戰爭前對君主專制的批判代不乏人，農民造反也此起彼伏，但全都不是自覺的有意識的階級對抗，捲入者是一個龐雜的人群，不具明確的統一的階級意識和階級利益，未捲入者無論是統治集團中人還是被壓迫被剝削的百姓，對之都視為「無君無父」的犯上作亂。

西歐國家雖也注重血緣關係，貴族家庭對血統純正的苛細要求幾至可笑的程度，但整個社會卻主要不依血緣而依經濟利益相維繫，社會群體的等級劃分明確。統一前的德國，存在着諸侯、低級貴族（騎士）、僧侶、城市貴族、市民、平民和農民這些等級；十七世紀初的英國社會中，除了王室、貴族、農民等古老等級外，還從貴族中分裂出新貴族，即主要屬於中小貴族階層的鄉紳，從中小工商業者中構成了新興的資產階級；大革命前的法國社會，明顯地由三個社會等級構成：教士和貴族分屬第一、第二等級，資產階級、平民、工人和農民構成了第三等級。血親關係被現實的物質的階級利益所沖淡，等級關係高於血

1 王先謙：《東華錄》乾隆朝，卷四十七，上海古籍出版社，二〇〇八年版，第十六頁。

緣關係。因而東西方的社會結構，形成了各自不同的模式。

中國的封建文化，自西漢以來漸成以儒學為核心的大一統狀態，沒有任何一種異質文化可以與之匹敵。雖然，有過東方的佛教文化和西方的基督教文化先後以強弱不等的程度傳到中土，但前者為中國傳統文化所吸收溶解，成了中國文化的一部分；後者為中國傳統文化所抵制排斥，難以立足生根，只有由西方傳教士挾帶來的點滴零星的西方近代古典數學，曾對中國傳統的天文曆算之學產生過積極影響，但涉及面仍很有限。強大的包容性和對異質文化的抵拒性，構成了中國文化特有的矛盾性格，使它直到鴉片戰爭前一直在自身封閉曲綫中運動，它也有變化發展，但只是內向性的學派爭鬥和自身的流變。在學派的爭鬥中，儒學因受統治階級的扶持和提倡而得以定為一尊；在儒學的自身流變中，每一個重大流派的出現，因其吸收了非儒學派的有益成分而使儒學整體趨於更精緻、更完善。道統代代相傳，賡續不絕。它也有外向傳播，但不僅區域不廣，而且是以自我為中心的輻射，沒有產生過雙向或多向的文化對流。從嚴格意義說，中國未能掀起一個如同西歐那樣超國界的文藝復興運動而使鄰近的亞洲和遙遠的歐洲產生強大的中國文化漩流。

儒家文化的核心是仁，它的物化便是義禮教化，即糅合着天人合一、宗法和等級制度的綱常名教，作為文化專制主義的核心，它抹殺了人的個性發展，要求人們在政治和社會生活中做君主和皇上的馴服工具，民本主義始終未能孕育出近代的民主主義；儒家文化的價值觀是重義輕利，重商主義從未成為它的價值取向，作為封建統治階級重農抑商的理論依據，它抹殺了功利主義的滋長，壓抑了商品經濟的發展；儒家文化的方法論是中庸，作為一種無所進取的處世哲學，它抹殺了人們的冒險精神和開拓性，以調和折衷的方法協調人世間的不平等關係；儒家文化的歷史觀是循環論，雖然也講變易，但把三代之治的大同理想，奉為歷史發展的最終歸宿。這一切，構築成了中國傳統文化的基本框架。文化功能與統治階級的政治需要緊密結合，成了維護封建統治秩序的精神工具。

清代的閉關鎖國強化了中國社會的封閉性。乾隆二十二年（一七五七）實行的嚴格意義上的閉關措施，雖與西方殖民主義的海盜行徑有間接關係，但直接導因則是西方來華貿易的商船有捨粵北上的趨向，使統治者擔心一旦深入內地，於「民風土俗」大有干係。一七五九年英國東印度公司通事洪仁輝駕船直抵大沽口，闖入被清王朝視為京畿要地的心臟地區，更加強了清王朝防範漢人和洋人相互勾結的意向。正如馬克思所分析：「歐洲各國從十七世紀末為了與中國通商而互相競爭，它們之間的劇烈糾紛曾經有力地推動了滿洲人實行這樣的排外政策，這是毫無疑義的。可是，推動這個新的王朝實行這種政策的更主要的原因，是它害怕外國人會支持很多的中國人在中國被韃靼人征服以後大約最初半個世紀裏所懷抱的不滿情緒。」[2]

閉關政策與清初的海禁既有區別，又有聯繫。海禁主要是對內防止沿海人民與抗清的鄭成功政權相結納，閉關主要是從清朝狹隘的種族利益出發的；海禁因其對內，所以規定沿海三十到五十里「片帆不得下海」，閉關因其對外，所以作了許多限制性的具體規定，形成了一個又一個的防範章程，但兩者都是以隔絕於外部世界的聯繫為主要手段。

閉關政策是荒唐的，但又是合乎統治者邏輯的。且不說中國的經濟、政治、社會結構和傳統文化的特殊封閉性為它提供了物質和思想的依據，即使從歷史上看，它也不是沒有先例可循。明洪武七年（一三七四），就曾把全國僅有的三個對外貿易港口——即通日本的寧波、通琉球的泉州和通南洋諸國的廣州——給封閉了，撤銷了上述三個市舶司，直到永樂元年（一四〇三）復置，前後二十九年；明嘉靖元年（一五二二），又因西方海盜商人的騷擾，罷浙江、福建兩市舶使，接着封港，只留廣州一處，到嘉靖八年（一五二九）復置，前後七年多；清初實行海禁，直到康熙二十四年（一六八五）廢止，前後近二十年。所以，乾隆帝只留廣州一口通商的做法，只是續了前朝前代的舊例而已。一個國家，把自己與外部世界隔離開來，這種既荒唐又合邏輯的矛盾舉措，正是中國傳統文化特有的產物。在天朝自大觀念支配下的

2 馬克思：《中國革命和歐洲革命》，《馬克思恩格斯選集》第二卷，人民出版社，一九七二年版，第六—七頁。

封建統治者，根本沒有近代國家的外交觀念，把自己視為「奄有四海」的天子，視各國為藩屬或蠻夷。所以清王朝在國家機構裏只有理藩院，沒有外交部，兩廣總督被授予管理西方來華貿易商人的全權。在重義輕利觀念薰陶下，統治者也沒有互通有無的對外貿易概念，開關互市不是為了獲利，而是為了宣揚國威，把來華貿易的國家一概視為向化輸誠的朝貢者，把出口絲茶大黃作為救夷人之命的賜賚。一旦自我感覺有內外勾煽的潛在威脅或外夷越軌而「屢教不改」，便動輒封艙閉關，「稍予薄懲」。所以，閉關政策雖有微弱的自衛意識，本質上則是自然經濟和傳統文化支撐下一項愚昧落後的政策。在西方資本主義已經興起，全球化時代正在到來之時，尤其顯出它的頑固和愚蠢。

鴉片戰爭前中國社會的這種強固的封閉型結構，使得中國自身產生的異化力量衝不開這個三百六十度的封閉曲綫。中國幾千年來仍在封建社會踏步不前。

首先，經濟方面雖然商品經濟較以往有所發展並對自然經濟堅土有所衝頂，但封建經濟憑藉政權力量的保護，嚴重壓抑了商品生產的發展，所謂「資本主義萌芽」在二百多年中始終未能發育成參天大樹。直到鴉片戰爭前夕，中國的資本主義生產方式還只是自然經濟滄海中的一粟，就其自身的行程而言，還僅僅處於由簡單協作向工場手工業的過渡階段，只有在若干發達的傳統手工業部門，才有一定數量的手工工場。因而，當時還沒有出現如同西歐中世紀後期那樣的市民等級，商人列為四民之末，商業作為賤業而遭社會歧視，封建經濟仍然一統天下。

其次，思想文化領域裏雖有反對君主專制制度的民主思想閃光，但批判者使用的只是從封建文化中衍生出來的思想武器。他們用儒家學說中的民貴君輕思想去批判君主專制制度，把三代禪讓奉為政治體制的楷模；用夷夏之防的傳統觀念影射清朝統治者「非我族類，其心必異」，鼓吹狹隘的種族主義以反對滿洲貴族的統治；用讚美井田制、均田制反對土地兼併，主張耕者有其田；用以血緣為基礎把全國人重新劃分為大宗、小宗、群宗的辦法，去改變現存的社會結構；用鼓勵民間私富的主張反對重農抑商政策。一句話，「藥方只販古時丹」。在文化專制主義高壓下，這些思想主張不但未能形成強大的社會思潮，而且批判者本人有的被殘酷迫害，著作毀版；有的無可奈何地退居書齋，埋首古紙堆中；有的則看破紅塵，遁入空門。學術思想界「萬馬齊喑」。

再次，階級鬥爭領域裏雖有連綿不斷的大小民變和由祕密結社領導的反清起義，對封建統治秩序進行了強弱不等的衝擊，但領導者既提不出符合社會前進的口號、綱領，又缺乏必要的政治素養，使用的無非是千百年來沿用的平均主義思想和傳統的「反清復明」口號，結果免不了被各個擊破的悲慘命運。封建統治者仍做着萬世長存的好夢。

所有這一切的內部衝擊力，不是太小，就是太舊，都不足以突破舊物的臨界限度而使中國社會發生新的質變，使中國歷史進程產生重大的時代性轉折。

鴉片戰爭前的歷史表明，要衝破中國社會堅硬的封閉結構，光有內部的矛盾鬥爭不僅艱難，而且不可能。它需要藉助外力，即藉助一種比中國封建制度先進的生產方式、社會制度和文化形態，使自身的各種新因素得到滋潤成長。在世界進入資本主義時代，這種外部條件已經具備，並正在對古老的中國進行衝擊。中國已經不可能再像以往那樣封閉起來、獨立發展，緩慢地壯大封建主義的異化力量而使自己走上資本主義的道路。西方資本主義正駕着炮艦在古老的東方橫衝直撞。正如列寧所指出：「資本主義如果不經常擴大其統治範圍，如果不開發新的地方並把非資本主義的古老國家捲入世界經濟的漩渦，它就不能存在與發展。」[3]中國就是在資本主義用血和火改造世界的過程中得到了改造，這是一個充滿着屈辱、痛苦、被迫的過程，卻又是個注定要發生的不可避免的過程。

在中國的編年史上，發生鴉片戰爭的道光二十年無疑是一個重大轉折的年代。它劃開了中國歷史的古代和近代，標誌着中國半殖民地半封建社會的開端。

但是，它的前兆，卻在道光十九年（一八三九）就已呈現。西方資本主義的殖民勢力，利用罪惡的鴉

3 列寧：《俄國資本主義的發展》，《列寧全集》第三卷，人民出版社，一九八四年版，第五四七頁。

片走私和堅船利炮，撞擊中國封閉着的大門，利用中國的禁煙挑起戰爭。從而直接導致了道光二十年（一八四〇）對中國公然發動侵略戰爭。

因此，研究道光十九年從禁煙到戰爭的歷史，對了解鴉片戰爭的發生發展是一個必不可少的重要前提，它可以向世人昭示世界範圍內資本主義時代的到來，總是通過落後國家付出沉重代價的方式實現的。資本主義海外市場的開拓，殖民地制度的形成，對於被開拓者、殖民地國家來說，無疑是一個痛苦和蒙難的過程，當它們原有的落後生產方式和社會制度，在資本主義的血火洗禮中發生根本性質的變動時，它們也就被迫逐步地走出中世紀的蒙昧狀態，獲得了通往世界的機會。所以，落後國家在時代大變動中發生趨同時代潮流的歷史性大轉折，取得社會進步與價值觀的更新，往往是在一種被扭曲了的歷史進程中表現出來。這就是正義和非正義，進步與反動在歷史大潮中的辯證法。明乎此，我們就可以在表達自己的民族義憤時，保持着歷史學家的冷靜態度和睿智的觀察力。

目錄

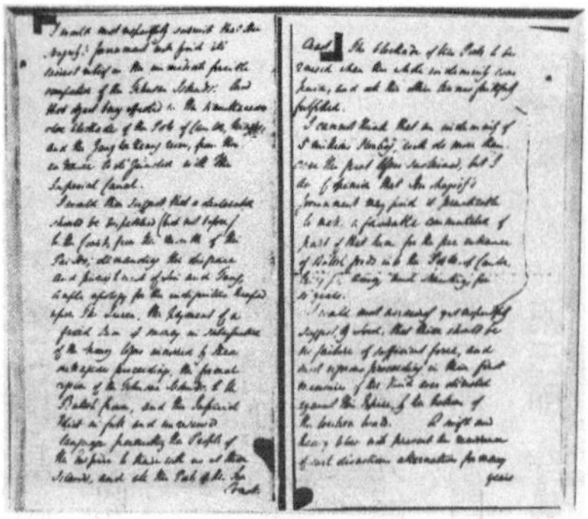

英國政府派駐廣州的商務監督義律要求英國立即向中國出兵的信函

1812 年的廣州商館

香港島開埠圖

林則徐像

大嶼山海防圖

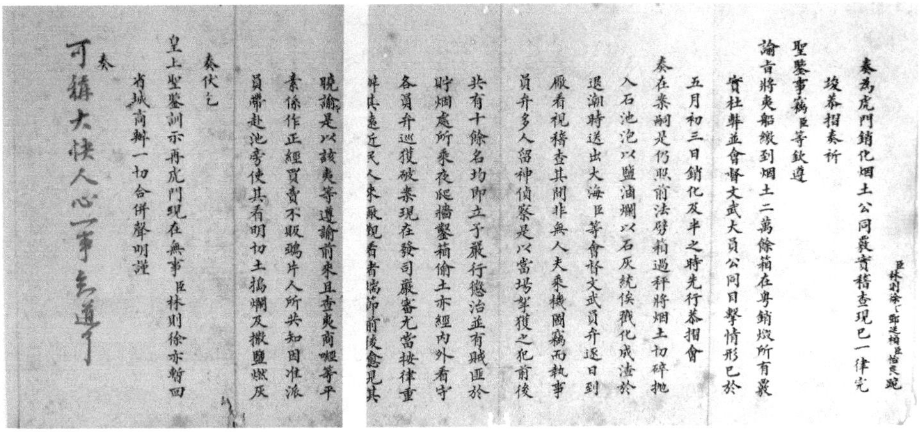

臣林則徐、鄧廷楨、臣怡良跪
奏為虎門銷化烟土公同嚴密稽查現已一律完
竣恭摺奏祈
聖鑒事竊臣等欽遵
諭旨將夷船繳到烟土二萬餘箱在粵銷燬所有嚴
密杜弊並會督文武大員公同目擊情形已於
五月初三日銷化及半之時先行恭摺會
奏在案嗣是仍照前法劈箱過秤將烟土切碎拋
入石池泡以鹽滷爛以石灰就俟戳化成渣於
退潮時送出大海臣等會督文武員弁逐日到
廠看視稽查其間非無人夫乘機圖竊而執事
員弁多人留神偵察是以當場拏獲之犯前後
共有十餘名均即立予嚴行懲治並有賊匪於
附烟處所乘夜爬牆鑿箱偷土亦經內外看守
各員弁巡獲破案現在發司嚴審尤當按律重
辦其遠近民人來廠觀看者端節前後愈見其
曉諭是以該夷等遵諭前來且查夷商啞等平
素係作正經買賣不販鴉片人所共知因准派
員帶赴池旁使其看明切土搗爛及撒鹽燃灰
奏伏乞
皇上聖鑒訓示再虎門現在無事臣林則徐亦將回
省城商辦一切合併聲明謹
奏
可稱大快人心一事 知道了

林則徐等關於虎門銷煙的奏摺

英國東印度公司設在印度鴉片製造廠的鴉片倉庫

吸鴉片的中國人

吸鴉片的八旗子弟。北京人吸鴉片是從滿人八旗子弟開始的，但八旗子弟的墮落卻不是從吸食鴉片開始的。應該説，吸食鴉片是八旗子弟最後的墮落。

第一章

世變前的衆生相

第一節　官吏和貴冑

道光十九年（一八三九）是大清帝國第六代皇帝、年號道光的愛新覺羅·旻寧登基接位的第十九個年頭。這一年道光皇帝五十九歲。朝廷內外，自年初起就忙着為萬歲爺的六十大壽積極準備，屆時好熱烈隆重地慶賀一番。

可是，萬歲爺的心思全不在萬壽慶典上。

即位以來，他苦撐着祖宗留下的基業，雖不能像列祖列宗那樣雄才大略，把王朝調治得繁榮昌盛、中外咸服，但也算是兢兢業業，沒有絲毫的怠惰偷閒。無奈登基以來不但未能有所建樹，反而內則貴胄驕恣、官吏貪賄、民變頻生，國運一天天地衰微，連表面上維持太平景象都感到困難；外而夷人狡詐思逞、滋事不斷，尤其是勾串行商偷販鴉片，致使神州白銀流向外洋，吸毒百姓形疲神傷。雖說歷代禁令不斷，但收效甚微，以至上年不得不特簡湖廣總督林則徐為欽差大臣，赴廣東嚴厲禁煙。一年來廣東捷報頻傳，收繳並銷毀了洋煙二百七十餘萬斤，可是夷人不但未肯具結保證今後永不夾帶鴉片，而且不斷尋釁鬧事，毆斃村民，拒不交兇，甚至公然炮轟廣東師船，挑起邊釁。結果如何，尚不可逆料。裏裏外外發生的不愉快事情實在太多，使皇帝對慶典一事頗感索然寡味。

這年十二月，王朝中央政府官員的一件貪污受賄案被揭了出來，給喜慶的氣氛平添了一個不祥的預兆。不僅是皇帝本人對此深為憤懣，而且使朝內大員人人自危，深恐有所牽連。

作案者是工部管理陵寢修建工程籌備庫的四品銜郎中，名叫慶玉，被參劾藏匿總理工程處的公文長達八個月之久；又伙同郎中明吉、員外郎色欽、魁安，偽造開支名目，長期冒領銀兩，並私自收受直隸遵化州（今河北省遵化縣）的批解租銀。案件奏到朝廷，道光皇帝龍顏震怒，決心要查個水落石出，嚴辦案犯，以為貪賄者戒。

工部是清王朝中央六部（吏、戶、禮、兵、刑、工）之一。其職責包括籌辦物件、營造建築、山澤採捕、陶冶器用、公私水事、鼓鑄寶泉、軍火軍裝製備、道路關梁設施，以及修建皇帝陵寢、辦理百官王宮墳塋制度、審計海葦煤課等等，是一個有錢、有物、有權的中央政府機構。籌備庫是工部下屬總理陵寢工程處的一個倉儲，專管工程處所需的各種物資，設在清東陵所在地遵化馬蘭峪。郎中慶玉是該庫的最高首長，職銜四品。管理庫所在地馬蘭峪北倚長城，是一塊面積頗大的山間盆地。它的西北即著名的馬蘭關，關外有峯馬嶺與此相掎角。由此向東，經三十一個關口而至大喜峯口，是古來兵家必爭的要隘。作為清王朝的陵寢重地，馬蘭峪內有清太宗皇太極的皇后孝莊文皇后陵墓，稱昭西陵；有清世祖順治帝福臨和他的兩個皇后即孝康章皇后、孝獻端敬皇后的陵寢，稱孝陵；有順治帝后妃和女兒的墓地，稱孝東陵；有聖祖康熙帝玄燁和他的后妃陵園，稱景陵。此外，還有康熙帝的兩個皇貴妃即慤惠皇貴妃和惇怡皇貴妃的太妃園寢；有高宗乾隆帝弘曆和他的兩個皇后、三個皇貴妃的裕陵以及乾隆帝妃嬪的裕妃園寢。其規模之大，建築之多，遠遠超過了設在易縣西梁各莊附近的西陵。[1] 為了保衛陵寢，清政府特在馬蘭峪設總兵駐守，稱馬蘭鎮總兵，品級為正二品。管理庫既然在馬蘭鎮總兵的轄區內，慶玉一案，理所當然地由馬蘭鎮總兵琦琛參揭上奏。

這個案件，分明是慶玉利用職權，知法犯法，而且發生在中央政府部門的屬下機構，慶玉又是負責提

1 清代帝王陵寢共兩處，一為京師以東的馬蘭峪，稱東陵；一為京師以西的易縣，稱西陵。到清王朝覆滅，東陵共葬五個皇帝，即順治帝、康熙帝、乾隆帝、咸豐帝、同治帝，分別稱孝陵、景陵、裕陵、定陵、惠陵。此外，西太后那拉氏死後也葬在東陵，稱定東陵。西陵共葬四個皇帝，即雍正帝（泰陵）、嘉慶帝（昌陵）、道光帝（慕陵）、光緒帝（崇陵）。兩處中，以東陵規模為大，且建築奢華。

供修建陵寢工程物資的管理員司，是可忍孰不可忍。道光帝決心嚴加追究，殺一儆百。十二月初八日（一八四〇年一月十二日），皇帝給軍機大臣下達諭旨：

諭軍機大臣等：據琦琛奏，管庫司員隱匿公文、侵吞帑項一摺，已明降諭旨，派文蔚馳驛前往會同查辦矣。此案慶玉將總理工程處印文藏匿八月之久，長領銀兩，造入開除項下，又私自收受遵化州批解租銀；並另片訪聞該員種種不法情事，殊屬可惡！管理籌備庫四品銜郎中慶玉著即革職拏問，派琦琛親赴該員家內嚴密查抄，毋許走漏風聲，致有藏匿寄頓。所有扶同徇隱之郎中明吉，員外郎色欽、魁安，著俟文蔚到時會同審訊。該總兵自請察議之處，俟定案時再降諭旨。[2]

這道上諭，意在審訊追查。案犯慶玉革職抄家，同案犯明吉、色欽、魁安等一同受審，由工部侍郎文蔚會同馬蘭鎮總兵琦琛共同審理。文蔚當時除擔任工部左侍郎外，還代理戶部（相當今中央財政部）右侍郎兼管錢法堂事務，是一名理財專家。皇帝派他去主持審訊，不僅是因為慶玉係工部屬員，而且也是為了處理案件中可能涉及的複雜的財政細節。奏報此案的總兵琦琛，因是案犯供職地區的主官，有失察之過，皇帝命他參與案件審理並主持抄家，同時帶上一筆：是否給他處分，要等定案時視情節決定。

琦琛接旨後自不敢玩忽拖延，立即着手調查慶玉的財產。很快查明慶玉在京中有乾元寺住房一處，慶祥綢緞舖一座及廣立木廠一處；在馬蘭峪的住家富麗堂皇，臺階用白玉，裝修多用楠木，屋內有行宮陳設字畫並更衣殿陳設；所蓋房間頗似行宮款式，有連座九間十檁大房，白玉刻字對聯，金漆裝修等件，均屬違例。此外還查出了慶玉其他劣跡，如以修理庫房名目支銀三百七十兩，但庫房至今未修；騎馬押運石料大車時，竟違制從陵寢前的五孔橋行走，並將門框碰壞；慶玉的兒孫房內藏有鴉片煙具等。[3]

但是，當琦琛帶人查抄細軟錢財時，發現案犯已將家產轉移。事關重大，琦琛當即貼出佈告，勒令窩藏者主動出首。結果，慶玉的部下翼長西林、內管領廣運、文志、章京富勒歡、麗淳等紛紛自首，交出所藏各物。此事奏到朝廷，皇帝立頒嚴諭：追查通風報訊者；對主動自首的西林等人，上諭以尚知畏法，免於革職查抄，但即行解任受審；其他未自首者，一經查出，必予嚴懲。上諭宣佈將參與分散財物又吸食鴉片的慶玉之子副內管領魁明、孫子主事恆齡、姪子員外郎魁安著一並革職，與此案有牽連的生員孫縉及家丁、車夫等拘捕嚴訊；同時，命步軍統領衙門對慶玉在京的房產舖廠分別查抄。[4]

到月底，審訊有了初步結果：通風報訊的是戶部主事全孚，但此事牽涉到工部尚書陳官俊。全孚是戶部參與陵寢工程的一名低級官員，由工部尚書陳官俊隨帶辦事。由於全孚是慶玉的親家，又是好友，慶玉案發後，陳官俊曾傳詢過他。事後，全孚便暗中報訊，使慶玉能搶在琦琛動手抄家之先，把家財分散寄存於屬下官員、差役家中。

為了進一步查明真相，皇帝諭令定郡王步軍統領載銓傳訊全孚；命陳官俊明白回奏。陳在具奏中措詞含混，空洞無實，皇帝深為不滿，下令陳官俊解任、聽候傳訊，並警告他必須據實交代，若再含混，必當革職嚴訊，事件既然涉及部堂大員，原來參與辦案的總兵琦琛便顯得資望不夠。於是皇帝解除了他的辦案職任，命其將全案解京，交定郡王載銓主持嚴審；又命文蔚將已經查出的物件查明封固、開單呈覽，並徹查有無其他收留寄頓之處，若有不實不盡，一經發覺，惟文蔚是問。[5]

十九年十二月二十六日（一八四〇年一月三十日），案件初步查明，工部尚書陳官俊與本案無關，但有過失。他在傳詢戶部主事全孚時，尚不知朝廷已下旨要對慶玉抄家，但他猜測此案極有抄家可能，並在言談中對全孚作了暗示。全孚將陳之虛詞錯當實事，立即通風報訊。陳官俊因有這層難言之隱，所

2《清實錄》道光朝，卷三二九，中華書局影印本，第三十七冊，第一一七一頁。

3 同上書、冊，第一一七四頁。

4 同上書、冊，第一一七七頁。

5 同上書、冊，第一一七八、一一八〇－一一八二、一一八四頁。

以兩次具供都含混掩飾，直到上諭嚴加申斥，才不得不據實交代。於是，皇帝以臆斷失檢、有失大臣之體，將陳官俊革職；全孚有心洩密，發往軍臺效力贖罪；對事先未能查報的工部有關員司，也分別給予議處。[6]

不久，案犯慶玉在審訊中供出馬蘭鎮總兵琦琛也曾收受過屬員賄賂的銀米馬匹。皇帝命將琦琛解任，交定郡王載銓審訊。琦琛對慶玉指控供認不諱。皇帝姑念琦琛參揭了積年鉅蠹慶玉的貪賄罪行，決定從寬處理，僅將琦琛革職，免於刑事處分。[7]慶玉作為本案主犯，著發往伊犁充當苦差，年逾七十，不准收贖；其子內管領魁明，發往烏魯木齊充當苦差。[8]至此，這場震驚朝野的管庫司員貪賄案總算了結。

慶玉一案，只是道光皇帝登基以來基本查清的少數大案之一。明知有問題而因官官相護查不清的案件比比皆是。以各地倉庫虧空案為例，近幾年來，各省州縣申報倉庫虧空層見疊出，動輒盈千累萬，但當朝廷一經下令查辦，督撫往往以因公挪用為詞，搪塞彌縫。皇帝明知個中原委，在地方大員為免於牽連而為劣員開脫，以圖將就了事。對此，皇帝曾在道光十七年六月下了一道辭義懇切的上諭，希望各地督撫體諒國家大局，感知受恩深重，應該激發天良，秉公確查，不講情面，嚴參屬員貪污劣跡。上諭告誡：倘若狃於積習，一味因循而置國家倉庫錢糧於不顧，將來一經查出，定將嚴懲，萬無倖邀寬典之理。可是，諭旨下達後竟成一紙具文。三年來，各地依然故我，僅鹽課一項，至本年累計歷年短缺拖欠達二千九百四十餘萬兩之多。[9]而各地州縣及鹽政監督、司道等，仍一味掩飾，延宕不完。凡此種種，良可嗟歎。

事實上，清王朝吏治敗壞，早在號稱「康乾盛世」的乾隆末葉已日見昭彰，迨至嘉道年間已無可掩飾。時人對此多有指斥，私議所在，一是官吏貪鄙可憎，全不以國計民生為職志。「賦歛之橫，刑罰之濫，朘民膏而殃民者，天下皆是。」[10]有人指出：「為大府者，見黃金則喜，為縣令者，嚴刑非法以搜刮邑之錢米。」[11]貪賄歛財、禍國殃民，確是衰世時代政治敗壞的重要特徵。二是官場黑暗，苟且因循成風。

京官惟知車馬服飾、言詞捷結，它非所知；諛媚而外，苟且彌縫、因循成例，不思革新進取。於是，圓融謙恭成為做官的訣竅。曾居樞垣長達十五年之久的大學士曹振鏞，自稱做官要訣在多磕頭、少說話。[12]時人指出今「天下之大病，不外一個吏字，尤不外一個例字，而實不外一個利字」。[13]語多辛辣，鞭辟入裏，活靈地道出了官場黑暗腐敗的根本所在。三是人才窒息，萬馬齊喑。封建社會的政治，本質上是人治。人才的好惡多寡，往往被視為政治修明與否的尺度，所以歷來把人才輩出作為治世的根本。嘉道年間，人才不興，有人直率地說，那時不但君子少，即使是「小人」也很少，而當才士與才民出，「則百不才督之縛之，以至於戮之」。[14]嫉賢妒才，求治自然不可得，朝野充滿着「除富貴而外不知國計民生為何事，除私黨而外不知人材為何物」[15]的大小官僚。食祿保位，不思興革，思想凝固，閉目塞聽，好似一團混沌。

6《清實錄》道光朝，卷三二九，中華書局影印本，第三十七冊，第一一八五－一一八六頁。
7 同上書，卷三三〇，第三十八冊，第七頁。
8 同上書，卷三三一，第三十八冊，第十八頁。
9 同上書，卷二九八，第三十七冊，第六二九－六三〇頁。
10 劉蓉：《致某官書》，《養晦堂文集》卷三。
11 張際亮：《答黃樹齋鴻臚書》，《鴉片戰爭時期思想史資料選輯》，中華書局，一九六三年版，第十六頁。
12 李岳瑞：《春冰室野乘》。
13 魯一同：《潘先生行狀》，《通甫類稿》卷下。
14 龔自珍：《乙丙之際箸議》第九，《龔自珍全集》，上海人民出版社，一九七五年版，第六頁。
15 魏源：《默觚下．治篇十一》，《魏源集》上冊，中華書局，一九七六年版，第六十六頁。

清王朝已經從頂峯滑坡，衰世徵兆日益暴露。有識之士，瞻前顧後，心寒神慄。但朝野不少人卻仍昏昏然地把衰世當作盛世，歌舞昇平，醉生夢死。京朝諸貴公子，多以豪飲徵歌為樂；宗室王公更挾妓彈唱，出入僧廟茶館，行為放縱，令人不堪。朝廷曾屢頒禁令，要他們自重自愛，然而說者諄諄，聽者藐藐。自道光十八年以來，這類傷風敗俗的行徑屢見發生。先是惇親王綿愷藏匿優伶，又將部庫領出官俸銀罰扣抵補私虧。東山事發後，綿愷被交付宗人府嚴加議處。接着，查出貝勒奕綺赴尼庵唱曲，並與人在庵內打鬥逞狠，也被按例交宗人府議處，上諭再嚴加痛斥。不久，又揭出莊親王奕賨、輔國公溥喜，常去廣真僧廟中吸食鴉片；鎮國公綿順，則帶同妓女赴廟內唱曲。這般王公貴冑把高貴的身份完全拋在腦後，呼朋引類、爭風吃醋、賽富鬥財、沉溺聲色，一時鬧得朝野囂然。皇帝為此下嚴旨查辦，務期各得其咎。結果，莊親王奕賨被革去王爵，輔國公溥喜革去公爵，各罰應得養贍錢糧二年；綿順革去公爵。[16]涉及此案的一批司員，也獲嚴處：內務府郎中文亮、筆帖式通桂，以祝賀廣真生日為名，挾妓赴廟彈唱，迨經拿獲，又假報名姓，企圖混矇脫身；理藩院郎中松傑，已在保送副都統之列，不知自愛，參與致送廣真生辰香資，並容妓女在屋唱曲。上諭著將文亮、通桂、松傑等統予革職，發往熱河效力贖罪。[17]

處罰不能說不重，但收效卻微乎其微。王公貴冑們在風頭稍過之後，故態復萌，仍尋歡作樂，鬧得烏煙瘴氣。當時京師養鳥賽勝、鬥蟋蟀成風。據時人筆記所載：鬥蟋蟀規矩，以二十四盆為一桌，多者可達數十桌。每鬥之前，必稱蟋蟀身材，懸殊者不鬥。凡養蟲之家，都有專人保管調理，稱為「蛐蛐把式」。[18]下至百姓，上自貴戚，無不養蟲鬥勝，嗜蟲成風。道光十九年，查出三等侍衛宗室瑞珠，以現任職官開設茶館，並在館內設蟋蟀盆聚賭抽頭；鎮國將軍宗室惠恩，不僅聽任家人聚賭蟋蟀，而且親赴茶館賭鬥，又查出上年已獲嚴譴的貝勒奕綺，不思悔改，以顯爵之身，輒赴茶場唱曲。皇帝接到奏劾後，既憂且怒，將首犯瑞珠發往盛京，交盛京將軍嚴加管束；貝勒奕綺革爵，責打四十大板，並着宗人府隨時察看，永遠不許出門；惠恩交部議處。

宗室王公、八旗子弟早已被奢靡腐化的生活浸泡得氣短骨酥、卑劣鄙陋，「萬世一系」的王朝根基也就岌岌可危了。這不能不使道光皇帝生出無窮的感歎和深深的憂慮。

16《清實錄》道光朝，卷三一四，中華書局影印本，第三十七冊，第八九四頁。
17 同上書、冊，第八八九頁。
18 崇舜：《道咸以來朝野雜記》，北京古籍出版社，一九八二年版，第五十八頁。

第二節　皇帝與樞臣

平心而論，道光皇帝並不是一個昏庸的君主。

他是嘉慶皇帝顒琰的次子。乾隆四十七年（一七八二）生於擷芬殿中所。像大多數帝王之子一樣，他的童年和少年是在深宮中度過的。除了讀書，對於滿洲傳統的騎射有過較好的訓練。十歲那年，隨祖父乾隆皇帝到威遜格爾皇家圍場行獵時，曾親手發箭射殺過一頭鹿。乾隆帝為之大喜，親賜黃馬褂、花翎。因為這位英武風雅的乾隆爺在十二歲那年也曾經隨侍祖父康熙皇帝圍獵，用火槍轟斃過一頭因負傷而野性大發的熊，而備受康熙爺的讚賞。所以，當乾隆帝見幼孫旻寧居然弓馬嫻熟、不乏家風時，欣喜之情溢於言表。事後，乾隆帝賦詩記事，盛讚孫子的英武聰慧。詩曰：

> 堯年避暑奉慈寧，㨶室安居聽敬聽。
> 老我策驄尚武服，幼孫中鹿賜花翎。
> 是宜志事成七律，所喜爭先早二齡。
> 家法永遵綿奕葉，承天恩貺慎儀刑。

詩句把自己年少的情況和小孫子連了起來，讚揚了旻寧比自己更幼小時即已能開弓射鹿，希望子孫永遵家法，慎於儀刑，以期帝業萬世一系。

幼年獲鹿對旻寧承繼大統起了重要作用。雖然他的哥哥在出生不久還來不及命名時就夭折了，他以老二而成了事實上的老大，但他還有三個弟弟。在皇帝一言九鼎的時代，父皇喜歡誰，誰就能不顧嫡長繼承的老例而做皇儲，所以即使是老大，也不保證將來必定能繼位稱帝。通過這次行圍的考驗，旻寧獲得了祖父乾隆皇帝的歡心，這對當時還未登基接位的父親是一種無形的宣告和有形的表示，意味着將來父親稱帝後不能隨便更改祖父歡喜並中意的孫子的地位。果然，旻寧十八歲時，父皇嘉慶帝遵循建儲家法，親書他的名字，緘藏鐍盒，他成了儲君。

嘉慶十八年（一八一三），北方白蓮教支派天理教發動反清起義，其中一支得太監策應攻入皇宮。時當三十二歲的旻寧臨危不懼，在養心殿南首親持鳥槍轟斃了兩名造反者。事平後嘉慶帝異常欣慰，封他為智親王。他並不驕功，在謝恩時老實承認：「事在倉猝，又無禦賊之人，勢不由己，事後愈思愈恐。」不矜不伐，頗有謙謙君子之風。

他三十九歲時，嘉慶帝殯天。人到中年的旻寧繼位，以明年為道光元年，成了清朝第六代皇帝，也是清代史上唯一嫡出的皇帝。「道光」二字，典出《晉書‧汝南王亮傳》：「有晉郁興，載粟藩翰，分茅錫瑞，道光恆典」。意思是說：晉朝的勃興，裝載着累累的穀米，保衛國家的重臣，分封疆土，賜給瑞祥，道德的光輝，永垂典籍。起這樣一個年號，意味着旻寧希望自己能像祖宗那樣，使國家繁榮昌盛，臣君一心，綱常禮義永垂後世。

他確實很想有所作為，但卻沒有可以大書特書的文治武功。接位十九年來，唯一可以告慰列祖列宗的，是平定了天山腳下的叛亂。中國的西北邊疆，一直是沙俄覬覦的對象。與新疆毗連的浩罕汗國，在沙俄的支持下，成了伊斯蘭教上層分子結集武裝力量、分裂祖國的陰謀策源地。自清初以來，連年烽火不斷，成了清王朝的頭痛問題。道光帝登基不久，伊斯蘭教白山教派後裔張格爾，即趁機謀叛。道光四年（一八二四），張格爾由浩罕率軍攻入新疆烏魯克爾卡倫，清軍接戰失利，領兵官死難，邊疆告警。道光皇帝調兵遣將，命喀什噶爾幫辦大臣巴彥巴圖率部進剿，開始了西北用兵。經五年征戰，易幾多將領，終於在道光八年平定了張格爾武裝叛亂。為此，道光帝特遣官告祭太廟、社稷，以慰先帝在天之靈；並在午門舉行極為隆重的獻俘禮；又親自廷訊張格爾。事後，將四十位有功大臣及四位軍機大臣，圖像紫光閣。次年，派出欽差大臣，率使團赴新疆撫眾宣威，進一步密切了中央政府與新疆的關係。

他追慕歷代聖君的恭儉寬仁，身體力行，堪稱清代節儉之君。當他接位接受百官朝賀時，一反以往必得大事鋪張、臣下歌頌功德的一套儀禮，以父皇過世不久，宣佈「樂設而不作，不讀賀表」，表現了謙儉圖治的決心。當年陰曆四月初一恰逢日全蝕，在科學技術不發達的當時，日全蝕現象常被作為帝王的瑞兆，所謂「日月合璧，五星連珠」，是要大書特書一番的。他卻頒諭旨，說不必宣付史館，表示要「與內外臣工共圖上理」[1]，以此自勵自勉。道光十年（一八三〇），是他五十虛歲的「萬壽節」，他下詔免去了筵宴慶祝的鋪張。傳說他平時穿着的套褲，膝蓋處穿破後，便綴補一塊圓綢再用，俗稱「打掌」。某日，他召見軍機大臣曹振鏞，發覺曹也穿着打掌的套褲，便問：你打掌需花多少銀子？曹對曰：需三錢。他聞後感歎地說：外間做工實在便宜，內務府打掌需銀五兩！[2]

對祖宗，他極表孺慕之誠，幾乎每年都要謁東、西陵。他知道每次叩謁祭奠都得興師動眾，行經地方要張羅接駕，辦差人員也會從中撈取好處。對此，他每次起駕都要頒發諭旨，免去經過地方十分之三到十分之五額賦，也算是對當地百姓的一種補償。他在位期間，幾乎每年每月都要給受災地區蠲緩額賦、發放賑米和貸給籽種口糧。從《清史稿》本紀中看，這一項幾乎成了他當政時最主要的政績。雖然，其他皇帝也有類似的措施，但在次數、救災地域上都不能與他在位時期相比。中國一些災害頻仍、經濟落後的地區，如淮北、蘇北、湖北西北部、河南、甘肅、山西、陝西、山東等，往往一年數得救災之惠；所施對象，除農民、貧民外，受水災的鹽場灶戶，駐紮災區的八旗綠營兵丁、屯田的軍民等等，皆在其列。當然，受惠者絕不可能百分之百地得益，因為賑、貸、給三項，歷來是胥吏和辦差人員的肥缺，層層克扣，真正到達災區，必然大打折扣。但在君權絕對的年代，任何官員決不至於敢冒違旨的風險，應賑不賑、應貸不貸、應給不給。所以，經過七折八扣的救濟糧，雖屬杯水車薪，但對嗷嗷待哺的災民，多少有所補益。

他曾多次下詔命臣工直言，表示要「廣開忠諫」，希望臣下「務當不避嫌怨，於民生國計用人行政闕失，仍隨時據實直陳，以資採納」。道光十五年（一八三五），擢拔敢於直諫的司員馮贊勳、金應麟、黃爵滋、曾望顏任京卿，作為活躍言路的表示。為了保護言官不受打擊報復，據說他每次將條陳彈劾的奏章發交部議時，往往裁去具奏者職銜姓名及摺尾所署年月，甚至只取其中所需的部分，裁去前後文字，使王公大臣不知奏者是誰，而無法對被參者打擊報復。這種掩耳盜鈴式的保護，從一個側面也反映出他的性格和心態。

儘管道光帝勤政圖治，何如他從父皇手裏接管的是一個日漸衰敗了的王朝。對着擺在面前的爛攤子，他既缺乏祖宗順治帝、康熙帝那樣的雄才大略，也沒有雍正帝、乾隆帝那樣英武而有作為。他是個有圖治之心而無回天之力的皇上，只能眼睜睜地看着王朝滑坡，拿不出有效的辦法。但要讓他糊糊塗塗地過日子，則心猶未甘。於是只好靠勤謹守成來自我安慰。據說，他每日每夜都需批閱高可數尺的題本，直到六十九歲的高齡還躬親庶政，力疾視事。他的這種心情，最為首席軍機大臣、武英殿大學士曹振鏞所理解，曹振鏞也就成了皇帝的股肱之臣。

曹振鏞，字儷笙，安徽歙縣人。乾隆四十六年（一七八一）進士，歷乾、嘉二朝，官至吏部尚書、體仁閣大學士，頗受先帝賞識。乾隆帝說他「聲名甚好」，嘉慶帝讚他克盡孝道。他曾在嘉慶帝六次謁陵、五次木蘭秋獮時，被指派為留京辦事、綜理朝政。道光皇帝甫告接位，即下詔選拔他為軍機大臣。不久，又任為武英殿大學士，成了軍機與內閣的首領。他歷事三朝，對官場中鉤心鬥角、爾虞我詐的內幕，了然於心；也深知宰輔位雖崇而責最重，與皇帝經常相處，稍一不慎，就會招來殺身之禍，唯一辦法，就是小心謹慎、明哲保身。他猜透了道光帝中年繼位、求治圖穩的心思，更加實心辦事、不露鋒芒，韜晦謙恭、

1《清史稿》卷十七《宣宗本紀》（一），中華書局，一九七七年版，第四冊，第六二一頁。

2《清朝野史大觀》卷一《清宮遺聞．補綴套褲》，上海書店印行，一九八一年版，第六十二頁。

因循成例。所以，他守住不求有功、但求無過的處政方針。在西北用兵的幾年中，他確實與皇帝同憂，殫精竭誠，深得皇帝的讚許。張格爾叛亂平定後，四十名軍機圖像紫光閣，第一名就是他。皇帝所做的像讚和序文中，稱他「公正慎勤，班聯領袖，尤能殫心據實，鉅細無遺，……克勤克慎，首掌絲綸」[3]。從此，他備受帝寵，成為皇帝深可依賴的首揆。作為王朝的行政、機務首領大臣，他以歷官數十年的經驗，把朝政弄得四平八穩，沒有出過大亂子、大差錯。就此而言，正投合道光皇帝想留得英主好名聲的心態，但同時也養成了政府官員因循苟且、圓融謙恭的吏風。據說，某年皇帝大考翰詹，出的詩題是「巢林棲一枝」，應考的翰林、詹事都不知出處。曹振鏞在軍機處入值時對同僚說，此句出在左太沖的《詠史》中，便一口氣把全詩背了出來。左太沖名思，太沖是其字，西晉著名文學家、詩人，出身寒微，不好交遊。其名作《三都賦》，「豪貴之家，競相傳寫，洛陽為之紙貴」。《詠史》詩八首，藉古諷今，措詞命字淳樸而風雅，一時膾炙人口。道光帝閱完考卷，對應考者的無知極為震怒，以為翰林詞臣也無學乃爾，準備重考一次。第二天召見曹振鏞，問詩題出處，曹說不知出在何處，道光帝歎息地說，連你也不知，無怪若輩也，決定不再重考了。軍機大臣們得到消息後深為驚訝，問曹振鏞：昨天你還背誦全詩，不失一字，為什麼今天對皇上說不知出處呢？曹笑笑說：我只是偶然知道此題的出處，若皇上再以其他題目問我，我怎能一一回答呢？[4]這件事，為曹振鏞寫傳的作者認為他是「虛懷若谷」，其實，恰恰從一個側面反映出他的圓融謙恭、和同彌縫的做官訣竅。

從道光元年起的十五年中，他曾三任學政，四典鄉會試。按當時科舉制度的慣例，凡新進舉人、進士，都以主考官為恩師，敬禮有加。不少鄉、會試的考官，也往往乘機廣招門生、培植私黨，藉以或使學派流傳，或得擴充官場實力。但曹振鏞卻不屑為此，他「衡文惟遵功令，不取淹博才華之士，殿廷御試，必預校閱，嚴於疵累忌諱，遂成風氣」[5]。不搞結黨營私，自是公正清廉的作風，但取士只要遵循八股程式，不要有真才實學的淹博之士，便扼殺了優秀人才；專注於文章的小疵，更使士子謹小慎微，加重了原有的酸腐氣。所以，在他身後，有人直斥他「拘牽文義，挑剔細故，箝制天下人心不得發舒，造成一不痛不癢之天下」；又說「自曹振鏞在樞府，挑剔破體帖字，不問文之工拙，但作字齊整無破體者，即置上等。若犯一帖字，即失翰林，海內承風，殿體書直成泥塑。士習闒茸，厭厭無生氣，皆曹振鏞所造成也。」[6]這種說法似太多感情色彩，比較客觀的倒是《清史稿》上的一段話：「守成之世，治尚綜核，而振敝舉衰，非拘守繩墨者所克任也。」意思很清楚，曹振鏞這種為政作風，太重細故，而不求整體，作為一個守成之世的樞臣，不能除弊去衰，是很不勝任的。那麼，以不能勝任的大臣居樞垣長達十五年，而且深得帝寵，則道光皇帝的擇賢能力也可想見了。

道光十五年（一八三五），曹振鏞以八十一歲高齡病逝於京師。道光帝聞訊震悼，聲淚俱下。不僅頒發上諭悼念，而且宣佈要親臨祭奠，並諡以「文正」。清代文官大員以「文正」諡號為最崇尊難得。道光十五年之前，清王朝一共只給了湯斌、劉統勳、朱珪三人以「文正」的諡號。湯斌是著名理學家，朱珪以學問著稱。曹振鏞竟以因循成法而得此諡，京師士大夫為之譁然，公開指責他「不文不正」。其實，在清王朝衰世敗象日露的情勢下，道光皇帝隨着年事漸高，早已失去了登基之初的雄心和銳氣，只要保住祖宗的基業，不出亂子，就算對得起列祖列宗了。曹振鏞的因循成例，正投合他的心理。

曹振鏞一死，誰堪首席之任便成了問題。原有的四名軍機大臣中，吏部尚書、東閣大學士文孚，食祿保位、老弱多病，本人又多次請求退休，皇帝乘調整軍機班子的機會，成全了他，讓他解甲歸田。戶部尚書、協辦大學士王鼎，精於理財，長於河工，品學兼優，但太尚氣節、敢於直諫而不留情面，似乎不對皇

3 王鍾翰點校：《清史列傳》卷三十二《曹振鏞傳》，中華書局，一九八七年版，第八冊，第二四八一頁。

4《續碑傳集》卷二，第十八—十九頁。見《清碑傳合集》三，上冊，上海書店印行，一九八八年版，第一九八三—一九八四頁。

5《清史稿》卷三六三，《曹振鏞傳》，中華書局，一九七七年版，第三十八冊，第一一四〇六頁。

6《清朝野史大觀》卷七《清人逸事．曹振鏞之誤清》，上海書店，一九八一年版，第二—三頁。

帝求穩怕亂的胃口。吏部尚書、協辦大學士穆彰阿，既做過七年的內務府大臣，是皇室的總管家，又先後在中央各部擔任過侍郎、尚書，並入值南書房兼翰林院掌院學士，有從政和管理的經驗。比較之下，以他為首席軍機，似更合適。但他曾因積壓重要奏章而被先帝降職嚴處過。況且，軍機班子中還有一位雖入值不久，卻是三朝元老、德高望重的東閣大學士潘世恩。所以道光帝決定以潘世恩繼曹振鏞之後擔任首席軍機大臣。

潘世恩是江蘇吳縣人，當年已是六十八歲的老人了。他學問很好，少年得志。乾隆五十八年（一七九三）以一甲第一名的身份，選入翰林院任修撰。當時，權臣和珅見他年紀輕輕中了狀元，才望出眾，準備招致門下。潘世恩卻「謝不與通」，得罪了這位權勢顯赫的皇帝寵臣。於是，和珅藉機給他穿小鞋，不讓他得到按例升遷的機會，把提升他的奏本故意扣押了六個月。直到嘉慶帝親政，罷免了和珅之後，他才擢為翰林院侍講學士。這件事在京師士大夫中傳為美談，認為他不趨炎附勢，很有清高氣節。從此，他備受嘉慶帝眷顧，竟至一歲三遷，累官至戶部尚書。嘉慶十七年（一八一二），他以母死乞歸，在家守孝。嗣後，又以父親老病乞養，以示孝心，加以恰巧兒子中舉，他便具疏向皇帝謝恩兼請假。按朝廷規矩，凡丁憂的大員，必須在除服之後回京，若有要事請假，也應到京後經皇帝批准才能返歸鄉里。潘世恩未親詣京師，違反了規定，被降職處分，由部長（尚書）降為副部長（侍郎）。但皇帝鑒其孝思可嘉，仍然允許他在家服侍老父，終養天年。他便居家十載，不與政事。直到道光七年（一八二七）父喪服闋，才回京補了個吏部侍郎。以後，逐步升遷，到一八三三年超拜體仁閣大學士。不久，又被任命為軍機大臣，兼翰林院掌院學士。所以，儘管他入值軍機時間不長，卻是個歷事三朝、德高望重的老資格大臣。道光皇帝在痛失股肱之後，讓他作為首席軍機，在同行中是擺得平的。

然而，此公也是一個「以順旨意為工，阿附之外，無他語」[7]的食祿保位的官僚，與文孚在軍機時不相伯仲。幹了一年，實在不行，道光帝不得不把穆彰阿調任首席軍機，而讓潘世恩繼續留在東閣大學士、軍機大臣的位置上。到一八四〇年，軍機大臣的班子形成了「三老二新」的結構：三個老軍機是穆彰阿、潘世恩和王鼎；兩個新軍機，一個是去年入值的刑部尚書隆文（是年二月調任戶部尚書），另一個是學習入值的宗人府丞、三品頂戴何汝霖。無論從品級、資望上說，這套班子明顯是穆、潘、王三駕馬車在開動。揮鞭子的當然是道光皇帝，馬首則是穆彰阿。

穆彰阿，字鶴舫，郭佳氏，滿洲鑲藍旗人。他與道光皇帝同年出生，道光十九年也是五十九歲。在三駕馬車中，他年紀最輕、資歷最淺。他比王鼎小十二歲；比潘世恩小十四歲，又是潘世恩在翰林院任侍講學士時的教習門生。師生之誼，使他和潘世恩保持着良好的人際關係。王鼎作為三個老軍機之一，顯得既乏同調，又無奥援，完全處在一種少數者的尷尬位置上。

自道光十七年起，直到道光三十年道光帝逝世止，穆彰阿擔任首席軍機大臣長達十四年，擔任文華殿大學士長達十三年，其當國之久、受寵之深，足可與曹振鏞相埒。但他的為人和品格，卻令人齒冷。這可從咸豐元年他被繼位才十個月的咸豐皇帝革職永不敍用的詔書中，見其大要。詔書列數穆彰阿之罪有：保位貪榮、妨賢病國；小忠小信，陰柔以售其奸，偽學偽才，揣摩以逢主意；有害於己、必欲陷之，同惡相濟、盡力全之；固寵竊權、肆行無忌，遇事模稜、其心陰險。[8]顯然，這是一個大奸若忠、結黨營私的卑鄙小人。

道光朝兩代樞臣，一個苟且因循、拘守繩墨，一個保位貪榮、彌縫迎合，不僅都是庸佞之流，而且一代不如一代。個中原因，實在與清朝統治者的馭人術有直接關係。一八五〇年，曾國藩在一份奏疏中曲折含蓄地說：

> 我朝列聖為政，大抵因時俗之過，而矯之使就於中。順治之時，瘡痍初復，民志未定；故聖祖繼

7《清朝野史大觀》卷七：《清人逸事．潘穆》，上海書店印行，一九八一年版，第十一頁。

8《清史稿》卷三百六十三，《穆彰阿傳》，中華書局，一九七七年版，第三十八冊，第一一四一七頁。

之以寬。康熙之末，久安而吏弛，刑措而民偷；故世宗救之以嚴。乾隆、嘉慶之際，人尚才華，士騖高遠；故大行皇帝斂之以鎮靜，以變其浮誇之習。一時人才，循循規矩準繩之中，無有敢才智自雄、鋒芒自逞者。然有守者多，而有猷、有為者漸覺其少。大率以畏葸為甚，以柔靡為恭。[9]

曾國藩這段話，撇開其為皇帝的歌頌之詞，確實不失為對有清一代人才與政治之間因果關係的客觀觀察。上之所好，下必甚焉。道光皇帝在曹振鏞死後，橫挑豎揀地把穆彰阿放到首席軍機、內閣領袖的位置上，恩寵有加，固與穆小忠小信、貪位保榮的品格不無關係，但若不是道光帝本人有着惟求守成又顢頇自大、渴為英主又乏才幹、虛驕剛愎又無主見的矛盾心態，也不至於被穆彰阿蒙蔽愚弄得如此之久。所以曹振鏞、穆彰阿之能久居樞垣、長盛不衰，既是道光皇帝理想與才具背反的結果，也是乾嘉以來政局日非的必然產物。否則，怎麼會去了曹又來了個穆呢？

道光十九年（一八三九）時，皇帝與樞臣既是這種狀況，應付通常情況尚屬勉強，那麼，一旦非常之變來臨，清王朝這個最高決策集團又能做出怎樣的反應呢？

9 曾國藩：《應詔陳言疏》，《足本曾文正公全集．奏稿》（以下稱《曾國藩全集》）卷一。吉林人民出版社，一九九五年版，第三六三頁。

第三節　都門士大夫

皇帝只求守成，樞臣不圖進取，王朝的內囊兜底翻了上來，而且誰也無力控制住它日漸衰敗的趨勢。對此，那些長期居於全國政治文化中心，號稱人文薈萃之區的京師士大夫，有何表現？

中國的士大夫，自小接受的是儒家那種以天下風教是非為己任的教導，「士志於道」，成了他們根深蒂固的價值觀。所謂「士不可以不弘毅，任重而道遠。仁以為己任，不亦重乎？死而後已，不亦遠乎？」把澄清天下作為自己的職志。按理，面對國運衰敗應該有積極作為，做社會的中流砥柱，然而，驗之於嘉道年間的事實，情況並非完全如此。

頹風衰運，既可使良知未泯者為之奮起，更可使苟且庸劣者醉生夢死。乾隆六十年的太平盛世，養成了人心風俗的侈靡腐化。嘉道年間，京師士大夫依然褒衣博帶，雅歌投壺，唱詩結社之風，不減當年之盛。京師中幾家著名的飯莊如觀音寺路北的福興居、煤市街西之萬興居、大柵欄內的同興居等，常有一批批文人、京卿設宴豪飲，豔詩麗詞詠唱不絕[1]；稍稍風雅者，則於天朗氣清之日，邀三五同好，攜僕役小廝，悠遊於陶然亭、西山等僻靜處，小酌清談，海闊天空，吟詩聯句，評說短長，國事、政事全不在心上。卑下者，則四出鑽營，或投帖拜入某相門下，或備禮巴結侍郎上司，撈取功名利祿，好託庇蔭而得半世快活；不肖之徒，則勾結官府，包攬詞訟，武斷鄉曲，草菅人命，「道德廢，功業薄，氣節喪，文章

1 崇彝：《道咸以來朝野雜記》，北京古籍出版社，一九八二年版，第七頁。

衰，禮義廉恥何物乎，不得而知」，[2]成了社會的一群蛀蟲。

士習賤惡，人慾橫流，刺激了一批研求理學的士大夫標格清高，追求道德的自我完善。他們常以講學的形式，相互砥礪，力圖用誠意修身來達到齊家治國平天下的目的。其中，以湖南善化人時任太常寺卿的唐鑑和翰林院侍讀學士蒙古正紅旗人倭仁，最為人望。

唐鑑字鏡海，乾隆四十二年（一七七七）生。嘉慶十四年（一八〇九）進士，歷任翰林院檢討、浙江道監察御史、廣西平樂知府、安徽寧池太廣道、山西按察使、浙江和江寧布政使。為官清正，為學宗尚洛、閩諸賢，尤其推崇清初理學家陸隴其，以為傳道之首。著有《學案小識》，是嘉道年間著名的理學大師。道光十九年內召為太常寺卿，甫到京師，因其學問人望立即為研求理學的京卿大夫所推重，蒙古倭仁，六安吳廷棟，昆明竇垿，何桂珍，皆從其考問學業。後來，湘鄉曾國藩也參與其間，以唐鑑為師，學習程朱之學。那時唐鑑已經六十多歲，皓首童顏，宛若天仙。他主張學問應精研一經，然後才能旁及其他；讀書首先應讀《朱子全書》，因為義理之道盡在其中；為人應講求氣節，而修養之法全在時時內省，所以必須每天按時靜坐，閉門思過，狠抓私慾的一閃念，痛自刻責；平時應將各種違反道德規範的過失記出，以便警鑒。這一套源自於思孟學派的「慎獨」功夫，在唐鑑手裏發展為「研幾」和做札記的方法，作為日課，以達到修身養性、克己復禮的目的。當時，學得最好、最受唐鑑器重的，就是倭仁。

倭仁字艮峯，烏齊格里氏，蒙古正紅旗人。嘉慶九年（一八〇四）生於河南。道光九年（一八二九）中進士後，一直在翰林院任職。他最篤信唐鑑的教學方法，「每日自朝至寢，一言一動，坐作飲食，皆有札記，或心有私慾不克，外有不及檢，皆記出」，[3]用作自我反省的借鑒，導向道德的最高境界。他認為「研幾工夫最緊要」，若失此不察，「則心放而難收矣」。[4]正因為他力圖把修身養性和讀書結合起來，經年不輟，成了咸同時期的著名理學家和同治的帝師。

唐鑑、倭仁等人，面對國運日蹙、文人無行的嚴峻形勢，力圖通過誠意修身達到道德的自我完善，把學術、心術、治術聯為一體，這較之那些苟且偷生和士林中的卑劣者，無疑有着較高的德行和操守，不失為都門士大夫中難得的一群。但他們太注重自我修養，拘泥於閉門思過，空談性理，不免流於疏闊迂腐。結果，「言經不適於用，言史又無裨於身」，[5]「詢以家國天下治安之計，則茫然無所得」，[6]完全是脫離實際的一套，距離他們期望的修、齊、治、平目標實在太遠了。

與理學家的空疏不同，漢學家則埋首古紙堆中，皓首窮經，潛心考據，雖說對整理文化遺產作出了不少貢獻，但因為僅僅「疏剔字句小節，不能旁通其大義」，結果是正己則失要，治人則無功，同樣對國計民生沒有多大裨益。

對於每況愈下的國勢和厭厭無生氣的政局，最敏感而力圖有所作為的，是一批以經世致用自勵的文人士大夫。他們大都是出生在乾隆朝末期五十歲上下的知識分子。有的是有功名無實職的士子，有的是朝內供職的中下級官員，也有在朝外身居要職的地方大員。雖然身份地位不同，卻有着大體一致的政治抱負，即主張「明道救世」，通經致用。

「明道救世」的主張，原是清初著名學者顧炎武揭櫫的。他認為通經碩儒必須注意「國家治亂之源，生民根本之計」，為學的目的即在於探索解決現實社會中的國計民生問題，「拯斯人於塗炭，為萬世求太平，此吾輩之任也」。[7]他表明自己為文的宗旨是「凡文之不關於六經之指、當世之務者，一切不為」，[8]

2 姚瑩：《師說》上，《東溟文集》卷一。

3《曾文正公手書日記》，道光二十一年七月十四日。

4 同上書，道光二十二年十月初一日。

5 劉開：《上汪瑟庵大宗伯書》，《劉孟塗文集》卷四。

6 劉開：《學論》，《劉孟塗文集》，卷二。

7 顧炎武：《病起於薊門當事書》，《顧亭林詩文集》，中華書局，一九八三年版，第四十八頁。

8 顧炎武：《與人書三》，《顧亭林詩文集》，第九十一頁。

所以極力主張：「君子之為學，以明道也，以救世也」。[9]把「明道救世」解釋為先儒經典中原有之義，作為通經致用的目的和手段，以實踐儒者「救民於水火之心」。嘉道年間的經世論者，對此無不大加弘揚，並以此自勵。如龔自珍提出了「一代之治即一代之學」的說法，指出：「是道也，是學也，是治也，則一而已矣。」[10]把道、學、治三者結合了起來。包世臣認為：「士者，事也，士無事事，凡民事皆士事也。」[11]因而自少即「慨然深究天下利病」。湯鵬鑒於社會日趨貧乏，主張「醫貧」、「尚變」，所作《浮邱子》一書四十萬言，「大抵言軍國利病，吏治要最，人事情偽，開張形勢」，[12]集中表達了他的經濟主張。魏源則善於以史為鑒，對軍屯、漕運、鹽政、水利等尤為注意。道光五年曾協助時任江蘇布政使的賀長齡編輯《皇朝經世文編》一書，成為清代著名的經世論者。徐松注意於西域水道及新疆建置、錢糧、兵籍的研究；他的學生沈垚則精於山川地學，所撰《西遊記金山以東釋》一書，被時人譽為「遐荒萬里在目前矣」。[13]梁廷枏對海防事務及粵海關沿革的研究，成了當時知夷情的主要代表。此外，黃爵滋、姚瑩、張際亮、張穆、何秋濤、張維屏、魯一同等等，莫不在自己的著作中闡述經世致用的思想和主張。因此，嘉道年間的經世論者，大都是力圖挽救清王朝困境，倡言變法圖治以拯民於水火的改革家。他們雖沒有統一的組織，也無共同商定的政治綱領，但在學術上相互探求，政治上相互奧援，思想上靈犀相通，無形中形成為社會上的一股力量，代表着社會的良知。

這些主張改革、提倡明道救世的士大夫，因其身份、地位、境遇的不同，大體而論，約可分為兩種類型：一種屬政治家型，如湖廣總督林則徐、福建巡撫吳文鎔、廣西巡撫梁章鉅、貴州巡撫賀長齡和前兩江總督陶澍等，他們雖也研討學問，且有所發揮，但側重點在行不在言，往往以其地方大員的身份推行其關心國計民生的主張，躬親實行，取得了良好的官聲和政績。另一種屬學者型，如上舉姚瑩、包世臣、張際亮、徐松、沈垚、湯鵬、張穆、何秋濤、龔自珍、魏源等等，這類人物雖有匡時濟世的抱負，且有改革方案，但或因官卑職小，或因仕途失意，無法實現所持主張，因而側重於言論文章，著書立說，影響着思想界風氣的轉移。前一類型，以林則徐、陶澍為翹楚；後一類型，實以龔自珍、魏源為代表，其中，尤以時任禮部主客司主事的龔自珍，最為京師士大夫推重。

龔自珍，字璱人，號定庵，乾隆五十七年（一七九二）生於浙江仁和（今杭州市）世代書香的官宦世家。祖父龔禔身，官至內閣中書、軍機處行走，有《吟臞山房詩》傳世。父親龔麗正，官至蘇松太兵備道、署江蘇按察使，攻古文經學，著有《國語注補》、《三禮圖考》、《兩漢書質疑》、《楚辭名物考》諸書。母親段馴，是著名文字學家段玉裁之女，工詩能文，著有《綠華吟榭詩草》。龔自珍自小受母親文學薰陶，七歲時已熟讀吳梅村詩、方百川遺文、宋左彝《學古集》，尤對吳梅村詩心不能捨。吳梅村名偉業，字駿公，梅村是其號，江蘇太倉人。他是明末遺民，參加過復社，以詩文名於世。因與權臣馬士英、阮大鋮政見不合，辭官歸隱。清初，在順治帝福臨的脅迫利誘下，降清出仕，授祕書院（翰林院前身之一）侍講，充任太祖（努爾哈赤）、太宗（皇太極）《聖訓》纂修官。兩年後，他藉口母病還鄉，就此不再回京，終老故里。降清的經歷雖非出自自願，時間也不長，但他始終深引為恥，曾在詩作中不無痛悔地寫道：「誤盡平生是一官，棄家容易變名難」；又道：「我本淮王舊雞犬，不隨仙去落人間」。充滿了艾怨和懷舊的淒涼鬱結。他的詩取法盛唐諸大家及稍後的元稹、白居易，號稱「婁東派」。詩作中常反映民生疾苦、吏治昏暗，具有強烈的現實感。龔自珍的母親以吳梅村詩，作為兒子的文學啟蒙，一首首口授，一句句講

9 顧炎武：《與人書二十五》，《顧亭林詩文集》，第九十八頁。

10 龔自珍：《乙丙之際箸議第六》，《龔自珍全集》，上海人民出版社，一九七五年版，第四頁。

11 包世臣：《趙平湖政書五篇序》，《藝舟雙楫》，北京市中國書店影印，一九八三年版，第四十六頁。

12 《清史稿．湯鵬傳》，中華書局，一九七七年版，第四十四冊，第一三四二七頁。

13 《清史稿．徐松　沈垚傳》，中華書局，一九七七年版，第四十四冊，第一三四一四頁。徐松有關新疆的著作，為將軍松筠奏進，嘉慶帝賜名為《新疆事略》並製序付武英殿刊行。

解，使童年的龔自珍在學習平仄音韻之餘，漸漸懂得了詩與生活的相互關聯，對他長成後關心民瘼，諷議時政，影響至大。他一生鯁直豪邁，不忌時諱，或許就是兒時對吳梅村那種痛悔失節的憤恨之情，從相反方面領悟的結果。

從十二歲起，龔自珍在外祖父段玉裁的親自教授下，學習《說文解字》，開始了「以經說字，以字說經」[14]的古文經學訓練。他一面研習八股制藝，以備科舉仕進；一面孜孜於目錄、校讎、掌故、金石之學。暇時，常吟詩填詞，寄情於詩文之間。他的詩，在二十歲左右時已漸漸形成奇倔傲岸、負志慷慨的風格。段玉裁評為「風發雲逝，有不可一世之慨」，尤其對他的詞讚譽頗高，稱其「造意造言，幾如韓、李之於文章，銀盌盛雪，明月藏鷺，中有異境，此事東塗西抹者多，到此者少也」。[15]中國的文人，在評說同調者的詩文時，往往有溢美過譽之詞，這或許是儒者寬大為仁、明乎中庸的不自覺流露，但若聯繫到段玉裁自恃甚高、輕易不讚人語的性格和龔自珍詩文的特色，那麼，這位老儒的評論，不單是對於外孫的愛憐獎掖，而且是確切地看出了龔自珍詩文中閃爍着耀眼的光點。

二十八歲那年，龔自珍應恩科會試未能中式，但卻有幸從師於禮部主事、著名今文學家劉逢祿。劉逢祿，字申受，江蘇常州人，那年四十四歲，比龔自珍大十六歲，正是學問和人生經驗成熟的時期。像龔自珍一樣，他自小也受到外祖父、清代今文經學開創者莊存與的薰陶。逢祿治經依東漢學者何休所著《春秋公羊解詁》為本，創通條例，貫串群經，被目為常州學派的奠基人。與古文經學派對儒學經典注重訓詁、考訂不同，復興的今文經學派注重於闡發儒學經典中的「微言大義」。他們認定孔子是託古改制的政治家，《六經》寄託着孔子的政治理想和致治之道。其微言大義實是萬世治國的準則，所謂「循之則治，違之則亂」，義正如此。對此，惟有漢代儒者才真正體察孔子維世立教之意，尊信《六經》為治世之學。是故，漢武帝崇尊儒術，罷黜百家，朝廷議禮議政，無不引經為據；公卿士夫無不通一藝以上。自漢以後，其道不彰，以致尊孔子為虛名，視經學為故事，不知孔學真諦之所在。經學因之不明，孔教由此不尊，更有甚者以至於疑經非聖，罪莫大焉。[16]所以，清代復興的今文經學派，以西漢博士的裔孫自居，以能遵循西漢今文經學的開創者伏生、董仲舒之家法為準的，以着力闡發《六經》的微言大義、求治國救世之道為己任。今文學家的上述看法、做法，與古文經學家把孔子視為述而不作的祖師，把《六經》看做經過孔子刪改整理的古代史料書，把治經的精力放在「名物訓詁」上致力於考訂，大相徑庭。由於兩派對儒學經典的性質見解不同，治經的方法不同，價值取向不同，形成了門戶森嚴的學術派別。龔自珍從師劉逢祿，就學派的師承說，固屬於今文經學的營壘，但因自小受古文經學的薰風，所以，他治經雖主今文，以《公羊》經義發揮政見，但不堅守門戶而時時雜以古文家說，是一個不純粹的今文家。[17]學術上的兼容並包、互取所長，不僅使他既免了古文家的繁瑣，又不具今文家的狂誕，而且使他規鍥六籍，籠罩百家，明達時務，深得儒學「明道救世」的真諦。所以，他的文章善於以經經世，以史為鑒，在汪洋恣肆中別具淵懿樸茂的風格，顯得深窈簡核，犀利凝重，一時成為都門士大夫仰羨追慕的風範。他的周圍，團聚了當時京師中一批最優秀的人材，如黃爵滋（樹齋）、徐寶善（廉峯）、潘曾瑩（星齋）、潘德與（研輔）、湯鵬（海秋）、魏源（默深）等等，多達十四五人。[18]他們中有研究理學的，有研究漢學的，有主張今文經學的，有擅長訓詁文字的，但全都不囿家法束縛而以經世為務。共同的目標和宗旨把他們聯繫在一起，使得他們

14 吳昌綬：《定庵先生年譜》，《龔自珍全集》，上海人民出版社，一九七五年版，第五九四頁。
15 段玉裁：《經韻樓集》：《懷人館詞序》。
16 參見皮錫瑞著、周予同注釋：《經學歷史》，中華書局，一九五九年版，第二十六—二十七頁。
17 關於龔自珍經學學派歸屬以及學術源說的看法，學術界至今仍有歧見。我採用周予同先生的見解。見周先生注釋的《經學歷史》一書序文及該書第四十頁注釋之九。
18 龔自珍與友人集會於花之寺，多在道光十年前，姓名及人數見吳昌綬編《定庵先生年譜》，《龔自珍全集》，上海人民出版社，一九七五年版，第六一八—六一九頁。

在公務之餘、閒暇之時，常以文詩會友，談論政情文藝；或集會於沂水三官廟中花之寺幽徑，在欣賞那佈滿於「之」字形路徑旁的鐵梗海棠之餘，討論歷代興亡治亂的得失，研求典章制度的沿革興廢，嗟歎國運民生之維艱。在這半是閒情、半是學術的活動中，龔自珍不僅常常作為發起人和召集者，而且往往是「自由論壇」的健將，「與同志縱談天下事，風發泉湧，有不可一世之意」。[19]他那憤世嫉俗的情緒與振聾發聵的言論，每每使同遊者為之傾倒。

儘管龔自珍學問精深，才思過人，但在八股取仕的束縛下，在道光以來科舉只重字體是否端正、墨色是否濃厚的館閣體的陋習下，他的科場很不順遂，仕途尤為坎坷。他十九歲應順天鄉試，中副榜貢生，二十七歲應浙江鄉試中舉後，直到三十八歲才會試中試，殿試列三甲第十九名，賜同進士出身，前後幾近二十年。科場耗去了大半生歲月，而官場則磨白了兩鬢青絲。自二十一歲以副榜貢生考充武英殿校錄後，到二十九歲任內閣中書，此後十餘年不得升遷，直到道光十七年（一八三七）四十六歲時才任禮部主事，二十多年來依舊是一介小京官。

仕途的坎坷，世道的不公，給他以深深的刺激。他的青年時代正當清王朝由盛轉衰的嘉道年間，政局日漸敗壞，官場弊端顯露，社會貧富不均，士習賤惡可憎，這一切使青年龔自珍產生了嚴重的失落感和強烈的參與意識。失落導向追求，參與出自「明道救世」的使命感。這兩條正是中國士大夫的本色，於是，他將胸中的鬱結和朝思夕慮的改革方案凝聚為一篇篇犀利尖刻的政論散文，以驚世駭俗的姿態，對封建衰世和種種不合理的社會現實進行了無情的揭露和批判。

嘉慶十九年（一八一四），二十三歲的龔自珍開始抨擊弊政，呼喚改革，寫出了一組四篇文章，總題《明良論》，從吏治、士習、資歷、重權四個方面援古論今，諷詠時病。

《明良論》的第一篇，專論吏治清明和官吏收入的關係。他認為現在朝內大員們聚在一起，不談政事文藝，朝外官吏宴遊時，不談地方設施利弊。大家都在談論自家的土地是否肥瘠，家具置辦夠不夠，討債鬼上門是如何不體面等等，內外大小臣工「俱思全軀保室家而不復有所作為」，原因不在於他們對朝廷無知遇之心，而在於貧累之故。造成貧累的原因則是官吏的俸給太微薄，於是便產生了官員貪賄贖貨的不法行為，有的則淪為市井之流。他援引史書記載，指出春秋時代的賢相周公，「未嘗不富」；唐、宋之俸制，「皆數倍於近世」，而目下連資歷很深的尚書、侍郎也「無千金之產」，其下的僚屬更可想而知。由此，他提出：「誠使內而部院大臣、百執事，外而督撫司道守令，皆不必自顧其身與家，則雖有庸下小人，當飽食之暇，亦必以其餘智籌及法度、民之疾苦」。[20]一句話，他主張提高俸給以免除官員的身家之憂，才能談得上發揮他們憂國利民的才智。

清代文官的俸給確實並不豐厚。按《大清會典》所載，文官實行一年支俸制度，稱為「歲俸」。俸由銀、米兩項構成，俸銀按官員品級支給，俸米則以正俸銀一兩支米一斛計算。清代品官的每歲正俸銀是：一品歲俸銀一百八十兩，二品一百五十五兩，三品一百三十兩，四品一百零五兩，五品八十兩，六品六十兩，七品四十五兩，八品四十兩，正九品三十五兩，從九品及「未入流」三十一兩。凡京官，例支雙俸；若大學士、六部尚書、侍郎，則加倍支給俸米。按這一制度，一個位至大學士的一品文職官員，其正俸銀按京官支雙俸的規定，每歲得銀三百六十兩；其俸米按加倍支給的規定，每歲得米三百六十斛。以區區之數要在一年內供自己花銷、打點已屬不易，再要養家糊口就更顯困難了。所以，不少大員或依靠手中的權力，或利用消息靈通的條件，收受門生、故舊、屬下的各種例敬，作為經常性的補充收入；卑下者則勒索貪賄，不一而足；那些小京官們，例敬不豐，收入不厚，常常靠親朋資助，或借債度日。明乎此，對於清代官場的種種黑暗也就可以理解了。龔自珍有感於斯，才會提出「厚薪養廉」的改革主張，發出了「孟子曰：『無恆產而有恆心，惟士為能。』雖然，此士大夫所以自律則然，非君上所以律士大夫之言也」的

19 張祖廉纂：《定庵先生年譜外紀》，《龔自珍全集》，上海人民出版社，一九七五年版，第六三二頁。

20 以上均見《龔自珍全集》，上海人民出版社，一九七五年版，第二十九－三十頁。以下所引《明良論》各篇原文均見該書，不另注明。

責難。誠然，用厚薪養廉的辦法能否改良吏風、清明政治，大可疑問，但他看到了弊端，積極尋求醫治之方，則是難能可貴的。

第二篇是針砭士風之作。小京官的仕宦生涯，使他對士大夫們食祿貪位、阿諛苟且的心態看得很透，並進而思考士習好惡與國家命運的關係。他從士風是世風的映照這一觀念出發，認為士不知恥是國之大恥，而歷觀當代的士大夫，自其入仕之日、始進之年起能知恥的已經極少了。「官益久，則氣愈媮；望愈崇，則諂愈固；地愈近，則媚亦益工」，官做得愈久，銳氣愈減；資望愈崇隆，任職愈接近皇上，馬屁工夫愈巧妙，要他們像古之大臣那樣巍然岸然以師傅自處，則「非但目未睹，耳未聞，夢寐亦未之及」。朝廷中的政務官員們，只知車馬服飾、言詞捷給，它非所知；平時又不讀書，自以為早晚辦公已經夠賢、夠辛苦了，哪有時間去讀書？沒有實職的閒官們，只知寫字作詩，雖讀了些書，但不知書中大義，認為只要一天在任便有一天的尊榮，即使因病退休，也只把希望寄託在子孫的功名上，只要他們成為遇事退縮畏葸的老成，不要他們關心國家的前途。這兩種人，惟知揣摩皇帝的意圖，如蒙皇上色笑、得賜食，便揚揚自得地向家眷、門生誇耀；一旦遇皇上不高興，則叩頭搶地而出，別求可以獲寵的辦法。這種人難道是真心敬畏嗎？萬一國家有緩急，他們必然會像鳩燕那樣紛紛飛跑了。朝廷上下的士大夫都處於無恥的水火之中，還像什麼國家？究其原因，在於他們無以作朝廷之氣的緣故。他認為要使士大夫能作朝廷之氣，必先教育他們「知恥」。他列舉了《禮記．中庸篇》的內容和郭槐說燕王、賈誼諫漢文帝、朱元璋訓誡臣下的典故，說明君主對臣下的態度是個關鍵，「主上之遇大臣如犬馬，彼將犬馬自為也；如遇官徒，彼將官徒自為也」，只有禮遇而不是役使，才能使臣下報之以高尚的節操。「厲之以禮出乎上，報之以節出乎下。非禮無以勸節，非禮非節無以全恥」。很明顯，龔自珍不僅尖銳地揭露了當時都門士大夫的種種無恥的行徑，而且率直地抨擊了君臣關係上的不合理制度，以此作為改變士習賤惡的方法。

《明良論》之三，批評用人制度中的論資排輩陋規。他認為「用人論資格」不但扼殺了英才，而且也使官吏不思進取、貪位保榮，變得「奄然而無有生氣」。他說，一個讀書人的進身之日，按中等速度計算約在三十歲左右，然後需要花三十五年才能官至一品，最快也得三十年。這樣，自三十歲進身做到宰輔、一品大員時，人已老矣，精力衰矣，再有德望也因歲月消磨而變得退葸尸位，「仕久而戀其籍，年高而顧其子孫，傫然終日，不肯自請去」。那些資歷未深者，雖辛勞勤勉也沒有位置安排他們。這種論資排輩，要鼓勵勇往者，懲戒玩戀者，絕乎庸者僥倖之心，解智勇者束縛之怨，豈不難哉？至於要想得到能建大業、陳大計的英才更困難了。想當初那些剛入仕做官的人，自不免有過慷慨激昂，誰都想有所表現，但一限資格，便一個個喪失了初時的生氣，變得苟且因循了。「當今之弊，亦或出於此，此不可不為變通者也」。

《明良論》之四，主張朝廷給臣下以「重權」，才能使君臣共圖千秋大業。他認為皇帝管臣子應只問其治理的效果，而不必計較他們用什麼方法治理，即乾綱獨斷，「總其大端而已」；內外大臣有了必要的權力才能保障有效的管理。「權不重則氣不振，氣不振則偷，偷則敝；權不重則民不畏，不畏則狎，狎則變」。為此，他建議朝廷應仿效古代之法，改變以往「一切瑣碎牽制之術」。應該「刪棄文法，捐除科條，裁損吏議，親總其大綱大紀，以進退一世，而又命大臣以所當為，端群臣以所當從」，才能「救今日束縛之病」。他指出：用古法矯枉而不過正，沒有弊端，「奈之何不思更法，瑣瑣焉，屑屑焉，惟此之是行而不虞其陊也？」一言以蔽之，他把清明良好政治的出現，寄希望於「更法」，認為改革不合理的制度，「則萬世屹立不敗之謀，實定於此」。

《明良論》作為龔自珍以經世家姿態援古論今的最初嘗試，奠定了他從傳統文化中尋求改革之方的基本思路。自此，他一發不可收拾，到道光十三年（一八三三）四十二歲以前，接連寫下了《乙丙之際箸議》、《壬癸之際胎觀》、《古史鉤沉論》、《西域置行省議》、《五經大義始終答問》、《大誓答問》、《農宗》及《農宗答問》等百數十篇散文，有的直接議論政情政局，揭露封建衰世和抨擊社會貧富不齊，批判官僚體制的弊病；有的以論學形式論政，倡言更法，闡發「一代之治，即一代之學」的思想。其中《農宗》篇則表達了他對未來社會的設計方案，成為中國社會由中世紀到近代轉型時期中的第一個烏托邦方案。

《農宗篇》闡述的主張，是以宗法血緣關係來重新組合一個新的社會結構。其辦法是把全社會的人群按宗法制度劃分為大宗、小宗、群宗、閒民四個等級。大宗有田百畝，以閒民五人為大宗佃種土地；小宗、群宗有田二十五畝，以閒民一人為之佃耕，使之形成「宗能收族，族能敬宗」的和諧社會機制。[21]他並希望在這種社會體制下發展競爭，積累私有財產，因而不主張限田。他說：「天且不得而限之，王者烏得而限之？」「三代之季，化家為國之主，由廣田以起也。」[22]有人問：既立農宗，又不限田，如此天下將亂，則如何？他回答說：「此亡國之所懼也，興王之所資也。」並援引孟子所說「為政不難，不得罪於鉅室。鉅室之所慕，一國慕之，一國之所慕，天下慕之。沛然德教，溢於四海」，[23]來證明不限田之可行。意思是說，不限田說引起的分化和天下大亂，不需害怕。只有亡國之君才怕天下大亂，企圖有所作為的君王正好利用它達到天下大治的目的。因為孟子說過，為政之道只要不得罪於鉅室（即他所設計的大宗），凡是有勢力的家族所追求的，必然會使一國之人學習而追求，一國所追求的，天下也會跟着追求。這是一種真正有影響的德化教育。

顯然，龔自珍的社會改造方案仍脫不了類似三代之治農村公社的空想，但他主張在這個未來社會中，既按規定分配一定數額的土地，又放手讓各宗之間展開競爭，不怕土地發生再分配，不怕引起分化而出現亂世。這種貌似矛盾實質包含着要求發展私有財富的思辨，正是當時社會上商品經濟的發展在他思想中的反映。因為大家過着統一模式的經濟生活，必然會喪失進取和缺乏生機。鼓勵追求，人人追求，不一定會引起大亂，財富的總量也不會減少只會加增。這種辯證的看法，一定程度上觸及了社會發展的脈搏。中國社會不是需要田園牧歌式的經濟體制，而是需要通過競爭發展資本主義。生活在資本主義萌芽歷時二百多年之久而無法形成參天大樹的清代中後期的龔自珍，不能不為之觸動和思考，正如他在《農宗篇》開首所說，這是他「淵淵夜思」的結果。說他謳歌資本主義，那麼他的思想明顯是為補封建制度的缺陷，他是個補天派；說他是維護封建制度，那麼他的社會設計方案中，明顯地流露了要求自由競爭、發家致富的思想。這就是新舊交替時代，處在兩種社會制度交叉點上的一個地主階級改革家的矛盾惶遽的心態。他是帶着時代特徵給予那時的思想家以特有的兩重性，出現在歷史舞臺上的。

對舊事物的無情批判和對新事物的朦朧希望，使龔自珍的思想在當時都門士大夫和後來的中國思想界引起了鉅大反響。他那尖銳深刻的政論性散文，連同充滿激情、關注民生的大量詩詞，一反乾嘉以來流行於文壇中脫離現實、追求格律神韻的文詩風格，把時人的視野引向探究時弊和關注政治的方面，開了風氣之先，影響了十九世紀後半葉的中國思想界，並為爾後的中國資產階級維新改良思潮的生成，盡了前驅的作用。

儘管龔自珍有報國之心，所提的改革主張都淵源於古已有之的典章制度，然而人微言輕，在因循苟且的衰世，根本不受朝廷的注意，更談不上採納。三十歲那年，他向房師、時任吐魯番領隊大臣的覺羅寶興上書，詳論天山南路的地理形勢及加強屯戍的重要，主張善待當地回族人民，加強漢回親睦，並將所撰《西域置行省議》的抄本附呈，結果這些建議都被擱置。道光九年（一八二九）三十八歲，又上書大學士，「言內閣故事當循者有六事，寢不行」。四十一歲時，大學士富俊五度拜訪，向他求教興革之策，他「手陳當世急務八條」。當富俊讀到其中汰冗濫一條時，便面有難色，認為難以實行，建議終不得採用。道光十八年四十七歲時，他向自己的頂頭上司、禮部堂官上書言事，詳論禮部四司政體何者宜沿，何者宜革，洋洋三千言，結果又未被採納。真是縱有滿腹古方，無權無勢復無用；空懷一腔熱血，有情有義竟難灑。

在一個不思變革、因循守舊、粉飾太平、金玉敗絮的腐化社會裏，先知先覺者總是與悲劇命運聯在一起的。強大的習慣勢力伴隨着種種不合理的制度，扼殺着改革的生機。於是，對腐敗舊制度的爭鬥，不得不衝破傳統道德規範的束縛，以人性的自我異化曲折地表現出來。從三十八歲中進士以後，龔自珍的詩人氣質變得更加浪漫，更加放蕩不羈，性格和為人處世顯得愈發與眾不同，愈益不合時宜。他身材不高，更

---

21 龔自珍：《農宗》，《龔自珍全集》，上海人民出版社，一九七五年版，第四十九—五十一頁。

22 龔自珍：《農宗答問第一》，同上書，第五十四頁。

23 龔自珍：《農宗答問第四》，同上書，第五十五頁。

談不上魁偉，長得「廣額巉頤，戟須炬目」，加之不修邊幅，穿着隨便，「故衣殘履，十年不更」，[24]在常人眼裏，完全是一副落宕不羈的怪相。據說某次去七井胡同往訪同鄉故友，時當深秋，友人宅第門丁在秋風中冷得瑟瑟發抖，他卻穿着夏季的紗衫，不戴帽子，站在肅殺的秋風中，怡然自得。

他不擇交遊，宗室、貴人、名士、緇流、僧人、博徒，無不交往，出門則日夜不歸，到寓即賓朋滿座，揮金如土，囊空則又告貸。[25]三十四歲（道光五年）那年，在京師見漢宮趙飛燕鳳紐白玉印一枚，以五百金購得，後又以阮囊羞乏而質之於他人之手。[26]

某次，他獨自一人乘着驢車往遊京郊豐臺，拉着一個素不相識的遊客在芍藥叢中席地對飲，自始至終不問對方姓名，宛若故交，邊飲邊歌，手舞足蹈，完全沉浸在自我陶醉的境界中。

他待人接物不拘小節。與人論事，每到興酣，往往情不自禁地拍掌擊腕。凡後學有所請教，則歷數源流，侃侃而談，全不管對方是否願聽，一旦發覺對方面有倦色，則淒然而止，深為痛惜。對於不學無術而又假充風雅之徒，心最痛恨，常以幽默尖刻的話語當面諷刺，雖貴為王孫亦不留情面。

他痛恨當時科舉中以字取士的陋習，在禮部主事任上時，叔父為禮部尚書。某日，他去尚書宅，恰巧有個新進翰林來訪尚書，龔便暫避耳室，但仍可聽得出堂上的主客對話。主問客近來作何事？客答稱寫白摺以備考差。主人教導說：凡考差，字跡宜端秀，墨跡宜濃厚，點劃宜平整，則考時未有不及格者。客人正唯唯受教之際，龔自珍忽然在耳室拍掌大笑說：翰林學問，原來如此！主客聞之極為難堪，客人因之惶遽羞愧而去。傳說龔自珍家中的女性，包括婢女在內，悉工書法，尤善當時風靡科場的館閣書體。凡有客談及某某翰林學問如何如何時，龔自珍必笑對說：今日之翰林不過爾爾，我家婦人無一不可入翰林者！其尖刻辛辣竟如此！

浪漫氣息混合着憤世嫉俗的心態，既是詩人天性的率直流露，也是弱者對抗強者的一種表現方式。在傳統規範看來，這便是瘋癲、癡狂。人們把他稱為龔瘋子、龔呆子，對此，他毫不在意，我行我素。其實，那裏面不知包含了有志改革、無力回天的先覺者幾多辛酸！他曾有一首為好友沈虹橋小像所題的《金縷曲》詞，道盡了胸中久積的塊壘：

老矣東陽沈！算平生徵歌說劍，十分疏俊。太華秋高攀雲上，百首淋浪詩興。有多少唐愁漢恨？忽地須彌藏芥裏，取一痕瘦石摩挲認。顛豈敢，癖差近。

伊余頑質君休問！笑年來光芒萬丈，被他磨盡。愧煞平原佳公子，駿馬名姝投贈。只是東抹西塗還肯。兩載雲萍交誼在，更十行斜墨匆匆印。他日展，寄芳訊。[27]

讀了這首詞，誰都會對這個充滿着憂患救世意識的詩人，一掬同情之淚。

儘管他自道光十一年四十歲起，已經很少議論時政，主要精力花在研求學術、闡發經義上，把年輕時代的一腔熱忱深深地埋藏在心裏。何如他那豪邁的性格、憤世的感情仍時時迸發，無法掩飾。如狂似癲，屢遭物議。道光十九年四十八歲時，又因「才高觸動時忌」，藉叔父龔守正官禮部尚書，按例引避之機，決意辭官南還。消息傳出，京師士大夫奔走相告，知情者無不扼腕歎息，有的竟致徹夜難眠。四月二十三日（一八三九年六月四日），龔自珍不攜眷屬僕從，只僱了兩輛驢車，以一車自載，一車載書，夷然傲然地離京南下，踏上了回仁和老家的歸途。好友紛紛贈詩送行，同僚暨童年摯友吳虹生在距京師七里之地，設茶揮淚送別。此情此景，使龔自珍深深感動，想到從此即將與同志好友分離，與生活了二十多年的京師告別，真是愁緒萬千，感慨不已，不由得吟出了二首惜別詩來。

24 張祖廉：《定庵先生年譜外記》，《龔自珍全集》，上海人民出版社，一九七五年版，第六三二頁。

25《清朝野史大觀》卷十：《記羽琌山民二十二則》，上海書店一九八一年，複印本第六十頁。

26《定庵先生年譜》，《龔自珍全集》，上海人民出版社，一九七五年版，第六〇七頁。

27《金縷曲》，同上書，第五六〇頁。

此去東山又西山，鏡中強半尚紅顏。
白雲出處從無例，獨往人間竟獨還。
浩蕩離愁白日斜，吟鞭東指即天涯。
落紅不是無情物，化作春泥更護花。[28]

吟罷與虹生揮淚而別，驅車趕路，但依依之情仍不能平靜。一路上，有感而發，作了不少七言律詩。六月下旬，行抵揚州，與已退休的大學士著名經學家阮元，及在京時的好友魏源等人暢敘別後，「跌宕文酒，憑弔古今，多哀豔之作」。[29]七月初九日，行抵杭州老家，與闊別多年的老父團聚。由於家眷仍在京師，龔自珍稍事休息後，又於八月下旬北上迎接眷屬。十月間到達任邱縣，便遣一僕人入都迎眷屬來會。兒子龔橙深知父親心情不好，不願入都，就作書請他稍稍北進。他勉強進至雄縣。再請，進於固安，堅持不再北行。妻子何吉雲對丈夫的脾氣也很了解，只好在過了冬至之後，攜二子一女出都與他相會。十二月底，一家五口終於回到故里。

到家以後，除與友人宴遊應酬外，他把兩次往返途中所作的詩句加以整理，共得三百一十五首，題目《己亥雜詩》，於道光二十年春編定，由他的女弟子新安程金鳳用楷書繕就。這是他留給世人的最後一份文化遺產。這部詩集不僅「途中雜記行程，兼述舊事……平生出處、著述、交遊、藉以考見」，[30]而且涉及政情民生、風俗世態，凝聚了他憂國憂民、呼喚改革的一往情深。那裏面有歡樂，有憂愁，有批判，有吶喊，也有自我解剖，是一個抱「不世之奇才與不世之奇情」[31]的士大夫認識自我、超越自我的忠實記錄，也是一部反映封建衰世時代社會生活的絢麗圖卷。

道光二十一年八月十二日（一八四一年九月二十六日），這位曠世奇才、清代著名的思想家暴卒於江蘇丹陽書院，享年五十歲。

自此，主張改革、通經致用的都門士大夫，少了一根主心骨。當時，與龔自珍齊名、世人並稱龔魏的湖南邵陽人魏源，早已離開京師，在兩江總督陶澍的幕府；熟稔朝章典故的長樂梁章鉅（茝林），也在道光十六年陛辭出都，到廣西做巡撫去了；與龔自珍同樣治今文經學，以挽回世運為宗旨的山陰潘德輿（彥輔），則在道光十九年病故。留在京師，主張明道救世的士大夫中，唯有湯鵬和黃爵滋差堪座主。兩人中，尤以湯鵬在才氣上和性格方面最與龔自珍相近。

湯鵬字海秋，湖南益陽人，小龔自珍九歲，道光二年進士。年方二十已豪於文詩，負氣自喜，下筆震爍奇特，被目為奇才。他以禮部主事入值軍機處任章京，得以歷覽天下奏章。旋官戶部主事，轉員外郎，又得以明習吏事。後擢山東道監察御史，尤敢直言無隱，一個月內竟三上奏章。曾因彈劾宗室尚書叱辱滿司員，被罷御史之職，回戶部轉任郎中。他最初研習文學，尤好詩歌，自上古歌謠至《詩經》三百篇，漢、魏之賦，六朝之文，唐代之詩，無不精研探求，「形規而神契之」，深得此中三昧。著有詩三千首，多感慨抑鬱、悲憤沉痛之作。後轉治經術，著有《七經補疏》，以明經義。他為人落宕不羈，議論恣肆縱橫，常稱惟唐之李德裕、明之張居正是所欽佩；而對自己所著的《浮邱子》一書，尤為自喜，每遇人輒問：「能過我一閱《浮邱子》乎？」此書確實針砭時弊，主張改革，每一問題都層層分析，支幹相演，不失為當時佳構，所以魏源曾評論說「此書可傳也」。[32]在京時，他最喜和龔自珍交遊，花之寺的雅集，他是主要成員；每次重要的宴遊總有他在。但是他不像龔自珍那樣外狂內靜，外痴內省，而是痴狂得近乎滑稽。他是道光二十四

28《己亥雜詩》，《龔自珍全集》，上海人民出版社，一九七五年版，第五〇九頁。
29《定庵先生年譜》，同上書，第六二三頁。
30《定庵先生年譜》，同上書，第六二五頁。
31《〈己亥雜詩〉程金鳳書後》，同上書，第五三八頁。
32轉引自李伯榮著：《魏源師友記》，岳麓書社，一九八三年版，第五十頁。

年（一八四四）患腹瀉而死的，傳說病因即起於他戲服大黃所致。某日他在家和友人集會閒聊，有人說大黃性猛，不可輕嘗。他卻說有何害可言？我向來無疾常服，若不信，請面試。隨即命僕人速購大黃二兩，準備當場試驗。友人見此，苦勸不可。他一意孤行，取大黃六七錢當眾吞服。這時，一位友人起而奪之，他反攫取一塊吞服下肚，到黃昏時便開始洩瀉不止，半夜即不治而死，[33]死時年僅四十四歲。

綜觀嘉道年間的都門士大夫，大都萎靡文飾、正氣殆盡，只有那些良知未泯、力圖救世除弊的少數人，才真正稱得上是憂國憂民之士。但是即使這群改革家們，也只能從古文化中去尋找救國的方案。誠如龔自珍所自嘲的那樣：「何敢自矜醫國手，藥方只販古時丹。」傳統的知識結構限制了他們走出中世紀的腳步。他們看到了衰世王朝的命運，體察到貧富懸殊的結果將導致「山中之民」蜂起，從而告誡當權者：「一祖之法無不敝，千夫之議無不靡，與其贈來者以勁改革，孰若自改革」，[34]呼籲清王朝改革自救。但他們卻沒有看到正在對中國古老王朝構成威脅的西方資本主義，不但對中國以外的世界缺乏起碼的了解，而且往往囿於所見，「皆以侈談異域為戒」。所以他們的詩文中有對衰世抨擊，有對三代之治的嚮往，有對民眾疾苦的同情，有對王朝弊政的革新主張，惟獨沒有對世界時勢的理解和認識。他們的視野在內而不在外，傳統的夷夏之防觀念深植心中。既然連當時最優秀的士大夫在世變將臨時還處在對世界混沌朦朧、睡眼未開的狀態，那麼中國被轟出中世紀的歷史命運也就無可避免的了。事實上，促使中國歷史發生大轉折的契機，正是在上自朝廷，下至公卿士夫們毫無感知、毫無思想準備的情況下悄悄然地到來的。

33《清朝野史大觀》卷十一《清朝藝苑》，上海書店印行，一九八一年版，第六十五頁。
34 龔自珍：《乙丙之際箸議第七》，《龔自珍全集》，上海人民出版社，一九七五年版，第六頁。

第二章

西方殖民勢力東來

第一節「風起於青萍之末」

正當清王朝統治下的中國社會日趨沒落、朝野上下閉目塞聽之際，一個西方殖民勢力的魔影，在古老的東方遊蕩。雖然世變之於中國，是在十九世紀四十年代發生，但西方殖民勢力早在二百多年前，就在中國周圍影影綽綽地晃動。它帶給中國封建統治者的煩惱，可以追溯到明王朝中葉。

西方和東方，橫亙着遼闊的大洋和廣袤的陸地。西方人對東方的神祕，一如東方人對西方那樣無知。自從葡萄牙開闢了直通東方航路之後，眾多的西方國家便不斷派出船隊，越過波濤洶湧的海洋，駛向東方。他們採取佔領和掠劫的殘暴手段，進行資本的原始積累。富饒的東方，特別是印度和中國，成了他們垂涎的對象。

東方航路的開闢者，是葡萄牙人瓦斯科．達．伽瑪。但此事的先行者，卻是他的同胞迪亞士。一四八七年，當時西歐航海事業最發達、對探求東方財富最具野心的葡萄牙，派出一支船隊，在航海家迪亞士的指揮下，開始了東方航路的冒險航行。迪亞士的船隊，駛到了世界上風浪最大的海域之一——南非好望角後，被惡劣的天氣所阻擋，無法繼續向東航行。於是，這個倒霉蛋不得不下令船隊調轉頭，這次航行便半途而廢。但迪亞士認為：只要加強艦隊的裝備和攜帶足夠的淡水、食物，向東方航行的成功可能性是存在的。他的這一看法，不僅抵消了航行失敗的非難，而且使他成了令人尊敬的英雄。葡萄牙人由此更堅定了探求直通東方航路的信心。

十年後，一四九七年的夏季，瓦斯科．達．伽瑪經過長期而又認真的準備，宣稱自己決心要實現迪亞士未竟的事業。在國王麥瑠埃爾的支持下，伽瑪率領了一支包括四艘帆艦在內的精悍船隊，從首都里斯本出發。他懷着發橫財的渴望和青史留名的激情，沿着迪亞士的非洲航綫，堅韌不拔地向神話般的東方駛去。皇天不負苦心人。一四九八年五月，伽瑪船隊終於戰勝重重困難，到達了印度次大陸西岸的卡里庫特，東方航路由此底定。當伽瑪船隊裝滿了東方的寶石、香料、胡椒、生薑等土特產，於次年返回里斯本時，碼頭上萬人歡呼，人頭攢動。叫喊聲伴和着飛吻，紛紛拋向這個勇敢的冒險家。人們把伽瑪和他的船員稱為「出色的英雄」。[1]伽瑪本人被國王晉封為伯爵；國王麥瑠埃爾則自封為「印度統治者」。但葡萄牙人卻把國王稱為「幸運兒」。

東方航路開闢成功，是世界中世紀史上一件大事，它使西方向東方殖民有了一條海上通道。從此，東方的災難隨之而來。

一五〇〇年，葡萄牙一支有着十三艘帆艦組成的大型船隊再次到達印度。此後，葡萄牙按期派出船隊，往返於印度和里斯本之間，比利牛斯半島上這座充滿西歐風光的小城，成了東方產品的集散地；而印度的果阿地區，則在一五一〇年正式淪為葡萄牙的殖民地。一五一一年，葡萄牙果阿總督，又用暴力和欺騙的手段佔領了馬六甲，把它作為向東南亞擴張殖民勢力的跳板，葡萄牙成了東方最早的殖民者。它把本國的不法之徒派到印度服務，以免他們在本國搗亂，卻讓他們在東方胡作非為，無法無天。「他們當走私販、海盜、商人和指揮官，只要碰上機會，什麼都幹」。[2]

跟蹤葡萄牙而來的是西班牙。十六世紀中葉以前，葡、西兩國是爭奪海上霸權的殖民強國。儘管西班牙主要的掠奪對象是北部美洲，但富庶的東方，對它有同樣的吸引力。一五七一年，西班牙憑藉強大的艦

1 葡萄牙人路易斯．卡孟士所作長詩《魯西亞德》（一五七三）中，稱這次航行的參加者為「出色的英雄」。見【蘇】謝緬諾夫，葉文雄譯：《中世紀史》，三聯書店，一九五七年版，第三〇五頁。

2【英】馬丁：《中國：政治、商業和社會》第二卷，第四一四頁，轉引自姚賢鎬編：《中國近代對外貿易史資料》第一冊，第二四七頁，中華書局，一九六二年版。

國人的三分之二」。[4]

隊，完全吞併了菲律賓群島，「殺其王，逐其民入山」，[3]在島上大肆劫掠。一六〇三年，西班牙殖民者開始屠殺華僑，先後被殺的有二萬多人。一六三九年又一次屠殺，「竟殺掉了當時旅居菲律賓的三萬三千中國人的三分之二」。[4]

從十六世紀下半期起，西方的政治地圖有了新的變化，荷蘭開始崛起。一五八八年，它聯合英國，打敗了西班牙的無敵艦隊，成了海上霸王。為了向東方擴張，它在十七世紀初，就竭力與西班牙、葡萄牙爭奪對南洋群島的控制權。一六〇二年，荷蘭組成殖民性質的東印度公司。兩年後，荷屬東印度公司征服了爪哇島上的咬噹巴。這時的荷蘭，是西歐標準的資本主義國家，對於西方的殖民競爭者，它採取無恥的手段，竭力排擠對手的勢力。為了霸佔葡萄牙手中的馬六甲，它向葡萄牙總督表示願交二萬一千八百五十鎊的賄款，請求允許入城貿易。一六四一年，當他們被允許入城後，便設計刺死了這位受賄的總督。對於殖民地，採取殘暴的掠劫和燒殺。當它佔領爪哇島後，荷蘭人「走到哪裏，哪裏就變得一片荒蕪，人煙稀少」。爪哇的班紐萬吉省，在一七五〇年有居民八萬多人，六十年後，只剩下了八千個土著。

荷蘭的霸主地位沒有維持多久，便遭到了英國的挑戰。英國在東方的殖民事業，早在一六〇〇年組織東印度公司時就已開始。十七世紀中葉後，英屬東印度公司取代了荷蘭的地位，獨佔了對印度的貿易。英國對印度的殖民手段多種多樣，無一不是以暴力、欺騙為特徵，以掠奪印度財富為目的。一六六九—一六七二年，英屬東印度公司從孟加拉等地的貿易中，每年支付三四萬英鎊，一六八一—一六八五年間增至二十三萬英鎊。[5]一七六一年，英國擊敗法國殖民勢力後，成了印度的主要殖民者，英屬東印度公司成為一個擁有軍事力量和統治着大批領土的殖民權力機構。一七七三年，英國國會通過「東印度公司管理法」，由國會派出總督，賦以管理印度全部領土的最高權力。從此，英國殖民者不再假手印度的封建王公，而是直接統治印度了。

殖民制度是西方資本原始積累的各種途徑中，最為殘暴的一種，也是西方資本主義發育成長不可或缺的條件，就像溫度之於受精蛋的孵化那樣。正因為如此，西方殖民國家才無不駕着炮艦橫衝直撞，到處尋找和開闢殖民地，在人類歷史上掀起了一陣陣血腥的風暴。爪哇、馬六甲、印度、菲律賓等地的淪落，對中國構成了極大的威脅。本來，西方殖民勢力的東向，就是為了覬覦印度和中國。葡萄牙尋找直通東方航路的動機，是為了印度，而西班牙的東來，則是為了中國。英國早就有了與中國通商的企圖，當它佔領印度後，這種意向便更加迫切。所以，正是在西方殖民勢力東來的過程中，中國的封建統治者遇到了前所未有的困擾，中外關係的結構由此發生了根本性的逆轉，中西關係成了中外關係的主要內容。

現在，讓我們簡要地回顧一下中國的對外貿易史，以便考察在西方殖民勢力東來之前，中國是怎樣處理與西方關係的。

中國的海外貿易，早在西漢初期已見諸史書。兩漢時代，中國海外貿易的三個基本方向——東洋、南洋和西洋，已初步奠定。對東洋的朝鮮和日本的貿易，始於漢武帝初年。對南洋的貿易也開始於漢武帝時代。但對西洋的接觸則稍晚，在漢桓帝延熹九年（一六六年）才開始。當時的羅馬帝國（中國史書稱為「大秦」）曾派使者到過中國，除它之外，沒有別的西方國家來過這片古老的土地。所以，兩漢時代的海外貿易，主要是在東洋和南洋進行的。相比之下，對東洋的朝鮮和日本貿易較為頻繁，南洋方面還很有限。

自三國至隋代，海外貿易的方向沒有重大變化，仍以東洋與南洋貿易為主。政府對外貿易也未設專官、專司加以管理，貿易稅到南朝時，還沒有固定的法令。[6]

唐代是中國封建社會的鼎盛時期，海外貿易十分發達，政府也開始加以管理，設專官、專司，收貿易之利入官。唐代置市舶使（亦稱「結好使」）於廣州、安南二地，立交易綱首，但唐代市舶司並非常設專

3 張燮：《東西洋考》卷五《呂宋》，中華書局一九八一年版，第六十九頁。

4【美】馬士、宓亨利合著，姚曾廙等譯：《遠東國際關係史》，商務印書館一九七五年版，上冊，第二十四頁。

5 轉引自周一良主編：《世界通史》近代部分，人民出版社，一九七二年版，上冊，第八十六頁。

6 見《隋書．食貨志》。

官，「有事則置，無則廢之」。[7]貿易範圍除東洋外，南洋和印度洋一帶的錫蘭（唐時稱「獅子國」）等國，都有貿易關係。廣州、泉州、揚州、杭州、越州（今紹興）、明州（今寧波）等，都是重要的對外貿易港口。

兩宋時期海外貿易的法制漸趨細密，市舶司制度確立。政府曾對外貿物資下過多次禁令：北宋崇寧時「禁私物奸人下海」；南宋淳熙時「禁販金銀」，南宋端平時「禁銅錢下海」。[8]元代市舶司數度變遷，對外貿易也時開時禁。總計有元一代曾四度關閉市舶，但時間不長即重行開放。

明代的對外貿易，已有相當的規模。明初永樂年間，政府大力鼓勵海外貿易。三寶太監鄭和曾率龐大的船隊七下西洋。當時所謂西洋，指的是今南洋與印度洋沿岸。

明中葉以前，中國歷代封建王朝與海外各國的貿易，都有兩種性質。一種是民間貿易，這是平等互利的民間交往，不具任何政治色彩；另一種是隨貢貿易，大都是政府間的交往，外國來華的都是貢品，不屬商品性質，中國政府的賞賚也不是作為商品。從代價和數量上看，貢品往往抵不上賞賚。在朝貢物品外，也允許貢使帶一部分商品與中國進行交流，這種貿易，大都在中國政府的認可之下，在指定地點進行。所以這種商業上交往往往是很有限的。這兩種貿易，就數量上看，以民間貿易為大多數，隨貢貿易在次數和數量上都很少。由於中國歷代封建王朝無論在國力上、經濟上都超過四鄰國家，因此，明中葉以前，中外關係的結構，中國佔主導地位，那時還沒有固定的中西關係。應該承認，這種中外關係的結構中，中國一直是以天朝自居的。各國來華無論是真正的藩屬，還是與中國完全沒有藩屬關係的國家，在封建統治者的心目中，都被認為是「化外之人」。在文化、文明和地位上，始終有優越感、大國感。但絕不等於說，這種關係就可以得出如西方學者們說的：中國強加給其他各國的不平等性質。例如費正清在其所著的《美國與中國》一書中，論到中國的朝貢制度時說：「對於西方列強強加於中華帝國的不平等條約，如果要了解其單方面的和不平等性質，我們就必須回顧一下中國首先強加於西方來客的古老朝貢制度。這個古老的中國制度，也同取代它的條約體系一樣，是不平等的。」[9]類似費正清的這種說法，在西方著作家的書中，幾乎都可以看到。

這實在是混淆兩種不同性質的說法。

中國的朝貢制度以及與之相伴隨的朝貢貿易制度，是發生在世界封建生產方式佔統治地位的時代。封建制度的基本經濟結構是自然經濟。中國和西歐國家的自然經濟結構雖然有所不同，但在產品主要用於自己消費而不是投入流通，商品經濟不佔主要地位這一點上是相同的。因之，中國和世界其他國家、尤其是東方各國的貢品往來，都不發生經濟上的不平等貿易或掠奪對方資源、把別國變為自己的商品市場這種資本主義歷史條件下的殖民地性質。所以從經濟意義上說，朝貢制度與隨貢貿易制度只是一種物物交流，相互饋贈而不是經濟掠奪。事實上，宗主國的賚賜品無論在數量與質量上往往都超過貢品。朝貢的國家都把這種經濟聯繫看作為一種優惠而採取主動的要求。隨貢貿易更能通過一定形式的商品買賣，雙方互利和互相學習。

其次，朝貢制度是封建時代中國與世界各國，特別是藩屬國之間的一種政治聯繫和外交交往。宗主國並沒有通過朝貢干涉別國包括藩屬國的內政，破壞它們的主權與領土完整。這一點，任何研究中外關係的人，只要老老實實地對待歷史，誰也不能否認。即使是持有上述觀點的美國人如克萊德，也同時承認：「在理論上，且一般在實踐上，中國並不設法通過這些方式來直接干涉邊界國家的內政。事實上，只要它們的統治者保持和平，同他們的人民照儒家的模型一道生活，並履行他們次一級地位的禮儀和其他義務，

7 梁廷枏：《粵海關志》卷七《設官》，沈雲龍主編，《近代中國史料叢刊》（續編第十九輯）臺灣，文海出版社印行，第四二九頁。

8 湯彝：《盾墨．市舶考》，中國近代史資料叢刊《鴉片戰爭》第一冊，神州國光社，一九五四年版，第二二七—二二八頁。

9【美】費正清著，張理京譯：《美國與中國》（第四版），世界知識出版社，一九九九年版，第一四七頁。

邊界國家大部分是自主的。」[10]

再次，朝貢制度並不對藩屬國家的社會歷史進程產生任何直接的影響。它作為宗主國與藩屬國之間斷斷續續的政治經濟聯繫的一種形式，不與對方國家的社會生活有直接關聯。與中國通貢的國家，只在政治上作為藩屬國的地位，中國並沒有對它們直接的干預和壓迫。這種藩屬關係，與後來資本主義時代的殖民地制度有着本質區別。中國與藩屬國之間只存在名義上的宗主關係。這種關係之間的聯結就是朝貢、冊封制度。因此，藩屬國的歷史進程不受中國的直接影響。如果說，中國在當時比周邊鄰國先進和強大的話，那麼，中國先進的生產技術在某種意義上正是通過朝貢而間接在鄰國社會經濟生活中產生了良好的影響。同樣，鄰國的先進經驗也對中國產生過影響。

西方強加給中國的不平等條約完全是另一種性質。它干涉中國內政，破壞中國的領土和主權完整，掠奪中國的資源，把中國變成殖民市場，嚴重影響了中國社會的歷史進程，使中國變成了半殖民地半封建社會。

由此可見，西方史學家的上述言論，雖然指出了中國封建統治者的妄自尊大和盲目的優越感，但他們的出發點和歸宿，卻是企圖用歷史類比法來證明侵略的合理性，為自己的祖先對中國人民犯下的罪行進行辯解與開脫。

明中葉以後，中外關係結構開始變化。中國和西方國家的關係，逐漸替代傳統的中國和東洋、南洋各國的關係而成為主要內容，中國在對外關係中佔主導的地位逐漸下降。這個變化過程，是從十六世紀西方殖民主義者東來後開始的，直到鴉片戰爭才最終形成。

最早與中國接觸的西方殖民主義國家是葡萄牙。明正德九年（一五一四），葡萄牙人首次到達廣東屯門。正德十二年，葡萄牙海盜商船八艘，以朝貢通商為名，突入廣東東莞，發炮轟擊，「大炮迅烈，震駭遠近」。[11] 明政府以無朝貢舊例，加以拒絕；葡萄牙海盜船「乃退泊東莞南頭，蓋房樹柵，恃火銃自固」。[12] 以後便在廣東沿海「殺人搶船」，[13] 從事海盜掠劫活動。明政府為保衛海疆，於正德十六年發兵征討，次年將海盜船驅逐出粵，葡萄牙人轉而在閩浙一帶掠劫，並勾結「倭寇」，成為明政府東南大患。嘉靖三十二年（一五五三），葡人「託言舟觸風濤，願藉濠鏡（澳門）地暴諸水漬貢物」，[14]以欺詐手段，強租了我國澳門，建立了殖民侵略的橋頭堡。後來，澳門成了西方國家與中國進行貿易的收船地。

繼葡萄牙而來的是西班牙。一五一七年，西班牙完成了對南洋菲律賓群島的侵佔。明萬曆三年（一五七五）起，便轉向中國，請求「通商」。福建地方政府曾對西班牙的使節以友好的接待，並派使節回訪，允許西班牙人來福建互市；但呂宋的西班牙殖民當局卻準備以武力對付中國，對中國去菲律賓的商船，採取種種嚴格限制，並在菲律賓大肆屠殺華僑。明政府不得不採取戒備措施。萬曆二十六年（一五九八），西班牙派人要求互市，被廣東當局拒絕。西班牙人不顧中國法令，在「虎跳門結屋，群居不去」，[15]明政府派兵驅逐。自此以後，中國與西班牙人的貿易關係無形停頓，直到康熙二十四年（一六八五）海禁廢除後，才斷續有商船來粵。

10【美】克萊德：《遠東》，第二四〇—二四一頁，轉引自《外國資產階級是怎樣看待中國歷史的》第一卷，商務印書館一九六一年版，第二三九頁。

11 顧炎武：《天下郡國利病書》卷二十《海外諸書》，十三頁。

12 張燮：《東西洋考》卷五，《東洋列國考》，中華書局，一九八一年版，第九十三頁。

13 陳文輔：《汪公遺愛祠記》，轉引自郭廷以《近代中國史》，第一冊，商務印書館發行，民國二十八年（一九三九年）版，第九十二頁。

14 印光任、張汝霖合編：《澳門記略》，上卷，《官守篇》，廣東高等教育出版社，一九八八年版，第二十頁。

15 金光祖：《廣東通志》卷二十八，《番彝》，四十三頁。

十六世紀下半期的海上霸主是荷蘭。十七世紀初年起，它就與西、葡爭奪南洋的制海權。本着這一目的，它開始向中國進行殖民擴張和海盜掠劫活動。明萬曆二十九年（一六〇一），「駕大艦攜鉅炮」，[16]首次到達廣東，要求與中國通商貿易，明政府予以拒絕；在澳門的葡萄牙人為保持自己對華貿易的特殊地位，也不准荷船在澳門停泊。荷蘭此行失敗後轉向南洋一帶。一六〇二年組成荷蘭東印度公司，一六〇四年征服爪哇島上的咬嚁巴，排擠了西、葡在南洋群島的勢力。同時，侵入我國領土澎湖，妄圖以此為侵略中國的前哨。明政府厲兵拭甲，並斷其接濟，迫使荷蘭無法久留，只得掛帆而退。此後，又與葡萄牙爭奪澳門，多次發生武裝衝突，但仍以荷蘭失敗而告終。明天啟二年（一六二二），荷蘭再次侵佔我國澎湖，進犯福建內港鼓浪嶼，與明朝軍隊激戰。天啟四年，又非法佔領臺灣，「築室耕田，久留不去」。[17]後被鄭成功所驅逐。

十七世紀中葉後，英國取代了荷蘭，成了海上霸王。英屬東印度公司先後擊敗了荷蘭、法國的兩個東印度公司，達到了獨佔印度貿易的優勢地位。但當它開始與中國打交道時，曾經遭到了葡萄牙的多方排擠，處於不利地位。正如其他殖民者一樣，英國對中國的交往，一開始便以血和火的文字記載在中英關係史上。明崇禎十年（一六三七），英國第一艘武裝商船在威德爾德船長率領下，來到中國。[18]英國人一踏上中國土地，便以貿易為名，強入廣東屯門，發炮轟擊炮臺，「奪而據之，焚官署，截得商艇二、小艇一」。[19]明政府被迫自衞還擊，挫敗了英國殖民者的入侵。在澳門的葡萄牙人也拒絕英人於澳門求市，使英人一時無法在澳門立足。自此之後，英國長時期沒有派船到中國活動。直到清順治元年（一六四四）才有第一隻商船來華。由於南明政權正在和清軍對抗，英船沒有達到預期的目的。

這些眾多的西方國家，從明中葉起，紛紛以武力手段為其殖民貿易開路，這就使中國封建統治者遇到了前所未有的敵手。中外關係中，中英關係逐漸突出起來。但是直至明朝末年，西方國家的資產階級革命還未進行或未取得勝利，工業革命更無從談起。因此，西方國家開闢世界市場的願望還不甚強烈，實力還相對較弱。而明朝政府在當時卻仍有力量以自衛手段擊退殖民主義者對中國的侵略擴張。西方國家在和中國的較量中，基本上處於軟弱的地位。中西國家間的這種關係，直到清代才開始發生較為明顯的逆轉。

16《明史》卷三二五，《外國傳．荷蘭》，中華書局，一九七四年版，第二十八冊，第八四三四頁。

17 同上書、冊，第八四三六頁。

18 事實上英國在一五八二年就派遣了由四艘帆艦組成的船隊企圖駛向中國，由於食物供應不足，船隊只到達巴西，遭到西班牙艦隊的阻攔，未能到達中國。一五九五—一五九六年間，又有三隻船組成船隊，帶着英國女王致中國皇帝書，遠航中國，結果也半途而回。見【美】張馨保《林欽差與鴉片戰爭》，中譯本，福建人民出版社，一九八九年版，第一—二頁。

19 夏燮：《中西紀事》卷一，《通番之始》。

第一節　從海禁到閉關

清朝前期，中西之間的貿易和交往，因清政府採取海禁措施而無形停頓。

海禁是清朝統治者為隔絕東南沿海各省人民與鄭成功反清勢力相結納而採取的一項「堅壁清野」式的措施。鄭成功在南明唐王政權覆滅後，堅持在福建一帶聚眾抗清。他以廈門、金門為根據地，連年出擊廣東及江浙等地，東南沿海地區的反清力量因此十分活躍。為了穩定統治秩序，清王朝於順治十三年（一六五六）頒佈禁海令，規定：

今後凡有商民船隻私自下海，將糧食貨物等項與逆賊貿易者，不論官民均奏聞處斬，貨物入官；本犯家產盡給告發之人。其該管地方文武各官不行盤緝，皆革職從重治罪。地方保甲不行舉者，皆處死。凡沿海地方口子，處處嚴防，不許片帆入口、一賊登岸。如有疏虞，專汛各官，即以軍法從事，督撫提鎮並議罪。[1]

這道禁令，將違禁治罪範圍從一般私自下海擴大到各海口官吏，上至督撫、下至保甲，無一倖免。就禁令內容看，顯然不是為了防止洋人而是防止沿海人民的抗清。因之，它不具有對外政策的意義，基本上是一項對內鎮壓的政策。

順治十八年，鄭成功率軍由廈門渡海，驅逐了盤踞在臺灣的荷蘭殖民者，建立了反清政權。這一年，清政府進一步嚴行禁海，下「遷海」令。遷海令最初建議者，是滿洲家奴方星華的弟弟方星煥。他向其主子獻策說：「海船所用釘鐵麻油，槍炮所用煙硝以及粟帛，皆海外所罕有，大都濱海之民闌出貿易為之接濟耳，今宜盡遷其人，移之內地，距海若干里內，皆斥為甌脫，畫地為界，嚴申禁令。有敢越界者，論殊死無少貸。島上窮寇，內援既斷，來無所掠，如嬰兒絕乳，立可餓斃矣。」[2]清政府立即採納這一建議，派滿大臣四人，分赴海疆諸省，嚴督沿海居民內遷。初遷二十里，猶感為近，再遷二十里，仍感不足，再遷十里，三遷而界始定。「詔沿海居民三十里外盡徙內地，禁漁舟、商舟出海」[1]。

由上可知，清初的海禁政策，包括兩方面的內容，一是禁止沿海人民下海，二是強遷沿海人民於內地。由於嚴禁人民私自下海，清初的海外貿易基本上是被禁止的，所有者，僅是外國貢使請求互市的交往。其數量既少，貢市也有一定的期限。海禁期間來得最早、次數最多的是暹羅貢使。自順治十年（一六五三）遣使請貢後，康熙三年（一六六四）來貢一次。次年改為貢期三年一次，貢道由廣州。以後在康熙七年、九年、十一年和十二年四次派使節交涉，也僅得到「貢使所攜貨物，願至京師貿易者，則聽其自運，或願在廣東貿易，督撫委官監視之」[3]的答覆。

西方的荷蘭，在海禁期間，仗着曾與鄭成功政權作戰的「功績」，曾於康熙二年（一六六三）請求貿易，清政府准其二年一貢。康熙五年改為八年一貢，貢道直到康熙二十五年才由廣東改道福建。葡萄牙早踞澳門，自康熙元年廣東遷海後，澳門商務無形停頓。康熙十六年，清政府准葡人在海禁未開前，暫在廣東和澳門間陸路通商。英國在順治十五年（一六五八）及康熙三年兩次來過三隻商船，因受澳門葡人排擠，無法進行貿易，所以在一段時間內不再有商船來廣東。康熙九年，英商轉往鄭成功控制下的廈門、臺灣，在兩地設立商館，直至一六八一年才停止廈、臺的海貿商務。除上述國家外，禁海期間並無其他歐美

1《欽定大清會典事例》（光緒重修本）第七百七十六卷。

2 轉引自蕭一山：《清代通史》第一冊，中華書局，一九八六年版，第三七二頁。

3 梁廷枬：《粵海關志》卷二十一《貢舶》，《續修四庫全書》，（八三五．史部．政書類），上海古籍出版社，二〇〇二年版，第九十一頁。

國家與中國進行貿易。

清初海禁，自順治十三年（一六五六）起到康熙二十四年（一六八五）開禁，共二十九年。康熙二十二年，鄭成功之孫鄭克塽降清，臺灣抗清政權覆滅。海禁為了「防賊」的理由便不復存在，而開禁貿易的呼籲，在朝臣中日漸頻繁。康熙帝便於康熙二十二年下詔群臣，討論開禁貿易的利弊，經過不少大臣的上奏討論，康熙二十四年正式開禁，設粵海關於廣州、閩海關於廈門、浙海關於寧波、江海關於江蘇雲臺山，共開四關對外貿易。

海禁一開，中西交往又漸趨頻繁。

當時，英國已完成了資產階級革命，其經濟實力，也逐漸在西方國家中居於領先地位，它正用全力在印度與荷蘭、法國爭奪殖民控制權，並在遠東海面的商船隊中取得絕對優勢。海禁一開，英國商船開始對中國進行貿易往來，其趨勢是逐年發展的。以下是英國商船的來華次數統計和因貿易差額流入中國的白銀數量。

表 2-1

年　份	船　數	輸入銀數
1685　康熙二十四年	廈 1	
1686　二十五年		
1687　二十六年	廈 5	廈 5 000 鎊
1688　二十七年	廈 3	
1689　二十八年	廈 1 澳 1	
1690　二十九年		
1691　三十年		
1692　三十一年		
1693　三十二年		
1694　三十三年	廈 1	

1695	三十四年		
1696	三十五年		
1697	三十六年		
1698	三十七年	廈 2	廈 20 000 鎊
1699	三十八年	廣 1 廈 1	廈 26 000 鎊
1700	三十九年	廣 1 廈 1 舟 2	
1701	四十年	廣 2 廈 2 舟 2	
1702	四十一年	廣 1 廈 3 舟 3	廈 150 000 鎊
1703	四十二年	廣 1 舟 4	廣 30 000 鎊
1704	四十三年	廣 1 廈 2 舟 3	廣 46 484 鎊，廈 15 071 鎊
1705	四十四年		
1706	四十五年		
1707	四十六年	廣 1 舟 1	廣 43 000 鎊，舟 21 000 鎊
1708	四十七年	廣 1	
1709	四十八年	廣 1	廣 31 000 鎊
1710	四十九年	舟 10	
1711	五十年	廣 2	
1712	五十一年	廣 2	
1713	五十二年	廣 1	
1714	五十三年	廣 1	
1715	五十四年	廣 1	
1716	五十五年	廣 3（他國 17）	
1717	五十六年	廣 2	廣 68 000 鎊
1718	五十七年	廣 2	廣 56 000 鎊
1719	五十八年	廣 2	廣 62 000 鎊
1720	五十九年	廣 4	廣 132 000 鎊
1721	六十年	廣 4	廣 109 000 鎊

（資料來源：馬士《東印度公司對華貿易編年史》卷一、二、四有關資料。轉引自吳傑《中國近代國民經濟史》第一一一—一一二頁列表。）

從上引清代開關貿易到康熙一朝的統計看，英商來華貿易有以下兩個特點：

第一，康熙一朝，英商來華船隻數每年都很少，最高年份是康熙四十九年十艘，一般都在每年二艘；

第二，在康熙二十四年到四十九年（一六八五—一七一〇）的二十五年中，英商船有明顯的北上貿易趨向，廈門與舟山幾乎成了英商船最感興趣的目的地。

這兩個特點表明，當時中外關係結構的變化，尚未完成，西方與中國交往，仍然不具有重要意義。從第一點上說，英商對華貿易的數量所以很小，原因是英屬東印度公司正在全力以赴地與荷蘭、法國爭奪對印度貿易的壟斷權。

荷蘭東印度公司在一六〇二年成立後，擁有商船數量最高時達到三十艘，但到一七〇二年，由於荷蘭的王位繼承者擔任總公司的負責人後，董事成了世襲，經營不善而逐漸虧本；法國東印度公司成立於一六六四年。一六七二年以後，由於它在競爭中對荷蘭的勝利，法屬東印度公司業務上升，一七一九年又趨於衰弱。英、荷、法在印度的競爭，使得英國暫時還沒有力量對中國進行大規模的貿易。從英商對華貿易的差額看，流入中國的白銀數量動輒數萬英鎊，有時高達十餘萬鎊，說明英國輸入的商品數量不多，不受中國歡迎，而對中國商品的需要量卻很大，造成了差額，不得不支付大量的白銀。這一情況，顯示着當時中西關係中，外國資本主義並未能對中國造成經濟上的壓力。

從第二個特點說，英商北上趨勢的加強，反映了西方資本主義力圖接近中國絲茶產區的意向。福建、浙江向是中國著名產茶區。英商對中國茶葉的需要自十七世紀八十年代後逐漸加增。一六八四年東印度公司通知在印度的英商說：「現在茶已漸漸通行，公司要把茶贈友朋，望每年購買上好的新茶五六箱運來。」[4] 一七〇〇年英國宣佈禁止印度棉織布輸入本土之後，茶葉成為東印度公司輸入英國的大宗商品。儘管英國本土對茶葉輸入課稅很重，但販運茶葉仍然成為東印度公司的賺錢買賣。從上表看，英船向中國閩浙兩海關收船的熱潮，恰恰是在這兩個歷史時期內，這決不是偶然的。當然，促使英船北上的原因，並不全是茶葉貿易，關稅的輕重也是一個因素。粵海關稅較浙海關重，陋規也很苛刻，所以英商紛紛走避，北上閩浙了。

自康熙五十年（一七一一）後，英商又轉向廣州收船，但對粵海關稅仍每有怨言，「屢以粵關索費太重，糾洋商合詞爭之」。[5]雍正六年（一七二八）清政府準備對中國出口加稅什一，「英人議其不公，置若罔聽」，[6]甚至「合詞控於大府」。[7]西方殖民者對貿易的需求使中國皇帝和官員深感麻煩。康熙帝自晚年起就已擔憂「海外如西洋各國，千百年後，中國恐受其累」。[8]處理日漸突出的中西關係，逐漸成為清政府必須認真考慮的問題。

對外政策必然要受到對內政策的制約與影響。清王朝是在鎮壓明末農民起義和次第打敗明宗室的反清力量基礎上統一中國的。它在軍事征服過程中採取了極為嚴酷的屠殺和掠劫手段。定都北京後，又實行了種族統治的高壓政策，國內階級矛盾和民族矛盾一直很尖銳。加上在統治集團內部權力再分配過程中，存在着激烈的矛盾和衝突，各種政治力量之間的鬥爭連綿不斷。上述這些錯綜複雜的矛盾交織在一起，構成了清王朝的潛在威脅。因此，防止和鎮壓國內各種反抗力量的滋長，成了清王朝制定政策的根本出發點。順、康、雍三朝的國內政策明顯地反映着三個主要方向：對反清力量，採用暴力和招撫相結合的方法，以達到打擊、分化的目的；對漢族和其他少數民族，採取「以漢制漢」和「改土歸流」的種族統治政策，使之通過內耗，減少對統治民族的不利因素；在統治集團內部，採取加強中央集權的各種措施，提高皇權，

4《清代鴉片戰爭前之中西沿海通商》，《清華學報》第十卷第一期。
5夏燮：《中西紀事》卷三《互市檔案》。沈雲龍主編，《近代中國史料叢刊》第十一輯，臺灣，文海出版社印行。
6轉引自郭廷以：《近代中國史》第一冊，商務印書館發行，民國二十八年（一九三九年）版，第二二〇頁。
7夏燮：《中西紀事》卷三《互市檔案》。
8《東華錄》康熙朝，卷九十八，第九頁。

削弱藩王權力。這三者組成了清王朝前期國內政策的基本環節。外交是內政的繼續。防止國內人民的反抗和防止外國人支持國內的不滿情緒，是維護王朝統治的兩個不可分割的方面。於是，隔絕中外之間的交往，把貿易限在遠離王朝心臟的邊遠地區，成了清政府勢在必行的政策。

乾隆一朝，承康、雍之武功文治，國力趨於鼎盛。社會經濟繁榮、政治局面安定，外貿稅收的區區收入，乾隆帝根本不放在眼裏。乾隆二十二年（一七五七），清王朝決定關閉江海關、浙海關和閩海關，只開放廣州一口，實行了中國歷史上嚴格意義的閉關鎖國政策。

為什麼乾隆帝要收口閉關？是因為怕歐洲海盜商人的侵擾而出於自衞的需要嗎？

不可否認，歐洲海盜商人自從一踏上中國的土地，就在沿海地區進行骯髒卑劣的掠劫活動。但這種趨勢和程度伴隨着西方資本主義的成長，正在逐漸呈現着退潮和減弱的態勢。考察一下自明正德九年（一五一四）中西關係開始，到清乾隆二十二年收口閉關的二百四十三年中西交往歷史，似可以順治十八年（一六六一）清政府實行遷海為分界綫，在此以前的一百四十七年內，西方殖民者對中國採取武力入侵和較大規模的海盜掠劫活動；在這以後的九十六年內，很少出現武力對抗的局面，外國海盜商人對中國沿海的掠劫勢頭已基本退潮。出現這種相對安定的情況，一方面是由於外國殖民者的主要目標在印度和南洋爭霸，無暇他顧；更重要的是他們遭到了明王朝的自衞還擊，一再遭到挫折，發現自己一時還對付不了中國這樣一個封建大國。可見，儘管這時外國海盜仍在中國沿海及南洋、印度洋海面出沒，但畢竟沒有像以前那樣嚴重地採取掠人殘殺、搶劫的無恥暴力手段。把乾隆二十二年清政府實行收口閉關的直接原因，說成是為了「防範歐洲海盜商人的劫掠活動」，似乎缺乏史料依據。

同樣，把清政府收口閉關說成是弱者對抗強者的一種手段，也是缺乏事實的一種主觀推論。閉關前，歐洲商人的對華貿易，數量極為有限。從清政府開始海禁，設四關進行海外貿易起，到收口閉關的七十三年內，外船來華總數三百六十五艘。其中英國一百四十五艘，平均每年二艘，最高年度也僅十艘。[9]

這個數字對於幅員遼闊的中國來說，幾乎微不足道。事實上，在西方產業革命高潮到來之前，外國資本主義始終沒有足夠的商品與中國進行貿易。他們在貿易過程中，也往往因貿易差額而不得不支付對歐洲來說最可貴的白銀。這在閉關前是常有的事。茲以英國為例，根據馬士著《東印度公司對華貿易編年史》一書統計，列表如下：

---

9 據【美】馬士《東印度公司對華貿易編年史》第一、二、四各卷資料統計。轉引自吳傑《中國近代國民經濟史》第一一一—一一四頁列表。另：《粵海關志》卷二十四有關外國商船入口隻數記載，錄於下：

表 2-2

年　份	外商船入口隻數
乾隆十四至十五年（1749—1750）	18
十五至十六年（1750—1751）	19
十六至十七年（1751—1752）	25
十七至十八年（1752—1753）	26
十八至十九年（1753—1754）	27
十九至二十年（1754—1755）	22
二十至二十一年（1755—1756）	15
二十一至二十二年（1756—1757）	7

（自本年十二月二十五日至次年十二月二十五日為一年）

表 2-3

年　份	輸入中國銀數（鎊）
1687 年（康熙二十六年）	5 000
1698 年（康熙三十七年）	20 000
1699 年（康熙三十八年）	26 611
1702 年（康熙四十一年）	150 000
1703 年（康熙四十二年）	30 000
1704 年（康熙四十三年）	61 565
1707 年（康熙四十六年）	64 000
1709 年（康熙四十八年）	31 000
1717 年（康熙五十六年）	68 000
1718 年（康熙五十七年）	56 000
1719 年（康熙五十八年）	62 000
1720 年（康熙五十九年）	132 000
1721 年（康熙六十年）	109 000
1722 年（康熙六十一年）	96 000
1723 年（雍正元年）	34 000
1725 年（雍正三年）	80 582
1729 年（雍正七年）	160 000
1730 年（雍正八年）	200 000
1731 年（雍正九年）	219 000
1732 年（雍正十年）	163 000
1733 年（雍正十一年）	70 000

1734年（雍正十二年）	80 000
1735年（雍正十三年）	77 000
1736年（乾隆元年）	65 205
1738年（乾隆三年）	162 000
1747年（乾隆十二年）	137 000
1749年（乾隆十四年）	58 000
1751年（乾隆十六年）	137 000

資料來源：轉引自吳傑《中國近代國民經濟史》第一一一——一一四頁列表。

根據上表統計，自開海貿易到收口閉關的七十四年內，英國大約共輸入中國銀數達二百五十七萬鎊，平均每年超過三點三萬鎊。一位研究鴉片戰爭前中英通商史的英國學者，在分析了英國對華貿易的老牌商號——怡和洋行的業務檔案後，不得不在自己的著作中一開始就宣稱：

近代東方和西方發生接觸的是商業。但事實是西方人出來尋求中國的財富，而不是中國人出去尋求西方的財富。自十六世紀至十九世紀，在這將近三百年的中西交往中，最顯著的事實是，西方人希求東方的貨物，而又提供不出多少商品來交換。在機器生產時代之前，在技術上的優勢使西方能夠把世界變成一個單一的經濟之前，在大多數工藝技術方面，比較先進的還是東方。[10]

這個英國人說東西方發生接觸是商業，顯然沒有敢於把西方殖民者利用商品貿易的幌子，無恥地幹着

10【英】格林堡著，康成譯：《鴉片戰爭前中英通商史》，商務印書館一九六一年版，第一頁。

海盜和殖民掠奪行徑說出來。但他承認當時西方缺乏必要的商品與東方特別是中國進行正當貿易，卻是事實。經濟統計資料表明，甚至在十九世紀三十年代，當西方特別是英國的產業革命高潮到來的階段，中西正當貿易中，中國仍然居於出超的優勢地位。西方資本主義不滿意這種局面，千方百計企圖改變，這是事實。但不能說閉關前外國資本主義已經構成了對中國的商品侵略，因而清政府實行閉關政策是「弱者對抗強者的一種手段」。

封建制度毫無疑問落後於資本主義制度。但在乾嘉時代的中國，並沒有成為事實上的弱者。乾隆年間，社會經濟自清初百餘年的恢復，有了相當的發展，田、丁數有了較大增長。順治十六年到乾隆十八年（一六五九—一七五三），民田總數由五百四十九萬三千五百餘頃，增至七百零八萬一千一百餘頃，增長近一百六十萬頃；人丁數從順治十六年到乾隆六年（一六五九—一七四一）由一千九百萬增至一萬四千三百萬，增長近七倍。[11]當時清政府擁有八十五萬以上的軍隊，在內外用兵中都取得了一系列勝利。乾隆帝和嘉慶帝都自稱為「統馭萬國」[12]「富有四海」[13]的天朝皇帝，將各國對華貿易和來華使節，視為納貢稱臣，絲毫沒有「弱者」之感。

可見，不論從當時的中西關係狀況考察，抑或對乾隆朝的國力分析，都無法把閉關政策的產生，歸結為清政府出於政治、經濟方面反侵略的自衛需要。促使清政府實行閉關政策的直接原因是為了阻止英商北上寧波貿易的趨向。外國來華船隻，向在澳門收舶，自康熙四十年（一七〇一）起，英商為了獲取中國廉價的茶葉，已有北上浙省的趨勢。寧波接近產茶區，關稅較粵海關為輕，「浙之商販牙行又爭相招致」。[14]乾隆帝對此深感不安，認為外人北上，「於海疆重地、民風土俗均有關係」；擔心外人北上之後，以貿易為名「恐積久留居內地者益眾，海濱要地，殊非防微杜漸之道」。[15]為了阻止英商北上，清政府最初採取提高浙海關關稅一法，企望外商因怕遭重稅而停止北進，仍在廣東貿易，以收不禁自禁的功效。但英商不懼重稅，仍數往寧波口岸。於是朝廷只得宣佈「嗣後口岸定於廣東，不准再赴浙省」，[16]採取了收口閉關的措施。

很顯然，清政府的閉關之舉，是處於相互聯繫着的兩種心態：

一是擔憂傳統的貿易口岸發生變動，外人北上趨勢的增強，會對「民風土俗」產生影響。所謂「民風土俗」，無非是指封建禮教規範下的君臣之道、父子之親、男女之別、夷夏之防等一切倫常習俗。這一套名分、等級制度，歷來是統治者維護專制制度和實行愚民政策的思想工具。它一旦被洋人帶來的歐風美雨所衝擊，無疑會對舊秩序產生不可估量的影響。

二是害怕洋人深入內地、久留不去，會支持東南沿海原已存在着的反清情緒。一旦內外結合，將產生極為可怕的後果。清朝統治者自己就是乘明王朝忙於鎮壓國內農民起義之際，在漢人的導引下入關的，深知內外結合的厲害。由於葡萄牙人曾協助過明王朝打擊清軍；英國人也曾在鄭成功抗清勢力控制下的廈門設立過商館，因此，清王朝對外人特別敏感。

事實上，從康熙末年起，限止海外貿易、防止漢人和洋人接觸的意向，已在統治集團內部滋長。康

11《皇朝文獻通考》卷三《田賦考》。

12《乾隆致英王第二道敕諭》，見梁廷枏《粵海關志》卷二十三，《貢舶》三，載《續修四庫全書》（八三五．史部．政書類）上海古籍出版社，二〇〇二年版，第一二一頁。

13 嘉慶二十年《上諭》，故宮博物院編《清代外交史料》嘉慶朝，卷四。

14 蕭令裕：《英吉利記》，《鴉片戰爭》（中國近代史資料叢刊），第一冊，第二十三頁。

15《清實錄》乾隆朝，卷五百三十三，第七二一頁；卷五百一十六，第五二二頁，中華書局影印，一九八六年版第十五冊。

16《東華錄》乾隆朝，卷四十六，上海古籍出版社，二〇〇八年版，第五十三頁。

熙五十六年（一七一七），禁止中國商船到歐洲人控制下的南洋呂宋（今菲律賓）和噶喇巴（今爪哇）等地貿易。雍正五年（一七二七），對私自出洋和久留外國的華人，明令規定不准回籍。[17]雍正十三年，又禁止民人偷渡外洋。[18]到乾隆時代，國力強盛，經濟發展，設關貿易以裕兵餉、財源的初衷，早已不復存在，「防微杜漸」的目的，突出起來。後來的公行制度和一個又一個的防範章程，都是從「防微杜漸」這個根子上長出來的。

由此可見，清代閉關政策，正是封建統治者維護專制制度總政策中的一個不可缺少的環節。它是一個落後的經濟制度和腐朽的思想體系產生出來的一項落後腐朽的政策。

17《皇朝文獻通考》卷三十三，十二頁。
18《欽定大清會典事例》（光緒重修本），卷六百二十九，二頁。

第三節 公行制度和防範章程

清代的閉關政策，是一項包括政治、經濟、外交的綜合性政策。馬克思稱它為「一種政治制度」。[1]它由四個相互關聯的內容組成：在貿易地點上實行一口通商的原則；在對待外人行動上採取嚴格的防範措施；在和外商貿易方面實行公行商人中介的特殊制度；在外貿物資的出口品種和數量上採取限止手段。

廣州一口通商是清代閉關政策的起點和基本標誌。它是清王朝針對西方資本主義國家而採取的一種特殊政策。對於中國傳統的貿易伙伴如東洋、南洋各國，中國並沒有關上大門。相反，對某些鄰國如朝鮮、安南等，往往還給以較為優厚的貿易待遇。當時，與中國有藩屬關係及友好交往的國家如安南、琉球、緬甸、泰國、日本以及南洋一些國家，都是以貢市形式與中國進行貿易的。「貢與市相因，而市之利，初雖刻期限，嚴勘合，卒之率假貢為市，而貢敝」。[2]從貢市相因到市盛貢敝，就是中國與東洋、南洋傳統貿易伙伴國家的通商交往史。

構成閉關政策的另一項內容是清政府對外貿易物資的出口數量和品種頒佈限止性的禁令。在一般情況下，限制外貿物資的出口品種和數量，是一個主權國家必須採取的正當手段，與閉關鎖國沒有必然聯繫。中國歷代封建王朝和世界各國的貿易史上都有類似情況。但清代限制外貿物資的出口，目的不是為了發展和扶植本國手工業和農業生產，而是為了抑制本國經濟生活中早已萌芽的資本主義生產方式，維護自給自

1《中國革命和歐洲革命》，《馬克思恩格斯選集》第二卷，人民出版社，一九七二年版，第六頁。

2 印光任、張汝霖合撰：《澳門記略》上卷《官守篇》第四十二頁。

足的自然經濟體系。所以它的禁令，是國內重農抑商政策在對外貿易中的反映，本質上是逆歷史潮流而動的。

清代對外貿物資出口品種，實行限制的有糧食（米、穀、麥、豆、雜糧），五金及其製品（金、銀、銅、鐵、鉛），軍火（硝、磺）等；對出口物資的數量和途徑，實行限制的有絲、茶、大黃等。此外，史書、輿地書籍等也嚴禁出口。

必須指出，上述物資的出口限制，並不都是在閉關之後實行的，其中大部分是在閉關以前早已加以限制了。如米，在康熙七年已禁止出口，豆類在雍正十三年（一七三五）已禁止出口，五金中如鐵及鐵器製品在雍正九、十年都明文禁止；軍火在開關貿易時已下禁令。只有對絲、茶出口的數量限制是在閉關期間採取的。絲及絲綢製品的數量限制，在乾隆二十四年（一七五九）實行，茶直到嘉慶二十二年（一八一七）才下令限制。正因為如此，所以有些學者並不同意將限制出口貨物作為清代閉關政策的一個組分。

還要指出的是，上述貨物的限制出口，並不完全都出於同一性質。有的限制貨物出口是正當和必要的。如糧食中的米、麥、雜糧等，這些都是民食的重要內容，限制出口，對穩定糧食價格，滿足人民需要有好處，況且清政府每年還要從國外購買大米。再如對金、銀出口的限制，對於穩定國內銀錢比價，穩定貨幣信用都有益處。從這個意義上說，那些不同意將限制出口貨物作為閉關政策一部分的學者，並不是沒有理由的。

但是，若把這些品種和數量作為一個整體，將它放在閉關鎖國的前提下考察，那麼，它們之所以被嚴格禁止，就是因為清政府滿足於自給自足的局面，不願意發展中外正當商品交流，不重視商品交換的結果。它的封建落後性就顯得十分明確了。

構成閉關政策最重要的兩項內容是公行制度和防範章程。

隨着廣州一口通商原則的確立，在如何處理外商在貿易口岸的業務問題上，清政府實行了一套特殊的中介制度即公行制度。這個制度，強化了閉關鎖國的程度，成了清代閉關政策的重要支柱。

公行制度正式產生於乾隆二十五年（一七六〇），它是在原有專營對外貿易的洋行基礎上發展變化而來的。

如前所述，中國的海外貿易，自唐至明代，均由政府直接經營管理，外國使臣的貢市，由政府專司海外貿易的長官——市舶使負責接待。明初，海外貿易比前代有了更大規模的發展，與明王朝進行貢市貿易的地區，有東洋的琉球，南洋的菲律賓群島，印度、波斯、阿拉伯以及非洲東海岸的大小國家約六十四國。[3]這一統計，不盡正確，如其中本是一國而因譯名不同而記為兩國者；或早已滅國但在中文典籍中仍有名而稱作國家者，都重複計入。但是，明初與海外交往確實繁榮，這使明代的市舶司制度不能適應，遂指定商人設立牙行，經營出口貿易。這種商人稱為行商或官商、洋商。萬曆以後，廣東經營對外貿易的行商有三十六家。明周玄《涇林讀書記》說：「廣屬香山為海舶出入禁喉，每一舶區，常持萬金，並海外珍異諸物，多有至數萬金者。先報達本縣，申達藩司，令舶舉（即市舶提舉）同縣官盤驗，各有長例……繼而三十六行領銀，提舉悉十而取一，蓋安坐而無簿書刑杖之勞。」可知明代後期，行商與貿易長官之間的關係雖已密切，但並未有代表政府而獨立與洋商交往的職能。

清承明制，經營對外貿易的行商或洋商，稱為十三行。梁廷枏《粵海關志》稱：「國朝設關之初，番舶入市者，僅二十餘柁。至則勞以牛酒，令牙行主之，沿明之習，命曰十三行。」[4]梁廷枏所說「沿明之習，命曰十三行」，對此，學術界理解各不相同，有人認為十三行之稱，明代已有，清初僅「沿明之習」

3 數字參見鄧之誠著：《中華二千年史》卷五，上冊《明初海上交通諸國簡表》，中華書局，一九八三年版，第八十五－九十一頁。

4《粵海關志》卷二十五，《行商》，《續修四庫全書》（八三五．史部．政書類），上海古籍出版社，二〇〇二年版，第一五〇頁。

而已，[5]有人認為十三行之稱，明代尚無，「沿明之習」，是沿對外商「勞以牛酒」的懷遠驛制度，並非沿十三行之名。[6]本書並非專論十三行的沿革，孰是孰非，茲不贅及，但十三行之稱，最遲在康熙三十九年已見諸於記載。清人屈大均《廣州竹枝詞》稱：

洋行爭出是官商，十字門開向二洋。
五絲八絲廣緞好，銀錢堆滿十三行。

《廣州竹枝詞》載於屈大均所著《廣東新語》一書。此書重刊本是康熙三十九年，故十三行一名，遲至康熙三十九年已有，似無問題。十三行含義是什麼？目前尚無確鑿史料，還弄不清楚，但十三行絕非指十三家行商。梁廷枬說「乾隆初年，洋行有二十家」，乾隆十六年亦有洋行二十家。[7]至二十二年增至二十六家。[8]十三行並非十三家，無可懷疑。

清初，洋行經營對外貿易，仍不具有代表政府行使權力的職能。洋船入粵，泊於澳門，粵海關監督需躬親丈量。洋行在得到批准後，也可面見監督。那時洋行也沒有壟斷對外貿易的權力。只有在他們組成公行後，才在對外貿易中具有壟斷地位。

乾隆二十二年廣州一口通商之後，清政府為避免直接與外國人接觸，便於乾隆二十五年（一七六〇）在粵海關監督的授權之下，由一批洋商組成公行。當時參加公行的行商共九家。嘉慶五年，粵海關監督佶山奏摺中述及此事稱：「迨乾隆二十五年，洋商潘振成等九家，呈請設立公行，專辦夷船，批司議准。」[9]

公行是清代特有的對外貿易的壟斷組織，具有亦官亦商的職能，這可以從下列三方面考察。

第一，它壟斷了清代對西洋各國的貿易。

凡不參加公行的行商稱為「散商」，不能單獨與外商進行大宗貨買，只能在公行規定的貿易商品範圍內作小宗經營，而且必須由公行統銷。一個長期居住廣州的美國旗昌洋行職員享德說：

行商是中國政府唯一承認的機構。從行外的中國人買進的貨物，如果不通過某些行商就無法運出。因之通過行商可採辦的貨物，必須由行商抽一筆手續費，然後用行商的出名報關。[10]

行商又從外商對華貿易中分肥：「東印度公司購買貨物時，依照股份按比例分與行商。」[11]「他們享有統治廣州港對外貿易的獨佔權，每年獲利達數百萬元。」[12]

第二，對新充行商參加公行，具有控制作用。

5 此說以近人梁嘉彬為代表，見梁著《十三洋行考》:《序篇》。

6 此說以今人彭澤益為代表，見彭著《清代廣東洋行制度的起源》，《歷史研究》一九五七年第一期。

7 見嘉慶五年粵海關監督佶山奏摺，《粵海關志》卷二十五，《行商》《續修四庫全書》（八三五．史部．政書類），上海古籍出版社，二〇〇二年版，第一五五頁。

8 見閩浙總督楊應琚奏摺，《清實錄》乾隆朝，卷五四九，中華書局影印本第十五冊，第一〇一〇頁。

9 見嘉慶五年粵海關監督佶山奏摺，《粵海關志》卷二十五，《行商》，載《續修四庫全書》（八三五．史部．政書類），上海古籍出版社，二〇〇二年版，第一五五頁。

10【美】W.C. 亨德著、馮樹鐵譯《廣州番鬼錄》，《廣州史志叢書》，廣東人民出版社，一九九三年版，第二十六頁。

11 同上書，第二十七頁。

12【美】W.C. 亨德著、林樹惠譯《舊中國雜記》。《鴉片戰爭》（中國近代史資料叢刊）第一冊，第二四六頁。

只有公行一致同意下，由總商[13]和各散商聯名具結，公行才可接納新成員。這就從組織制度上保證了公行的壟斷意義，並扼殺了貿易競爭者的生機。這一點，只要剖析一下清政府對新充行商的規定，就可明瞭：

> 自嘉慶十八年，前監督德慶奏請設立總商，經理行務，並嗣後選充新商，責令總散各商聯名保結，欽奉諭允，准行在案。是以十餘年來，止有閒歇之行，並無一行添設。推原其故，皆因從前開行，止憑一二商保結，即准承充。在總商等，以新招之商，身家殷實與否，不能洞悉底裏，未免意存推諉；倘有一行不保，即不能承充，以致新商雖有急公踴躍之心，而歷任監督以格於成例，不便著充。[14]

這份奏摺說明了新充行商之難。到道光九年時，「止存怡和等七行，其餘六家或因不善經營，或因資本消乏，陸續閉歇」。[15]事情已到了舊行商日少，新行商不添的程度。而「數年以來，夷船日多，稅課日旺，而行戶反日少，買賣事繁，料理難於周到，勢不能不用行伙。於是走私漏稅，勾串分肥，其弊百出」。[16]因此，經道光帝批准，更改嘉慶十八年成法，著一二保商取保，即可充任試辦。十餘年來，對於新充行商的規定，走了一個回頭路。

道光十七年（一八三七），廣州參加公行的洋商數目又趨回升，達到十三家舊觀。但新充的行商，試辦而不願報部出結，並不認真執行規定。如「新充之仁和行商潘文海，試辦已歷七年，屢催未據出結諮部；又孚泰行商易元昌、東昌行商羅福泰，暨新充尚未列冊達部之安昌行商容有光，試辦或屆二年，或逾一年不等」，[17]甚至「交通匪類，資本不充等弊」時有發生。所以這一年又規定「不必限年試辦」，回復到「總散各商聯名保結」的老路。

從一二家保結，到總散各商聯保，這是肯定之否定；從總散各商聯保取消，回復到一二家保結，又取消一二家保結，回復到總散各商聯保，這是否定之否定。可以看到，這根曲綫的每一個片段，都反映了對外貿易的壟斷和反壟斷鬥爭。只是這兩個矛盾着的側面，都在清政府的控制之下，都是服從於整個閉關政策的政治前提。

第三，公行商人具有亦官亦商的身份

從他們是清政府對外貿易的主要經手人這一點看，他們是商人，是由官方認可允許與外商貿易的特殊身份的商人。經商是他們的本職。他們是各有各的主顧，各行負責各自聯繫的外國商人。商人所有的爾虞我詐的品質，理所當然地在他們身上得到體現，因而公行並不是一個組織緊密團結一致的團體。

從他們是清政府與外人交往的中介這一點看，他們又具有代表中國政府的身份。對清政府，他們是民；對洋人，他們具有官的力量。這種亦官亦商的身份，使公行商人在對外關係中擁有一般商人不可能具有的權力。這表現在他們負責洋商向海關報稅納稅，負責向洋商通知海關稅率的變動，照管洋商按政府規定的防範章程辦事，傳達政府對洋商的指示和負責辦理洋商出入廣州的護照等。這些權力使行商成了清政

---

13 總商，是組成公行的行商首領，由粵海關監督從行商中指派，報部存案。無論總商或公行商人，都可捐納官職。這樣，他們在和洋人的交往中，更加重了「官」的意義。

14 道光九年海關監督廷隆奏摺：《粵海關志》卷二十五，《行商》，載《續修四庫全書》（八三五．史部．政書類），上海古籍出版社，二〇〇二年版，第一五九頁。

15 同上。

16 同上。

17 道光十七年兩廣總督鄧廷楨、粵海關監督文祥會奏，《粵海關志》卷二十五，《行商》，《續修四庫全書》（八三五．史部．政書類），上海古籍出版社，二〇〇二年版，第一六〇頁。

府用來隔絕中國人與洋人交往的看門狗，並且代替了粵海關監督在行使管理外商時的行政權力。

有一個普遍為人們接受的說法，認為公行制度早在康熙五十九年（一七二〇）已經產生。這是一種誤解。最早提出這一說法的是外國研究中外關係史的權威美國人馬士。他在《中華帝國對外關係史》、《東印度公司對華貿易編年史》、《遠東國際關係史》等著作中都強調了這個說法。前引亨德的《廣州番鬼錄》一書也持同調，近人梁嘉彬在他所著的《廣東十三洋行考》一書中亦同此說。其實，這些學者把康熙五十九年的公行和乾隆二十五年的公行混為一談了，從梁嘉彬轉譯馬士《東印度公司對華貿易編年史》一書中，有關康熙五十九年成立的公行十三條行規看，當年的公行只具有對外貿易的壟斷性質，並不具有代表政府行使職能的權力。因之，它並不是閉關時代公行制度的濫觴。

公行制度在清代閉關政策歷史上，曾有過興廢起伏。自乾隆二十五年組成後，至三十五年，因「眾志紛歧，漸至推諉，於公無補，經前督臣李侍堯會同前監督臣德魁，示禁裁撤公行名目，眾商皆分行各辦」，[18]直到乾隆四十七年重組公行，前後中斷了十二年。重組公行之後，一直沿襲到一八四二年《南京條約》簽訂為止。從參加公行的行商數目看，公行剛組成時僅九家，後上升到十三家，到道光九年只有七家；道光十七年又回升，達到十三家舊數。這種興廢起伏，除公行本身爾虞我詐外，與外國商人的反對有關。終整個閉關時代，外商與公行商人之間，維持着既相互依賴又相互矛盾的微妙關係。

公行制度雖具有半官方的對外壟斷性質，並且阻隔了外國商人直接與中國官方接觸；廣州一口通商雖從地域上限制了外商的活動範圍，但如果沒有一套具有法律意義的規章，仍不足以將洋人與內地民人隔離，乾隆二十四年（一七五九）發生的洪仁輝事件，使清政府決心加強對洋人的防範。

洪仁輝是英屬東印度公司的通事。他在公司的策劃下以貿易為名，駕船由廣東出發，直上天津，要求清政府准許通市寧波，並揭發粵海關舞弊和英商所謂受屈的情況。這一事件，使清政府極為震動。第一，自清朝定鼎以來，從未有洋人駕船直上京畿告御狀的先例；第二，乾隆帝懷疑此事必有「內地奸民教唆引誘」，[19]「外藉呈遞之名，陰為試探之計」。因之，窮加究詰，派福州將軍來粵檢查，將幾個認為勾串的漢人做了嚴重處理，並以洪仁輝「勾串內地奸民，代為列款，希冀違例別通海口」之罪，押往澳門圈禁三年，期滿驅逐回國。[20]

洪仁輝事件，使清政府對洋人和漢人相結合的疑懼得到了加強，為了「防範於未萌」，[21]清政府決定對外商行動嚴加限制。同年兩廣總督李侍堯受命擬定《防範外夷規條》進呈。到鴉片戰爭前，清政府又陸續頒過三個防範章程。這些章程，都是以李侍堯章程為基礎修訂的。

乾隆二十四年（一七五九年）的《防範外夷規條》共五點，其內容是：

1.「夷商在省住冬，永行禁止」。

規定外商在廣州的貿易事務完成後，即行回國，若賬目未清，亦應回澳門居住。原來，西方各國在十九世紀初葉以前，航海商船大都是帆船，蒸汽動力的船隻尚未出現。這種大型木帆船航速很慢而且必須順風順勢。從歐洲到東方，往往需要乘二月開始的季候風，航行約四個月左右才能到達中國，回帆時須乘九、十月間的東北季候風，順風西向。所以，外國商舶來華貿易，一般都在五六月間到達廣東海面，從這時起到九、十月間是雙方貿易季節。九、十月開始颳東北季候風時，外船結束貿易，回帆西去。根據這一天時條件，清初規定外舶在廣州貿易期為當年五月至十月，超期若貨物未了，賬目未清，外人可在澳門過冬，但不准勾留廣州。延至乾隆中葉，「各國夷商多有藉稱貨物未銷，行欠不清，將本船及已置之貨，交

18 嘉慶五年粵海關監督佶山奏摺，《粵海關志》卷二十五，《行商》，載《續修四庫全書》（八三五．史部．政書類），上海古籍出版社，二〇〇二年版，第一五五頁。

19《史料旬刊》，第九期，第三〇七頁。北京圖書館出版社影印，二〇〇八年版，第六四九頁。

20 蕭令裕《英吉利記》，轉引自《鴉片戰爭》（中國近代史資料叢刊）第一冊，第二十三頁。

21《史料旬刊》，第九期，第三〇七頁。北京圖書館出版社影印，二〇〇八年版，第六五〇頁。

予別商，押帶回國，該夷商仍復留寓粵省」。[22]不准在省住冬的規定已無形瓦解。李侍堯章程，即是對這一禁令的重申。

2.「夷人到粵，宜令寓居行商管束稽查」。

中國自唐代以來，洋商到粵，向有專居處所。唐代在廣州城外設有「蕃坊」；宋沿舊制。《萍州可談》卷二云：「廣州蕃坊，海外諸國人聚居，置蕃長一人，管勾蕃坊公事。」元時不知其制。明代則有懷遠驛之設。清初開海貿易後，洋商到粵，其大班、二班得停居十三行。《澳門紀略》上卷《官守篇》稱：「舶長曰大班，次曰二班，得居停十三行，餘悉守泊，即明於懷遠驛旁建屋一百二十間以居蕃人之遺制。」但自康、雍至乾隆的近百年內，情況也已發生變化，有人將自己的房屋出租，或置買已歇業的洋行舊址，精工改建，「招誘夷商投寓」；交易買賣，「亦有多不經行商通事之手，無稽店戶，私行到館，誘騙交易，走漏稅餉，無弊不作」。種種情況，大違清政府嚴禁民人和洋人接觸的忌諱。李侍堯認為必須加以重申。因之，在這一條中，規定了：「非開張洋行之家，不許寓歇夷人」，杜絕洋行以外商人與外商接觸；「夷商隨帶蕃廝，不得過五名，一切兇械火器，不許攜帶進省」，限制大量外國人進入廣州口岸，以防不測；「毋許漢奸出入夷館，結交引誘，即買賣貨物，亦令行商經手，方許貿易」，授予行商專營對外貿易的特權；「如夷商有置買貨物等事，必須出行，該通事、行商亦必親自隨行」，對外商行動加以嚴密控制，行商也就成了「保商」。

於是洋人到粵，只能住在十三行的行館裏，他們的買賣交易，即在行館內租屋開設的商館進行。這樣，中國人開設的洋行，與外國人開設的商館（亦稱洋行、夷館）合二而一，都在廣州城外十三洋行街內。

3.「借領外夷資本，及僱請漢人役使，並應查禁」。

查禁借領外夷資本一事，是由於違反了夷商到廣州貿易只准以貨易貨的傳統。自明中葉以來，中國政府規定外商來華貿易，只能將所帶之貨，就地售賣；如欲購貨回國，亦應就地採辦，不准將多餘的資本，請漢人立約承領，出省販貨。但事實上洋商冀獲重利，華商冀領洋商本銀營運得利，因此往往兩相結納。[23]這樣做，對促進內外商品交流本來是有利的，但清政府生怕華洋勾結，出現第二個洪仁輝事件，所以規定「嗣後內地民人，概不許與夷商領本經營，往來借貸。」

4.「外夷僱人傳遞信息之弊，宜請永除」。

這一條目的很明顯，是為了防止外人乘機到處刺探情報，與內地民人相互勾連。當時，傳遞消息，主要是靠專業的送信人，名叫「千里馬」者遞送。李侍堯原奏中說：「查粵東驛遞，向無馬匹，遇有各衙門緊要公文，僱撥力能奔馳迅速之人，給以工資飯食賚遞，名曰『千里馬』。若輩雖非額設人役，而民間僱請，實所罕有。乃近來各夷商因分遣多人，前往江浙等省購買貨物，不時僱覓『千里馬』，往來探聽貨價低昂……」以廣東省城之大，地處海疆，驛站竟無馬而將投遞公文之人稱為「千里馬」，清王朝的腐朽落後，由此可見一斑了。上引李侍堯原奏中，也可看出，外商雖在廣州一口通商，但他們的貿易範圍卻可遠至江浙一帶，閉關政策閉不了中國的大門。

5.「夷船收泊處所，應請酌撥營員彈壓稽查」。

清初外船來粵，「皆先到澳門零丁洋外停泊，隨由虎門入口，行抵黃埔住船，始開艙起貨」。澳門是外船所經的第一道關口，那裏設有「海關監督行臺」及「稅館」，洋船在澳門必須經粵海關監督躬親丈量後，經許可，方由引水員引入黃埔。

外船停泊後，向例由廣州協標外委一員，帶兵二十名，在附近沙灘搭寮防守，但外委職分卑微，不足

---

22 李侍堯：《防範外夷規條》，《史料旬刊》第九期，北京圖書館出版社影印，二〇〇八年，第六五一、六五二頁。以下引文均出自此處，不再另注。

23 公行商人向洋商借資營利的事，早在十八世紀七十年代就已發生。到十九世紀三十年代，行商每年向外商的借款通常超過三百萬元。借款的利息一般在月息百分之一點五左右。參見【美】張馨保：《林欽差與鴉片戰爭》，福建人民出版社，一九八九年版，第十五頁。

以資彈壓，所以李侍堯奏請加強，撥候補守備一員，專往該處，並撥漿船一隻，供其使用。「與該處（新塘營）原有左翼鎮標中營漿船，會同梭織巡遊。俟洋船出口後即行撤回」。這種所謂彈壓措施，自是十分微弱的，而且後來「彈壓」人員逐漸成了鴉片走私的合伙者。

由此可見，《防範外夷條規》完全是政治性的。它是清政府防止漢人與洋人結納的思想指導下的產物。《防範外夷條規》使廣州一口通商原則更趨完善，它與公行制度相互奧援，清代的閉關政策趨於制度化了。

但是《防範外夷條規》並不能真正起到防範作用。隨着清王朝由盛轉衰，外國資本主義商人對「條規」的違犯愈來愈嚴重，清政府不得不再次、三次、四次地修改條規，發佈新的防範章程。

嘉慶十四年（一八〇九），兩廣總督百齡、粵海關監督常顯，擬呈《民夷交易章程》六條，送清廷審議，除第六條駁回外，餘皆依議，經嘉慶帝批准執行。這是閉關史上的第二個防範章程。其主要內容為：

1.「外夷兵船應停泊外洋」；

2.「夷商不准在澳逗留」；

3.「澳內華夷分別稽查」；

4.「夷船引水人等宜責令澳門同知給發牌照」；

5.「夷商買辦人等宜責成地方官填選承充，隨時嚴查」。

這個章程，掛着貿易的招牌，實質上仍是突出一個「禁」字，對華洋實行政治性隔離措施，但比之李侍堯的《防範外夷規條》涉及面廣泛，不僅涉及廣州，而且涉及澳門；不僅涉及洋商，而且涉及中國方面的辦事人員。

這個章程頒佈實行後二十三年，即道光十一年（一八三一），兩廣總督李鴻賓、粵海關監督中祥，又提出了《防範夷人章程》八條，作為對洋商違規犯法的新約束。這個閉關史上的第三個法令，在中外關係史上屢次被外人提及，對它的具文性質諷刺得也最多，其主要內容有：

1. 洋商進口後，居住商館，不許夷商擅自出入商館；
2. 夷商不准攜帶夷婦至省居住，違者即停其買賣，押令回澳；夷人不准在省乘轎上岸，並禁華人代僱肩輿；
3. 夷人不准偷運槍炮進省；
4. 允許買辦代夷商僱請民人服役；
5. 英商若需投稟總督衙門，必須交總商或保商代遞，不准夷人至城門口自投，倘總商、保商不願代遞，方准一二夷人攜稟至城門口交營員接交；
6. 借貸夷商銀兩應杜拖欠弊端；
7. 夷商不必拘九、十月間回國老例，一經銷貨完畢，不論何時均應隨船回國或往澳門居住；
8. 英吉利國公司船戶駕船往來，及夷商貨船領牌出口，均應遵定制。[24]

閉關史上的最後一個章程，是在道光十五年頒佈的。章程由兩廣總督盧坤和粵海關監督彭年擬呈，共八條：

1.「外夷護貨兵船不准駛入內洋，應嚴申禁令，並責成舟師防堵」。
2.「夷人偷運槍炮及私帶蕃婦、蕃哨人等至省，應責成行商一體稽查」，行商若知情不報，「照私通外國例治罪」。
3.「夷船引水、買辦，應由澳門同知給發牌照，不准私僱」。
4.「夷館僱傭民人，應明定限制。」對所僱人員採取洋商、通事、買辦層層連保，以防止「勾串作奸」。
5.「夷人在內河駛用船隻，應分別裁節，並禁止不時閒遊」。重申嘉慶二十一年規定，限外人在每月

24 以上《防範夷人章程》八條內容，已綜合部議條文。章程原奏及部議原文，參見《粵海關志》卷二十九，《夷商》，載《續修四庫全書》（八三五．史部．政書類），上海古籍出版社，二〇〇二年版，第二一八—二二二頁。

初八、十八、二十八三日可以在附近遊散，地點定在廣州花地、海幢池一帶，人數每次不得超過十人，限申刻回館，不准在外住歇飲酒。

6.「夷人具稟事件，應一律由洋商轉稟，以肅政體」。

7.「洋商承保夷船，應認派兼用，以杜私弊」。這是在東印度公司解散後，怕「所來夷船散漫無稽」，所以規定任洋商轉流承保，「每船設立派保一人，各行換次輪流派專司查察」。

8.「夷船在洋私買稅貨，應責成水師查拿，並諮沿海各省稽查」。[25]這是一條官樣文章，所謂在洋私買稅貨，實際上指的是私買鴉片，但水師早已成為走私同謀者，查拿兩字完全是縱容走私的代名詞。

綜上所述，防範章程，儘管條文疊出，一個接着一個，但綜觀其內容，不外乎防止洋人和內地民人相互接觸，限制洋人活動地點、範圍，並授權行商監視承保。所以，這些章程，實際上起着紐帶作用，把閉關政策的各項制度，通過法令、條規扭結在一起，組成一個整體。

以上四個方面，構成了清代閉關鎖國的全部內容。通觀這些規定，人們不難看出清王朝閉關政策的實質是畏新排外。它對內禁錮人民的思想，實行愚民統治，維護封建綱常禮數，阻礙資本主義萌芽的成長；對外夜郎自大，故步自封，與世隔絕，阻礙中外間的正常交往。

如果說，閉關鎖國在十八世紀末期以前，當世界還處於古代農業文明佔統治地位，各國之間，尤其是東方與西方的交往還極有限的時代，它的封閉對中國社會的發展並沒有帶來較大的影響，因為，那時東西方國家都是處在多元的和獨立發展的階段。中國強化它的封閉性與世界歷史進程關係不大。但是，時至十九世紀中葉，中國依然在清王朝閉關鎖國政策下想保持獨立發展，那就很難了。自十八世紀後期起，英國最早完成了向資本主義工業社會的過渡，工業革命給西方也給世界創造了一個新時代。資本主義生產方式按其本質說，是世界性的社會化大生產；資產階級按其本性說要把一切民族都捲到自己的制度中來。這樣，力圖按照自己面貌改造世界的西方資產階級，在東方最大的封建古堡面前面臨着拒之門外的處境，無論從商品的性格還是資產階級的本性，從開拓海外市場還是進行資本的原始積累，敲開中國的大門就成了西方資本主義在東方立足的必然行動。

25 八條具體內容，參見《粵海關志》卷二十九，《夷商》，《續修四庫全書》，（八三五．史部．政書類），上海古籍出版社，二〇〇二年版，第二二三—二二六頁，但《粵海關志》誤將彭年作中祥。

第三章

西方的敲門行徑

第一節　英國：敲門的急先鋒

中國對西方緊緊地關上了大門。以英國為首的西方資本主義，則千方百計地想打開這扇大門，把雙腳踏進這片垂涎已久的神祕土地。

一個關門，一個敲門，衝突就不可避免。

就中國一方來說，關門既是對外來勢力的排斥和蔑視，又是保持天朝與世隔絕的手段，不讓「外夷」踏進國門一步，就是維護住了天朝體制；就西方資本主義國家說，敲開中國的大門，把中國變為第二個印度，這是擴張殖民地，獲取國際市場的需要，為達到這一目的，可以不惜採取一切手段。

英國是西方敲門行動的帶頭羊，而英屬東印度公司則是它的急先鋒。

早在乾隆二十五年，即清王朝閉關的第三年，也是廣州組成公行的當年，東印度公司就充當了反對公行壟斷對外貿易的敲門者角色。這一年六月，英國、荷蘭等國的商船駛抵廣東，當它們了解到中國政府這一新措施之後，屬於東印度公司的英國貨主即伙同別國商人發表申明：「必須照舊任由各行店交易，方肯起貨」。[1]拖至八月，在粵海關監督半是勸導、半是利誘之下，方肯開進省河卸貨貿易。

乾隆四十二年（一七七七），清政府準備重組公行，東印度公司立即具稟反對，聲稱：「大班等見公行散，十分歡喜……誰想又有公行？行商茶，又雜又不好，價錢又高，今又埋回公行，實有壞公班衙生意。」[2]清政府鑒於外商反對，只好暫時擱置恢復公行的打算，直到乾隆四十七年（一七八二）才力排眾議，重組公行。

東印度公司對中國公行組織的抵制，只是整個西方資本主義企圖對中國實行「自由貿易」政策的一種反映。對於閉關政策的各項規定，他們都是不滿的。他們感到在廣州的外國人無法和中國官吏直接接觸，而且行動也受到了種種限制。因此，無不希望英國政府出面干預。「在中國經商的一些東印度公司代理人，建議派遣一個使節到北京面見中國皇帝，請求他下一個命令解除英商這些困難」。[3]在這一建議下，英國政府終於派出了以馬戛爾尼勳爵和斯當東博士為正副使節的使團，出使中國。這件事不僅可以看到東印度公司在英國政治生活中的作用，也可看出商人與政府間的同一目的。

乾隆五十八年（一七九三），馬戛爾尼使團率大小船隻五艘離英。「東印度公司派遣了一隻體積容量最大的船」，載運使團的禮品和隨員，同時，「又預備了一隻較小的船作為供應船」。同年七月，使團抵北京，八月達熱河。在謁見乾隆帝後，提出了一系列要求：包括使節駐北京；請開寧波、舟山、天津為通商口岸；按照沙俄與中國貿易的成例，要求在北京設一行進行交易貨買；請給舟山群島中一個小島和廣東省城一地，以讓英商定居；或請政府諭令兩廣總督准許澳門英人出入自便；自廣州城運貨至澳門，可在內河行走，給予輕稅或免稅等。對此，乾隆帝一一駁回，馬戛爾尼使團以失敗告終。[4]

馬戛爾尼使團失敗後的第二年，東印度公司大班波郎向兩廣總督提出了十一項要求。其中有貨物減

1 許地山編：《達衷集》卷下，商務印書館印行，一九三四年版，第一二五頁。
2 同上書，第一五三頁。「公班衙」是當時中國對英屬東印度公司的習慣性稱謂。
3【英】斯當東著，葉篤義譯：《英使謁見乾隆紀實》，第二十四頁。商務印書館，一九六三年版。
4 參見乾隆致英王的兩件敕諭（一七九三年九月二十三日、十一月三日），轉引自復旦大學歷史系中國近代史教研組編：《中國近代對外關係史資料選輯（一八四〇—一九四九）》上卷，第一冊，上海人民出版社，一九七七年版。第四十一—四十五頁。

稅、免稅；同意英人進入廣州城；在黃埔建房；廢除公行；自報關稅等內容。[5]結果仍遭駁回。

乾隆時代是清王朝的全盛時期。對西方的敲門行徑，清政府完全有力量作出強硬反應，外國資本主義也還沒有足夠的力量，對這樣一個封建統一的帝國採取武力擴張的行動。不論是東印度公司直接出面還是英國政府的外交途徑，都無法改變清王朝收口閉關的局面。但是，西方資本主義的目標就是要把世界納入它的經濟範疇，讓自己的商品傾銷到全世界，並且從落後國家掠奪財富。因之，在中英關係史上，閉關與反閉關，關門與敲門的鬥爭是時起時伏，持續不斷地進行的。

從嘉慶朝起，西方商人對清王朝的法令採取了更加漠視的態度。他們不僅違犯清政府限制外人的防範章程，甚至以武力相威脅。中西交往中，雙方的矛盾更加突出了。從廣泛的意義上說，這些行為都可以看作為西方國家對中國的敲門行徑。雖然，其中有一些事件純粹是偶發性的，並不帶有敲門的背景和色彩：

嘉慶四年（一七九九），英國兵船三艘，以修理為詞，違反清政府不准外泊駛進內洋、只准停泊潭仔灣的規定，泊於廣州三門炮臺對面的海面，距炮臺僅五六里。[6]同年十二月，英國巡船一艘，以護貨為名，載着六十門大炮，二百支鳥槍駛進黃埔三角洋面灣泊。嘉慶七年英國兵船六艘，到達廣州雞頸洋，其中一支英軍佔據了澳門。清政府雖提出抗議，但英艦仍不肯離去，直到六月間，英法《亞眠合約》簽訂的消息傳來，才撤離中國海面。

嘉慶十年（一八〇五），英國又遣多林文「來貢」，表示「遇有事情，要我出力，我亦喜歡效力」。而澳門的英商，準備以協剿海賊為名，以三艘護貨兵船來粵，英國的四艘兵艦也不請自來，聲稱「入洋捕盜」，泊於戶門口外。

嘉慶十三年，英國兵艦十三艘侵犯廣東，攻略澳門，侵入虎門。清政府急調軍隊防禦，並拒絕供應英軍糧食、物品。十二月，英軍被迫退出。此事使清廷極為震動。兩廣總督吳熊光，「示弱失體，畏葸有狀」，上震怒下熊光於獄，論戍伊犁」；巡撫孫玉庭「以諱匿不陳，並勒回籍」。鎮守廣東的將軍、都統全被罷職；所支軍隊的鹽、菜、口糧銀三萬二千二百兩，分別由吳熊光、孫玉庭負責償付。這是涉外事件中，處分最嚴，牽連最廣的一次，充分暴露了清王朝的腐敗與無能。蕭令裕《英吉利記》說：

是役也，英吉利來船十一，淹留三四月之久，黨帆飆忽，烽及會城。於時人心駭怖，寢息不安，而市井無賴之子，號召徒眾千餘，露刃張拳，伺夷兵一動，即劫掠城外鉅室，素封之家，屏息待靜。……方是時，蔡牽、朱濆之餘孽，蹂躪海上無虛日。外洋商船，頻肆擄抄，遇夷船則不敢動……水師不能禦艇匪，而艇匪乃深畏夷船。故夷船之入虎門，晉省河，水師林立，相顧動色而已。[7]

這一大段描寫，把當時廣州方面的各種力量對比，淋漓盡致地表達了出來。這彷佛是未來鴉片戰爭的一次預演。預演中，清政府上自總督，下至水師兵丁的無能和作戰能力低下，全部暴露了出來。

迨至道光年間，情況格外嚴重。敲門行動伴隨着違法事件時有發生，攪得廣州與北京之間疲憊不堪，報警的驛馬往返奔馳，奏章及上諭絡繹於途。

先是道光元年（一八二一）陰曆八月下旬，美國商船水手在廣東番禺地方為買水果，與船民郭梁氏發生爭執。該水手用瓦罐擲中郭梁氏頭部，致使落水身死。廣東地方當局為此交涉時，美國商船貨主及船長企圖推諉了事，而公行保商、通事等也未認真查究。兩廣總督阮元下令將保商、通事收禁，並對美國貨船暫禁貿易。貨主捱不下去，只得交出兇手。阮元按律審訊，兇手供認不諱。最後，按照乾隆八年定例，將

5 參見許地山編：《達衷集》第一六三—一七〇頁。
6 許地山編：《達衷集》，第一七六、一七八頁。
7 蕭令裕：《英吉利記》，轉引自《鴉片戰爭》（中國近代史資料叢刊）第一冊，第二十八頁。

兇犯判處絞刑。[8]

緊接着，同年十一月下旬又發生了英國護貨兵船水手在廣東新安縣境內傷斃民人、搶劫財物一案。英國以廣東洋面多盜為名，長期派出護貨兵船護航商船，同抵伶仃洋駐泊。陰曆十一月二十一日，英國護貨兵船水手多名，上岸取用淡水並帶羊放牧，乘機偷盜民田中的番薯，被村民發覺逐退。水手們惱羞成怒，於次日結伙百餘人，持械上岸尋釁、打死村民二人，打毀房屋多間，並乘機搶劫衣物錢銀約萬餘兩。事後死者家屬報官，要求嚴懲兇手。總督阮元接地方官報告後，即傳諭行商要英國東印度公司駐華大班交出兇手。十三行總商伍敦元竟暗中唆使英國護貨兵船逃走；而英國東印度公司駐華大班也對交出兇犯的要求置若罔聞，聲稱自己只管買賣事務，兵船水手與民人毆鬥，不屬職責範圍。阮元便按向例，命令將在廣東洋面上的十艘英國貨船一律封艙，不准上下貨物。雙方僵持十幾天後，英國大班不得不表示：兵船早已逃脫，實在無從交兇，他本人願將此事向英國政府詳細報告，請政府按律究辦。阮元見事已如此，只好撤回成命，准令各船開艙下貨，但諭令英國大班，必須轉告英國女王，若一旦查出兇手，應附搭貨船押解來粵，聽候究辦；並命行商轉告，現在廣東洋面已無海盜，該國以後不需再派兵船護貨，如確需保護，該國國王應嚴令領兵官彈壓水手，不得滋事，一切都應由該國大班負責管束經理。[9]道光皇帝也於陰曆三月初七日發佈上諭，認可了總督阮元的處理決定和上述聲明。這件事就此不了了之。[10]

自此以後，西方商人屢有違反章程、藐視法令、刺探情報、偷運鴉片之事發生。道光十一年，工科給事中邵正笏有一個奏摺，可以概括反映出英國等西方人的強橫不法行為：

> 邇年以來，有英吉利貿易夷人，自恃富強，動違禁令，而其餘各國，遂亦相率效尤，日形狂誕。臣風聞道光九年九月，該夷等希冀更張成例，屢向總督衙門嘵嘵瀆稟，已屬膽大妄為；及至十年九月，該夷等違例乘坐綠呢小轎，又帶夷婦入城，在洋行居住……惟時該督知該夷等聲勢兇橫，調兵強壓，而該夷等即統率水手，搬運槍炮器械，擺列館門，儼有拒敵之勢……

接着，奏摺列舉了洋人違例的八個方面，包括：外人打死華人拒不交出兇手，反藏匿包庇，私放回國；違例僱傭漢人或乳養夷嬰，或課夷童讀漢書；私購中國出版的書籍；違禁攜帶夷婦坐轎進省城；違犯規定，成群進出靖海門等處遊覽；在洋行門外私造臨水碼頭等等。[11]

奏摺中提到的道光九年九月外商投稟兩廣總督、希冀改變成例一事，是指英商貨船以行商拖欠洋人賬目，請求廢除公行制度。行商經營不善，加以負欠外商賬目，歷年皆有閉歇倒行發生，如道光七年同泰行閉歇，八年又閉歇福隆行，九年東生行也因繳不出所欠賬目而宣告倒閉。這年陰曆六月，英國東印度公司大班部樓頓等人，以呈控東生行商人劉承霖攜銀潛逃為名，將來華貿易的英國商船十九艘灣泊於澳門外洋，不肯進口並投稟兩廣總督李鴻賓，要求嗣後不用保商，不用買辦，在廣州省城自租棧房，自行貿易。李鴻賓以不符向定章程，勸說英船進口，但被部樓頓拒絕。廣東地方當局準備於十一月份英船再不進口時，「即從此杜絕往來，毋許通市」。[12]皇帝也認為英商最為桀驁，同意李鴻賓意見，命令若對方「故作刁難，著即不准開艙，嚴行驅逐」。但同時又訓令李鴻賓：「此事交涉外夷，有關國體，該督等務當鎮靜防

8《阮元奏審辦傷斃民婦之夷船水手摺》，《鴉片戰爭》（中國近代史資料叢刊），第一冊，第五十七—六十一頁。

9《阮元奏英吉利巡船傷斃內地民人潛逃究辦摺》，《鴉片戰爭》（中國近代史資料叢刊），第一冊，第五十四—五十七頁。另參見同上書冊，第六十五—六十七頁；第七十一頁各件有關奏摺。

10《著兩廣總督阮元令英國交出傷斃民命兇手候辦事上諭》，中國第一歷史檔案館編：《鴉片戰爭檔案史料》第一冊，上海人民出版社，一九八七年版，第三十九頁。

11《道光十一年四月十九日邵正笏奏》，載《史料旬刊》第十期，北京圖書館出版社影印，二〇〇八年版。第七六三—七六四頁。

12《李鴻賓片》，《道光朝外洋通商案》，《鴉片戰爭》（中國近代史資料叢刊），第一冊，第七十五—七十六頁。

閉，詞嚴義正，折其桀驁之氣，杜其貪詐之謀，斷不可稍涉遷就，致失大體。」[13]一句話，不能傷失天朝尊嚴。

欠賬需還，天經地義；要求自由貿易，廢除公行制度，也還算合情合理，但以不願進口卸貨交易相要挾，則是明顯的訛詐。清政府始以勸導，處理應該說是正確的；但若不願考慮對方要求是否可取，而一味以封艙斷絕貿易為不二法門，處於深宮的皇帝與負責對外交涉的兩廣總督，其不明世界大勢、惟知維護天朝尊嚴，確實顢頇自大得可以。

至於奏摺中提到的道光十年九月外人統率水手、準備武裝抗拒之事，性質與上述迥然不同。那是東印度公司大班盼師，公然違反中國法令的武裝挑釁。事情開始是在當年的春季，英屬東印度公司大班盼師攜帶妻子，由澳門乘船來廣州，上岸後坐轎進城，到公司商館居住。兩廣總督李鴻賓、廣東將軍慶保、廣東巡撫盧坤、粵海關監督中祥等得到消息，即由李鴻賓出面通知盼師，請將洋婦遣回澳門，並申明嗣後不准乘坐肩輿進館。盼師不聽勸告，拒不執行。九月，又以廣東當局「有派兵圍逐夷商番婦之說」，即通知黃埔灣泊的英國各兵船，派水手百餘人，連夜將炮位及鳥槍等件暗藏於小船內，偷偷地運進省城英國商館，在門前組成工事，準備武力抵抗。後雖撤去工事，遣返水手，但炮位仍留在英國商館內。[14]及至皇帝上諭不准外人私運鳥槍炮位進城，慶保等復奏稱：英人「越日即將大小銅炮逐一運回各船，其番婦亦回澳門」。[15]事實上，盼師的妻子在廣州英國商館住了五十多天後，才乘船返回澳門。

道光十二年至十三年，英人林賽化名胡夏米，東印度公事通事、德國傳教士郭士立化名甲利，在東印度公司的支持下，以貿易為名，駕船從廣東北駛，一路經廈門、福州、寧波、上海、山東洋面直到朝鮮、琉球一帶海域，沿途散發傳單、書籍，交結官府，勾結漢奸，刺探情報，竟至無人阻攔。這是清代閉關史上最嚴重的一起違章非法航行。其所經地域之廣、歷時之久、性質之叵測，大大超過了乾隆時代的洪仁輝事件，使清政府大起恐慌。沿海各省督撫奏報不斷，朝廷也密切注意該船動向，但對該船航行的目的、性質，朝廷內外卻不甚了然。不少督撫認為是為貿易而來[16]；有的聲稱是假藉英國船名，希冀就地銷貨[17]；

更有奏稱是遭風迷失路徑所致。[18]事後，清政府也不作反思，只是重申不准夷船往浙、東等省收泊的規定，要各地督撫、提鎮嗣後發覺外國船隻北上時，應切實阻攔，令其折回廣東。[19]其實，這是一起有目的、有計劃的間諜航行，包藏着日後發動侵略中國的叵測之心。君臣們不了解內中深意自不足為奇，但事後竟於海防一無佈置，也實在太昧於情勢、太痲痺了。

13《道光九年十二月初五日上諭》，《清代外交史料》，《鴉片戰爭》（中國近代史資料叢刊），第一冊，第一五六—一五七頁。

14《慶保等摺》，《道光朝外洋通商案》，同上書、冊，第八十六—八十七頁。

15《廣州將軍慶保等奏英吉利大班盼師屢次妄稟，已被該國撤回片》，《鴉片戰爭檔案史料》，第一冊，第七十一頁。

16見《署閩浙總督福建巡撫魏元烺奏摺》；《浙江巡撫富呢揚阿奏摺》；《兩江總督陶澍奏摺》。同上書、冊，第一一〇、一一二、一一四頁。

17《著沿海各省督撫按照已定章程嚴防外國船隻侵入內地洋面事上諭》，同上書、冊，第一三七頁。

18《國祥等奏報英船駛至奉天海面已派幹員馳往驅逐摺》，同上書、冊，第一二七頁。

19《著沿海各省督撫按照已定章程嚴防外國船隻侵入內地洋面事上諭》，同上書、冊，第一三七頁。

第二節 正當貿易的困境

東印度公司何以如此迫不及待地、頻繁地敲打中國的大門？這與它長期來不能在中國大量傾銷商品、掠奪原料不無關係。商品輸出作為資本主義征服落後國家的一種武器，廣義地說，也可視為敲門的一種手段。英國的對華貿易，掩蓋着它的殖民慾望。

從中英貿易品的結構來看，東印度公司的輸華商品包括毛織品、金屬製品和棉花三大項；中國輸出的商品則以茶、絲、棉布（土布）為大宗。英國商品中不少是機器工業製品，表現出商品的進步性；中國的出口貨主要是手工製成品，反映了生產方式的落後。但是，英國輸華商品中大部分是印度棉花，這又顯示了英國商品的殖民地貿易性質。這可以從英國輸華商品的構成比例中得到證明：

英國輸華商品來自英倫本土者，自一七七五——一八三三年始終佔全部商品總數的百分之四十以下；來自印度的，總在百分之六十至百分之七十以上。[1]

就英國輸華的三項主要商品及其發展趨勢而言，印度棉花一項，不僅大於英國本土的毛織品和金屬製品的總和，而且增長速度也大大超過二者。現截取幾個主要統計年度列表如下：

表 3-1

年　度	各類英商輸華英印三項主要商品總值		東印度公司輸華英本國商品				各類英商輸華印度棉花	
			毛織品		金屬品			
	價值	指數	價值	指數	價值	指數	價值	指數
1775—1779	588 260	91.0	277 671	73.3	22 255	64.1	288 334	123.7
1785—1789	2 627 081	406.4	801 879	211.7	127 201	366.3	1 689 001	728.5
1795—1799	3 745 780	579.4	1 556 419	411.0	313 684	903.4	1 875 677	804.8
1817—1819	6 589 283	1 019.2	1 951 267	515.3	110 805	319.1	4 527 211	1 924.1
1820—1824	5 134 507	794.2	2 042 102	593.2	134 156	386.4	2 958 249	1 269.2
1830—1833	5 791 288	895.8	1 584 940	418.5	109 255	314.6	4 097 033	1 757.8

價值單位：銀兩，指數：一七八〇——一七八四年平均＝一百

（資料來源：嚴中平《中國近代經濟史統計資料選輯》第十一頁，表八）

從上表可以看出，自十八世紀七十年代起到十九世紀三十年代，印度棉花輸華的指數超過了英國毛織品和金屬製品輸華指數的總和。英國在鴉片戰爭前夕，利用統治印度殖民地的特權，大量收購印度棉花，然後轉手販運中國獲取暴利。英國正是在榨取和掠奪別國財富的基礎上發展起來的。

但是，中英貿易的趨勢表明，英國的正當商品一直未能在對華貿易中佔優勢地位，相反，十九世紀三十年代以前，中英貿易，中國始終居於出超地位。我們同樣截取幾個年度的中英貿易進出口總和及其指數的統計，來考察這一趨勢：

1 嚴中平等編：《中國近代經濟史統計資料選輯》，科學出版社，一九五五年版，第十一頁。

表3-2

年度	進口		出口		進出口統計	
	價值	指數	價值	指數	價值	指數
1765—1769	1 192 915	91.6	2 190 619	105.1	3 383 534	99.9
1785—1789	3 612 763	277.5	5 491 508	263.6	9 104 271	268.9
1800—1804	7 715 556	592.6	7 556 473	362.7	15 272 029	451.1
1820—1824	6 525 201	501.2	9 816 066	471.2	16 341 267	482.7
1830—1833	7 335 023	563.4	9 950 286	477.6	17 285 309	510.6

價值單位：銀兩；指數：一七八〇——一七八四年平均＝一百

（資料來源：嚴中平《中國近代經濟史統計資料選輯》第三頁表一。）

從上表可以看到，自十八世紀後半期至十九世紀三十年代，中英進出口貿易總值的每年平均數，中國一直處於出超的優勢地位。英國資本主義商人連同作為貿易補償的印度棉花在內，都無法使它們佔得優勢。英國產業革命的成果未能在對華貿易上表現出來。

這決不只是英國在對華貿易中的困境，事實上也是西方各國在貿易中的共同的問題。關於法國對華貿易情況，至今我們研究得很不夠，統計資料也極稀少，無法描繪出一個大體的輪廓。下面，就美國早期的對華貿易進行說明：

美國自一七八三年獨立後，一七八四年就以「中國皇后號」（The Empress of China）到達廣州，進行貿易。同年，又一艘「潘拉斯號」（The Pallas）到達，同泊於黃埔。返航時運走了八十八萬磅茶葉回到美國。自此之後，美國便不斷開展對華貿易。一七八五——一八三二年四十八年中，美國達到廣州的船隻有一千一百零四艘，幾乎達到英船數的百分之四十四，超過其他國家來華船隻的四倍；就發展速度說，也比其他國家快，[2]到一八三二年，竟一年來華六十二艘。所以，美國在鴉片戰爭前夕的對華貿易中，已經僅次於英國而佔第二位。

美國對華貿易商品可分三類，第一類是本輕利重的奢侈品，如西洋參、毛皮、水銀、棉花等。其中西洋參一項是輸華的重要物資。這類商品在美國並不值錢，到中國卻大獲厚利。「中國皇后號」裝了四十噸以上的西洋參，獲利佔三萬七千元總額的大部分。一八四〇——一八二八年間，西洋參輸華每年約在千擔左右，有時如一八二二年高達五千一百四十四擔，一八二四年達六千零三十九擔。[3]可以想象，這要換取中國多少白銀！

第二類是轉販商品：如檀香、青貝、燕窩、海參等，此外還有胡椒。第三類是鴉片。

中國向美國輸出的，仍是傳統的茶、絲、土布等產品，這些產品在與美對華貿易中，同樣使美國經常處於入超的地位：

2 據馬士：《東印度公司對華貿易編年史》，卷二、三、四有關材料，轉引自吳傑：《中國近代國民經濟史》，人民出版社，一九五八年版，第一三一頁。

3 轉引自吳傑《中國近代國民經濟史》，第一三三頁。

表 3-3

年　度	美國輸華貨物總值（兩）	中國輸美貨物總值（兩）
1780—1784	27 290	15 864
1785—1789	123 164	325 988
1790—1794	181 096	440 978
1800—1804	828 326	2 036 448
1820—1824	1 427 287	4 862 186
1830—1833	1 766 692	3 321 296

（資料來源：嚴中平等編《中國近代經濟史統計資料選輯》，第四—五頁，表二—三。）

中外貿易中，中國處於出超的優勢地位，使外國資本主義在對華正當商品貿易中，不得不每年將大量白銀投入中國市場。以廣州白銀出入情況來看，一八〇三—一八〇四年流入四百三十八萬五千餘兩；一八一六—一八一七年流入三百九十四萬四千兩；一八二六—一八二七年流入四百一十二萬二千兩，這一年度廣州流出二百八十九萬三千兩，出入相抵，入超白銀尚有一百二十二萬八千兩。白銀入超的情況，只是到一八二八年以後，由於鴉片走私猖獗才發生根本性逆轉。[4]在這些年份，大量外國白銀流入中國，就國家比較來看，主要不是英國，而是美國。美國自一八〇〇—一八三四年，幾乎都是用現銀與中國交易，是西方白銀主要流進中國的國家。

為什麼在中外貿易中，直到十九世紀三十年代以前中國一直處於出超地位呢？

首先，英國和世界各地，對中國茶葉、絲綢、土布的需要量不斷增加。這使得英國輸華三項主要產品總值，無法與中國上述貨物出口總額相匹敵。英屬東印度公司和英印港腳商人要從中英貿易中獲利，必須首先在中英貿易中大量購買茶葉、絲綢和土布，轉手販運。他們帶來的對華貿易商品價值不足以抵償吸收中國商品的價值，這樣，便不得不用白銀作為手段，投入中國市場。

茶葉是東印度公司對華壟斷貿易的主要商品。格林堡的著作中曾對此有過歷史原因方面的敘述。他說：「在十八世紀的時候，為了國內製造家的利益，公司被奪去了從東印度紡織品進口中賺錢的機會，於是它就將它的整個生意轉到中國茶葉的進口上。」「茶葉是唯一能夠成為普遍消費品而又不與本國製造品競爭的一種合用的貨物」。[5]

絲綢、瓷器和其他消費品，東印度公司雖然也在經營，但主要屬於散商、公司職員和英印港腳商人經營，公司本身在這方面所作的生意極其微弱和有限。「在公司壟斷的最後幾年中，它從中國輸出的唯一的東西就是茶葉」。[6]從統計資料看，事實確實如此：

表 3-4

年　度	東印度公司自中國輸出的主要商品比重			
	總　值	茶葉佔總值 %	生絲佔總值 %	土布佔總值 %
1765—1769	1 601 299	73.7	20.9	0.3
1785—1789	4 437 123	82.5	11.7	0.4
1817—1819	5 139 575	86.9	3.6	2.4
1820—1824	6 364 871	89.6	3.1	0.9
1830—1833	5 984 727	93.9	/	/

4 嚴中平等編：《中國近代經濟史統計資料選輯》，科學出版社，一九五五年版，第三十三頁，表二十六。

5【英】格林堡著，康成譯：《鴉片戰爭前中英通商史》，商務印書館，一九六四年版，第二頁。

6 同上書，第三頁。

（資料來源：嚴中平等編《中國近代經濟史統計資料選輯》，第十四頁，表十二。）

根據統計資料，英國東印度公司自中國輸入英倫本土的茶葉數量，其趨勢是不斷上升的。在有統計的年代中，一七六〇—一七六四年，輸入本土的中國茶葉每年僅四萬二千零六十五擔，到一八〇〇—一八〇四年平均每年達到二十二萬一千零二十七擔；到鴉片戰爭前夕一八三〇—一八三三年，平均每年二十三萬五千八百四十擔。七十餘年中，增長了大約五倍半還要多。[7]格林堡說，一六六四年輸入英國的茶葉僅是二磅二盎司；一七八三年東印度公司銷售中售出的數量則是五百八十五萬七千八百二十二磅，一七八五年售出茶葉達一千五百多萬磅，在公司壟斷權存在的最後幾年中，它從中國輸出的數量平均約為三千萬磅。[8]十八世紀末年，英國輸入中國的全部工業品總值，只相當於從中國輸出茶葉價值的六分之一。

茶葉買賣是很賺錢的。按照一八三〇年英國下院審查委員會的估計，每年給東印度公司帶來「自一百萬磅至一百五十萬磅不等」的利潤。[9]格林堡指出：「茶葉給英國國庫的稅收平均每年為三百三十萬磅。從中國來的茶葉，提供了英國國庫總收入的十分之一左右和東印度公司的全部利潤」。[10]

絲綢的輸出量不大，這除了和英國本土生產的絲織品和衣料生產有矛盾外，中國政府限制絲綢輸出也是一個原因。但是，在西方各國對華貿易中，英國輸入中國絲綢的數量，仍然超過了法國和美國，佔了最大的百分比。不過這項交易，主要由公司職員和港腳商人經營的。

中國土布在數量、色彩、技術和價格低廉上，都勝過了英國棉布。英國棉織品在中國市場上並不受歡迎。一七八六年曼徹斯特鄉村手機織造的棉花，第一次試銷廣州，被十三行商人認為「隨便哪一種都賣不出去。棉布成本太高，而中國人是織造多樣棉布的，那些布匹雖不那麼漂亮，卻更合乎他們服飾之用」。[11]自此以後，英國棉布一直未能打開中國市場，棉布經營連年發生虧損現象。與英國棉布悲慘情況相反，中國土布卻受到西方的歡迎，以致英商——主要是散商和港腳商人，不斷購買中國土布。在中英棉織品對流中，中國一直是出超的，只是在十九世紀三十年代後，才由出超變成了入超：

表 3-5

年　度	自英輸華棉紡織品值（兩）	自華輸英土布值（兩）	中國對英出（＋）入（－）超
1817—1818	/	395 237	+395 237
1820—1821	/	433 734	+433 734
1827—1828	124 983	467 876	+342 893
1830—1831	246 189	386 364	+140 175
1831—1832	360 521	115 878	−244 643
1832—1833	337 646	61 236	−276 410
1833—1834	451 565	16 304	−435 261

（資料來源：嚴中平等《中國近代經濟史統計資料選輯》，第十三頁，表十一。）

從以上中國三項對外貿易的主要商品，在中英貿易對流的分析中可以看出，長期以來，中國的優質茶葉、燦爛的絲綢和結實價廉的土布，受到外國的普遍歡迎。它們在中外貿易（主要是中英貿易）中起着大宗貨物的作用，而英國的機器產品在中國反而找不到銷路，不是連年虧本，便是無利可圖。英國為了獲取

7 嚴中平：《中國近代經濟史統計資料選輯》，第十五頁，表十三。

8【英】格林堡著，康成譯：《鴉片戰爭前中英通商史》，商務印書館，一九六四年版，第二——三頁。

9 同上。

10 同上。

11 嚴中平：《英國資產階級紡織品利益集團與兩次鴉片戰爭史料》（上），《經濟研究》一九五五年第一期。

中國產品，不得不支付大量白銀。這種困窘局面，使英國資產階級極為惱火，格林堡在描述這種情況時說：

到十八世紀末葉，在茶葉的裝運量主要由於庇特的抵代稅條例而迅速擴張的時候，東印度公司感到越來越難以搜求足夠的貨幣運往廣州……廣州的英國貨幣市場既極有限，即便是虧本推銷也打不開銷路，而歐洲方面的現銀供應又越來越靠不住，英國輸往和輸自中國的進出口貨之間的差距就變得驚人了……雖則硬貨主義的理論已不大流行，可是無論如何，專靠現金銀總歸不是貿易的好辦法，而只是一個不得已的手段。怎樣措辦一些既可為中國方面接受，又能支付茶價，而且本身可以賺錢的一些商品——這就是問題的所在。[12]

其次，造成中國出超英國入超的局面，與清政府實行的廣州一口通商制度，限制對外貿易的做法不能說沒有一點關係，但根本原因卻是中國自然經濟結構具有抵拒外來商品侵襲的能力。中國農民的衣着幾乎都是自己家庭織布機織出的土布。他們不需要購買外國的棉紡織品；中國農民的生活水平低下，購買力也極為有限，無力去市場購買外國商品；即使是印度棉花，主要也在廣州附近一帶的農村和城市手工業者中銷售。中國廣大農村的家庭棉紡織業主要還是利用自己生產的棉花，這些狀況，使得外國商品不可能具有想象中的廣闊市場，勢不可免地會產生滯銷、積壓，從而造成虧損。但是，外國資產階級對這一點並不清楚。他們對中國市場的研究，主要集中於什麼樣的商品才能在中國有銷路的分析上，沒有深入研究中國市場的銷售能力與中國經濟結構的關係。這使英國無法發現問題的癥結，而僅看到表面的、片面的現象，並且主觀地認為這是由於清政府閉關政策的結果。因而，為了急於尋找商品的市場，便不惜一切手段敲打中國的大門。

12【英】格林堡著，康成譯：《鴉片戰爭前中英通商史》，商務印書館，一九六四年版，第七－八頁。

第三節　律勞卑事件

作為英國對華貿易的壟斷性機構、英國在東方殖民勢力主要象徵的東印度公司，不僅未能敲開中國的大門，而且也無法把英國商品順暢無阻地向中國市場傾銷。這種政治上和貿易上極不理想的成績，既使英國政府沮喪，更令英國資產階級憤慨。自從一八二五年英國首次爆發生產過剩的經濟危機以來，急於想把產品推到世界市場、特別是神祕富饒的東方市場的英國商人，對東印度公司壟斷東方貿易、排斥英國散商的做法，嘖有煩言。一八二七年曼徹斯特商會組織了東印度公司貿易狀況的調查委員會，[1]為爭取廢除東印度公司對華貿易特權進行鬥爭。一八二九年，曼徹斯特、布里斯托爾、格拉斯哥的實業家們，在利物浦的東印度協會號召下，開展了爭取對華自由貿易的有組織的運動。[2]這一年四月，他們決定設立一個常設性的東印度貿易委員會，與東印度公司的壟斷相抗衡。在國內輿論壓力下，英國下院中佔優勢的產業資本家代表和自由貿易論議員為首，於一八三三年六月十三日通過了格雷（C.Grey）內閣關於從一八三四年起廢除東印度公司對華貿易壟斷的提案——《東印度公司改革法案》，決定取消它的對華貿易獨佔地位。六月十七日，英國上議院也對此表示同意。十二月，英國樞密院下令停止東印度公司一切商務活動，把它改組為一個行政機構，由英國駐孟加拉總督升格為印度總督，統治全印度。東印度公司的一切特權就此廢除。

東印度公司從一八三四年起就不復存在了，它原先派駐中國的大班，也就理所當然地撤銷。為了管

1 參見【英】格林堡著，康成譯：《鴉片戰爭前中英通商史》。

2【英】雷德福：《曼徹斯特商人對外貿易的一七九四——一八五八年》，轉引自《外國學者論鴉片戰爭與林則徐》上冊，福建人民出版社，一九八九年版，第三十七頁。

理沒有任何組織約束力的英國散商在對華自由貿易中的活動，英國政府決定在廣州設立駐華商務監督，代表女王政府與中國打交道。首任商務監督是出身於蘇格蘭貴族之家、有很長的海軍軍官經歷的律勞卑（William John Nipier）。英國外交大臣帕麥斯頓爵士，一八三三年十二月和次年一月給律勞卑的來華使命，結合英王給律勞卑敕書中的訓示，以一系列的訓令，其主要內容可概括為以下幾點：

1. 要住在廣州。在廣州或廣州河港內某處執行任務。未經本國政府許可，不要「離開廣州訪問北京」或赴其他口岸。
2. 對中國人和中國官憲，要極為穩重地接觸，要注意防止類似妨礙相互理解的情況。
3. 希望能設法與北京直接通信以作為擴大貿易之策。「但在這一點上，必須特別注意和考慮不要引起中國方面的恐懼或傷害感情」。
4. 除了緊急或不測事態以外，不要與中國官憲展開談判。但如果能獲得這種機會，就要向本國請求訓令。
5. 除遇到非常事態，不得已而有必要的場合之外，英國軍艦不要從虎門駛入內部。
6. 中國法律的施行只要是公平妥當的，就得遵守。
7. 要提出進行貿易及其他統計調查的年度報告書。
8. 要弄清建立與日本及其他國家通商關係的可能性。
9. 不但要設法發展和保護在廣州港的貿易，而且要查明同中國其他地方貿易的可能性。
10. 要通過信件把到達廣東之事通報總督。[3]

綜觀上述內容，可以發現，英國政府對律勞卑所規定的使命，已經不是一個純粹商務監督的職能，而是兼有派駐一名駐在中國廣州的英國政府使節的身份。在中英兩國沒有任何外交關係的背景下，律勞卑的地位和英國政府的一廂情願，勢必會引起中國方面的抵制。這表明，英國為了急於打開中國大門而不顧中國的國情，企圖硬塞給中國一個外交使節，以代替已經撤銷了的東印度公司駐華大班的地位。律勞卑正是在商務總監督兼有英國駐華使節的雙重任務下，帶着他的監督處成員離開倫敦開赴中國的。

中國方面，兩廣總督李鴻賓事先已風聞英國將有解散東印度公司之舉，怕此後中國無法管束英國商人，曾傳諭該公司駐華大班帶信回國，請派曉事大班來粵總理貿易。此事，在一八三四年兩廣總督盧坤的一份奏摺中向皇帝報告過：

再，英吉利國在廣東貿易，該國向設有公班衙名目，管理通國買賣，謂之公司。該公司派有大、二、三、四班來粵總理貿易事務，約束夷商。道光十年，據洋商等稟知，該國公司至道光十三年期滿，該國夷人各自貿易。恐事無統攝，經前督臣李鴻賓飭商傳諭大班寄信回國，若果公司散局，仍酌派曉事大班來粵總理貿易。本年臣盧坤、粵海關監督臣中祥，查得該公司已散，即經飭商妥議，務使事有專責，勿致散漫無稽。[4]

可見，中國方面在道光四年已確知東印度公司解散，事先也主動請英國派「曉事大班」來粵總理貿易事務。但由於不瞭解英國歷史與現狀，清政府根本不清楚東印度公司解散的性質，更不知道作為英國政府代表的商務監督與東印度公司駐華大班有何不同。所以儘管英國單方面宣佈將派商務總監督來華，清政府無論在感情上或是在法律意義上都沒有承認和接受這一事實，仍然把他看做總理貿易的大班。

道光十四年六月（一八三四年七月），律勞卑男爵一行到達澳門。其主要成員有第二監督德庇時（John Francis Davis）、第三監督羅賓臣（George Best Robinson）、祕書兼會計阿斯迭（J.H.Astell）、中文祕書兼翻譯官馬禮遜（R.Morrison）、總監督的私人祕書參遜（A.R.Johnston），以及後來成為第一任商務總監

3 轉引自【日】衛藤沈吉：《炮艦政策的形成——論一八三四年中英關係的轉變》，見《外國學者論鴉片戰爭與林則徐》，上冊，福建人民出版社，一九八九年版，第一三八頁。另，以上訓示的主要內容也可參見馬士：《中華帝國對外關係史》第一卷，北京，商務印書館，一九六三年版，第一三八頁。

4《兩廣總督盧坤等奏為律勞卑來粵不遵法度現予封艙示懲片》，《鴉片戰爭檔案史料》第一冊，第一四六頁。

督、以破壞中國禁煙和挑起中英武裝衝突而聞名於世的查理．義律（Charles Elliot），不過那時他在律勞卑手下還是一個小角色，擔任船務總管，「負責掌管虎門口內的一切有關英國船隻與水手事務」。[5]

兩廣總督盧坤得到探報，即派行商去澳門傳達清政府對來華外人的向例及有關規定。但當行商伍敦元等趕到澳門時，律勞卑已經離開澳門到省城廣州去了。六月十九日（七月二十五日），律勞卑男爵抵達廣州商館區，當即有行商到商館向其轉告總督的命令。律勞卑並未接受，反而表示他將以英王代表的身份直接與兩廣總督往來。次日，他派監督處祕書阿斯迭向總督遞交平行款式的書信。這顯然是違反了清王朝規定外人只能通過行商轉呈信件、且不准以平行款式書信的向例，盧坤自然不願接受。阿斯迭在城外足足等候了三個多小時，沒有任何官員樂意為他代遞。[6]其間，行商伍敦元向阿斯迭建議，由他和廣州協副將韓肇慶兩人代收轉呈總督，阿斯迭堅持要自己面交。結果可想而知，這位英國商務總監督的信使只好灰溜溜地回到商館，向上司報告沒有完成任務。

事後，兩廣總督盧坤飭廣州協副將韓肇慶傳諭，告以：「天朝制度，從不與外夷通達書信；貿易事件，應由商人轉稟，不准投遞書函。」並命行商轉告：「該夷目既為貿易而來，即應遵守章程，否則不准在粵貿易。」前後四次，律勞卑均予拒絕，聲稱自己並非大班，而是英國官方派出的商務監督，今後一切事件應與各衙門平行公文，不能照舊例由行商轉告。盧坤再次讓行商反覆向律勞卑開導，表示「如其悔悟恭順，照常貿易，倘再違執，即行封艙」。然而，律勞卑不僅置若罔聞，反而貼出用中文書寫的佈告，「令各散商不必以斷絕貿易為慮」。顯然，這位英國商務監督決心與清王朝的舊規鬥爭到底。在此情況下，盧坤與粵海關監督中祥反覆商酌，並與廣州將軍、都統及在省司道會同熟商，決定「惟有照例封艙，將英吉利國買賣暫時停止。如該夷目畏懼恭順，遵照天朝制度，再行奏請恩施，准其開艙交易，以昭懲戒」。命令下達後，英國各散商對律勞卑所行所為，極為不滿，紛紛要求開艙貿易。[7]

為了堅持以強硬態度對付廣東當局，律勞卑在清政府下令封艙後，命令停泊在廣州洋面的兩艘英國兵船開入內河。英艦先後強行駛過虎門，清軍虎門炮臺發炮阻攔，英艦用炮火回拒。八月九日（九月十一日），兩艦進泊黃埔。律勞卑以為有了武力作為後盾，即發出佈告，堅持要與中國方面平等會面，並宣揚英國「權能嵬嵬，版圖洋洋，四方皆有所服，地屬廣汪，土產年盛，即大清亦非能比權；有勇猛兵卒，集成大軍，所攻皆勝；亦有水師大船，內有帶至百二十大炮者，巡奕各洋，並中華之人所未敢駛到各海，亦無不到。故請督憲自問，此吾大君焉有恭順何人之意耶？」[8]整個文告顯示了老牌殖民主義者依靠炮艦威力，征服落後國家的驕狂精神和藐視清王朝的心態。

盧坤面對律勞卑的挑釁，當即下令加強戰備：一面在前路水面沉石鎖口，並在後面準備石料，伺機堵塞敵艦出口；一面添派兵丁、調撥師船，在廣州附近河面來回巡防，使深入內河的兩艘英艦陷入重重包圍之中。同時，又派兵包圍英國商館、斷絕供應，撤退商館內的中國人員，使英人坐困其中，無法離開商館一步。律勞卑料不到情況會變得如此嚴重，在英商指責和清兵戒嚴的困境下，他心勞力瘁，得了大病，不得不轉而妥協。盧坤便因勢即收，同意放行。八月十九日（九月二十一日），律勞卑在病中以書面形式通知英艦撤離黃埔；同日，他和隨員自廣州啟程返回澳門。九月初九日（十一月十一日），律勞卑因病情惡化，客死於澳門。英國第一任商務總監督對中國大門的衝撞，付出了生命的代價。

由於律勞卑事件的發生，尤其是兩艘英艦闖進內河，使道光帝十分震怒。九月初三日（十一月五日），

5【美】馬士著，張匯文等合譯：《中華帝國對外關係史》第一卷，北京，商務印書館，一九六三年版，第一三七頁。原任命第二監督為東印度公司駐華大班部樓東，第三監督德庇時，因部樓東已離開中國，由德庇時接任第二監督。

6 蕭致治、楊衛東編撰：《鴉片戰爭前中西關係紀事》，湖北出版社，一九八六年版，第三七四頁。

7 以上均見《兩廣總督盧坤等奏為律勞卑來粵不遵法度現予封艙示懲片》，《鴉片戰爭檔案史料》第一冊，第一四六—一四九頁。

8【日】佐佐木正哉編：《鴉片戰爭前中英交涉文書》，臺北文海出版社，一九七七年版，第十七頁。

皇帝在總督巡撫聯銜奏報英艦闖入內河的摺子上做了朱批：「看來各炮臺俱係虛設，兩隻夷船不能擊退，可笑可恨。武備廢弛，一至如是，無怪外夷輕視也。」[9]結果，盧坤被革職留任、革去太子少保銜、拔去雙眼花翎，水師提督李增階革職。皇帝的朱批說到了武備廢弛，但事情過後，情況仍不加改變。因循苟且早已深入骨髓，光靠一紙上諭已經無濟於事了。

律勞卑事件後，英國暫時收斂了力圖闖進中國的強硬政策，進入到一個所謂「沉默時期」。因為，他們意識到面對的是一個有數千年歷史的古老帝國，很難襲用對付東方落後小國的方式，把它納入西方所希望的殖民地附屬國體系。但沉默不等於放棄希望。中國作為整個資本主義世界廣闊市場的前景，一直是英國資產階級政府垂涎所在。律勞卑爵士的悲慘遭遇，只是他們在沒有充分準備的情況下，衝撞中國大門的一種代價，一旦條件成熟，門終將打開。因此，敲門與反敲門的鬥爭中，不可避免地隱伏着敲門者使用武力破門而入的必然趨勢。而清王朝若不從中吸取教訓，不思更張，那末也就面臨着被西方大炮轟出中世紀的危機。

本章及上章各節，通過對西方殖民主義者力圖敲開中國大門的歷史回顧，可以看出中國正面臨着被資本主義侵略勢力破門而入的厄運。但是，當時的中國人並沒有感受到這種危險。在中國人的域外知識中，孤處大西洋的英國只不過是「撮爾島夷」，連「戎狄蠻夷」的地位都算不上，幾乎沒有人會把它視為對中國安全構成威脅的力量。雖然道光八年（一八二八）著名學者包世臣在致友人的信中，曾對英國侵佔新加坡的後果產生過憂慮，指出：「英夷去國五六萬里，與中華爭，勢難相及，而新埔（沈案：即新加坡）則盡在肘腋，易為進退。」他警告說：「十數年後，雖求如目前之苟安而不能。」[10]但那也只是從周邊國家受害中作出的一種趨勢性判斷，它在可能性中寄寓的必然性，根本未能引起當局者的注意。使得中國人不安的是看得到、摸得着的鴉片走私問題。

9《盧坤祁墳摺》，《鴉片戰爭》（中國近代史資料叢刊），第一冊，第一二五頁。

10 包世臣：《致廣東按察使姚中丞》，《安吳四種》卷三十五，同治刻本，頁四、五。

第四章

鴉片：黑色的毒流

第一節 洶湧而來的毒品

從敲門到破門的歷史契機是鴉片問題。

西方想以一般商品撬開中國的大門既然極端困難，勢必要謀求一種特殊的商品作為獲取暴利的手段，這就是毒品鴉片。中國在洶湧而來的毒品困擾之下，必然要作出反應，於是乎就有禁煙。販毒與禁煙都是雙方根本利益所在，誰都不能相容，衝突也就不可避免。

鴉片俗稱大煙，是用罌粟汁熬製而成的。中國在中唐以前並無罌粟種植的記載。中唐以後，才散見於私人著述。宋初纂訂的藥書《開寶本草》，有「罌子粟」之名，且有「御米」之稱，作藥材用。蘇東坡的詩裏，有「鶯粟湯」、「佛粥」的名稱，飲者似多為僧道之流，作滋補養生之用。[1]可見，鴉片在中國有較長的歷史，但明代以前僅作藥用，別無他途。這種鴉片是本土煙，並非西洋流入的鴉片。

明代起，西洋鴉片流入中國，最初是作為貢品來華的。《癸巳類稿》稱：「明時，暹羅、爪哇、榜噶剌以貢品入中國，曰烏香或曰烏煙，就其本名，還音鴉片，亦曰阿片，亦曰亞榮、亦曰阿芙蓉、亦曰合浦融」。[2]明代成化年間，市場已有貨賣，價等黃金。萬曆年間，外洋鴉片傳入漸多。萬曆十七年（一五八九）開始對外洋鴉片徵稅，每十斤稅銀二錢。

吸鴉片煙的惡習，大約始於明中葉中西交往之後，由南洋一帶傳入。當時南洋在西班牙控制之下，吸鴉片煙與西班牙殖民者掠奪南洋一帶人民財產、毀人健康的罪惡有關。余文儀纂《臺灣府志》稱：「咬𠺕巴，本輕捷善鬥，紅毛製鴉片煙誘使食之」，說的就是這種關係。自吸食之法流入中國，鴉片的功用，逐步由藥用轉為灼火吸毒。但這一由益轉害的演變過程，發展還很緩慢，自明末至清前期尚未釀成大害，所以政府對鴉片稅抽得很輕。[3]鴉片流入後主要還是作為藥用，稱為「洋藥」。

輸入中國的外洋鴉片，主要有印度西孟加拉出產的「公班土」、「大土」；產於印度麻窪的「白皮」、「小土」，以及土耳其、波斯一帶的「金花」、「紅玉」等。這三個產區的鴉片，中國人認為「公班為上，白皮次之，紅皮又次之」。[4]英國人對這三種鴉片的看法與中國人的評價基本一致，認為由東印度公司壟斷生產和銷售權的公班土，品質優良；由印度土著各邦所生產的白皮土是次等鴉片，最初只有葡萄牙人通過他們在印度西北海岸的租借地果阿和達曼以少量輸往中國；從士麥那來的土耳其鴉片，質量很差，是由美國販子運進中國的。土耳其鴉片只是供作摻和孟加拉產品之用，到十九世紀三十年代，每年的銷售量從沒有超過九百箱。[5]

鴉片在清代前期流入中國的數量仍很有限。直到乾隆二十二年（一七五七）閉關前後，始終維持在兩百箱左右。販子主要是葡萄牙人，英商間或也有人販運。乾隆三十二年（一七六七）達到一千箱。一七七三年，英國東印度公司對中國試銷鴉片成功。十七年後的一七八〇年，東印度公司獲得了鴉片專利權，對

---

1 參見郭廷以：《近代中國史》第二冊，商務印書館，一九三九年版，第三十五頁。

2 俞正燮：《癸巳類稿》，見《鴉片戰爭》（中國近代史資料叢刊）第一冊，第二八七頁。

3 明末至清前期的鴉片稅銀變動，據張燮《東西洋考》卷七《陸餉》及李圭《鴉片事略》所記，情況如下：

一五八九年（萬曆十七年）每十斤稅銀二錢；

一六一五年（萬曆四十三年）每十斤稅銀一錢七分三釐；

一六八七年（康熙二十六年）關稅每百斤稅銀三兩又分頭銀二兩四錢五分。

4 雷瑨輯：《蓉城閒話》，《鴉片戰爭》（中國近代史資料叢刊），第一冊，第二九三頁。

5【英】格林堡著、康成譯：《鴉片戰爭前中英通商史》，北京，商務印書館，一九六四年版，第九十九頁。

華販運鴉片成了它的壟斷事業。這一年也是英國人在廣州海面設立鴉片貯存站，進行鴉片走私貿易的開始。《中國叢報》對此事有過描述：

> 一七八〇年英國人用兩隻小船，經常停泊在澳門南面一個名叫雲雀灣的海灣裏，作為鴉片貯存站。他們經常在此販賣鴉片，每箱價銀五百元至六百元，在孟加拉的價格每箱約為五百盧比。[6]

可見，後來的鴉片躉制度，就是由英國開其端的。麥都思的報告也有同樣的說法：東印度公司於「一七八〇年在雲雀灣建立了一所鴉片貯藏庫。一七八一年，東印度公司把二千八百箱鴉片運往廣州，由當地一家行商收購。由於在中國找不到銷路，他不得不把大部分再運出口」。[7]麥都思所說的行商名叫「新官」，他買了其中的一千六百箱。連同原先已輸入的一千二百箱，「使市場存貨過多，新官遂將其所買的大部分運到馬來各港」。[8]兩件資料表明，在乾隆四十六年（一七八一）前後，鴉片在廣州市場上的銷路並不很好。中國鴉片走私市場的容量尚在一千箱左右，過多就很難推銷而不得不送往國外販運。

雍正七年（一七二九）時，輸華鴉片仍平均每年兩百箱（一箱約重一百四十鎊，但依時期和鴉片種類而有所不同）。此後逐年增長，到嘉慶四年（一七九九），已超過年均四千箱的大關。鴉片倉庫也由小船變成大船，稱為「鴉片躉」。據嘉道年間的著名時務家、《粵海關志》纂修者梁廷枏稱：「每千六百八十斛為一躉，約三百躉為一船，故名躉船」，[9]足見鴉片躉的容量極大。這種鴉片躉，已由原先停泊在澳門南端的雲雀灣，移至黃埔，公然與廣州行商進行非法貿易。清政府鑒於鴉片大量輸入，在嘉慶元年（一七九六）下令停徵鴉片稅銀，嗣後不准再有輸入；並且不准鴉片躉灣泊黃埔。鴉片躉只得駛離，改泊伶仃洋。伶仃洋在老萬山內，水路四達，凡中外商船之出入外洋者，皆為必經之處，[10]這兒便成為鴉片走私的基地。大量鴉片從伶仃洋源源不斷地輸入內地，禁令成了一紙具文。

從十九世紀開始，鴉片輸入中國的情況，約可分為三個階段：

嘉慶五年至二十五年（一八〇〇－一八二〇），每年平均輸入約四千五百箱。走私中心為澳門洋面。嘉慶十四年禁令漸弛，黃埔重又成為走私中心。嘉慶十六年清政府再下禁令，廣州水師奉命在黃埔搜查外國船隻，並勒令出具「不售鴉片」字據，以英國為首的鴉片販子堅不具結。嘉慶二十二年，英國兵船一艘自穿鼻洋駛入虎門，進行威脅，清政府被迫退讓。於是，黃埔仍是走私集散地。一條鴉片船到達時，只要向海關例行申報，自稱所載都是合法商品，沒有夾帶，就可以公然進行鴉片走私買賣。

道光元年至十年（一八二一－一八三〇）為第二階段，每年平均輸入約一萬八千七百多箱，其中英國佔了一萬一百多箱。道光皇帝甫告即位，立即頒發嚴旨，重申禁令，黃埔稽查甚嚴。外國煙販無可託足，不得不改泊伶仃島為據點。從此，煙販們撕下偽裝，乾脆進行赤裸裸的武裝走私。

道光十一年至二十年（一八三一－一八四〇），以麻窪鴉片大量湧入為標誌，輸華鴉片數量激增，超過第二階段年平均數二－五倍。麻窪鴉片在道光元年時輸華僅一千六百五十餘箱，到道光十九年時猛增到二萬一千九百餘箱，比孟加拉鴉片一萬八千二百餘箱還要多出近四百箱。

如果將鴉片戰爭前四十年鴉片輸入中國的情況作分階段平均數統計，人們就可明顯看出這股黑色的毒流是怎樣洶湧地流向中國的：

6《中國叢報》第五卷，一八三七年四月。

7 一八五五年十一月二十二日麥都思關於鴉片問題的報告，轉引自姚賢鎬編：《中國近代對外貿易史資料》第一冊，中華書局，一九六二年版，第三一九－三二〇頁。

8《中國叢報》第五卷，一八三七年四月。

9 梁廷枏：《夷氛聞記》，《鴉片戰爭》，中國近代史資料叢刊第六冊，第四頁。

10《夷艘入寇記》（不著撰人，抄本），同上書，第六冊，第一〇六頁。

表4-1

年份	年均輸入（箱）
1800—1811年（嘉慶五年至十六年）	4 016
1811—1821年（嘉慶十六年至道光元年）	4 494
1821—1828年（道光元年至八年）	9 708
1828—1835年（道光八年至十五年）	18 712
1835—1839（道光十五年至十九年）	35 445

資料來源：【美】馬士著，張匯文等合譯：《中華帝國對外關係史》第一卷，北京，商務印書館，一九六三年版，第二三八頁。必須指出，馬士的統計是極不完全的。由於迄今為止沒有任何有關鴉片輸入量的完整確切的統計，而馬士的著作又為大家所熟悉並經常使用，所以我在本書內才決定採用他的統計數，藉以反映增長的趨勢。

從這份統計表中可以看出，鴉片輸華數量在嘉慶一朝中，雖較乾隆時每年不過兩百箱相比，有大量增加，但大約仍保持四千至四千五百箱左右；從道光元年起，鴉片輸入量猛烈增加，增加幅度以每年三倍半以上的速度提高。這不能不說是一種急劇增加的趨勢。

就每年輸華的數字來說，一七九九—一八三九年的四十年中，最低年度是一八〇三—一八〇四年二千八百四十箱。從一八三四—一八三五年起，每年輸入超過一萬箱；從一八三五—一八三六年輸入超過三萬箱；而最高年份一八三八—一八三九年度，超過四萬箱大關，比最低年份增加了約十五倍！

由此，我們可以對清代鴉片輸入中國的增長數字有一個基本認識；在鴉片戰爭前，其增長速度有兩次飛躍：一次是在乾隆末年、嘉慶初年，從每年兩百箱猛增至四千箱，增長約二十倍；一次是在道光年間，從四千箱增至三萬五千箱以上，最高年份達四萬箱，增長約十倍。這個增長趨勢表明，從十八世紀末年起，外國資本主義已經找到了扭轉中英貿易中西方處於不利地位的手段，這個手段就是以最無恥最卑劣的行徑殘害中國人民，掠奪中國財富的鴉片走私貿易。

在中國從事鴉片走私的西方國家，有葡萄牙、英國、美國和沙俄。葡萄牙是早期從事鴉片貿易的國家，清初開海禁後，葡萄牙仍佔據優勢。直到乾隆四十五年（一七八〇）後，葡萄牙輸華鴉片的優勢逐漸被英國所取代。

英國是西方各國對中國進行鴉片侵略最主要的國家，它的輸華總額大大地超過了其他國家輸華鴉片的總和。可以說，當我們一提及鴉片貿易時，在主要意義上，就是指鴉片的最大販毒者英國，前引一八〇〇—一八三九年鴉片輸入中國的龐大數字中，英國的輸華量佔了百分之九十以上。現將鴉片輸華總量和其中英國輸華量的每年平均數列表如下：

表 4-2

年度	輸華總量年平均數（箱）	英國輸華量年平均數（箱）	備注
1800—1811	4 016	3 974	包括孟加拉、麻窪兩地鴉片輸華量
1811—1821	4 494	4 264	同上
1822—1828	9 708	9 567	麻窪鴉片包括孟買、馬達曼兩地
1828—1835	18 712	18 106	同上
1835—1839	35 445	34 702	其中孟買、馬達曼兩地的鴉片輸華量沒有數字，僅指麻窪鴉片輸華量

（資料來源：【美】馬士著，張匯文等合譯：《中華帝國對外關係史》，第一卷，第二三八—二三九頁附表。）

鴉片販賣是英國東印度公司對華貿易的最大項目。自一七六五年大冒險家克萊武擔任孟加拉民政官後，公司職員在商業的特權之上又加了官銜。「在市場上與商人交往時他們是地方長官的身份」。[11]亦官亦商的東印度公司職員，開始排斥印度商人，壓倒了荷蘭、法國等商人，逐漸取得了鴉片銷售的特權。[12]

一七七三年，英國國會通過改革法案，華倫．哈斯丁被任命為公司孟加拉參事會總督，統轄馬德拉斯和孟買公司領地事務，並負責將東印度公司從商業機構轉變為政府機關。哈斯丁是東印度公司鴉片專賣政策的制定人。一七七三年對華鴉片試銷成功後，東印度公司逐漸地把中國作為它銷售鴉片的主要市場。

一般地說，鴉片在印度的種植是由公司事先撥款協助承包商，用放青苗債的方式向農民事先貸款，在收割時以低價勒行收買，經過熬煎，然後在加爾各答市場公開拍賣。為了招徠私商，[13]拍賣的條件是相當寬容的，繳納的現鈔僅是標價的百分之三十，餘款十天內交清，有困難者可延長三個月，如果廣州市場鴉片價格低落，公司還可以設法幫助私商渡過難關。[14]這樣寬容的條件，無非是「為走私事業提供貨品，並鼓勵私商將這些貨品運送到中國去」。[15]

東印度公司根據中國市場的銷售情況，控制拍賣與銷售間的平衡，當市場活躍時，就以擴大拍賣攫取利潤；市場疲滯，就控制拍賣來保持高額利潤，但總的來說，兩者中，主要是以擴大運銷為主的。這不僅從前面所作的英國鴉片逐年增長的趨勢統計中可以看出，也可以從麻窪鴉片的大量輸華中可以看出。

麻窪鴉片的大量傾銷，是東印度公司和私商們長期對抗的產物。長期來，孟加拉土價格，由於公司的壟斷而日趨高漲，一些私商於一八一五年前後開始在當時尚未被公司控制的東印度西部地區，找尋價格比較低廉的貨源。他們在東印度土邦和剌日普德拿一帶，找到了理想的麻窪土（也叫孟買土，中國人稱白皮土），擺脫了公司的控制，由葡萄牙人經營的達曼口岸輸入中國。從此，麻窪土輸華數量不斷增加，由過去僅五百餘箱躍增至一八一六－一八一七年的一千二百四十二箱，一八二〇－一八二一年的一千六百五十三箱。[16]在一八一七年，麻窪土每箱售價僅六百八十銀元，大量傾銷的結果，迫使孟加拉土的售價大跌：一八一七年孟加拉土每箱售價一千三百銀元，到一八一八年跌至八百四十銀元。於是很多外國煙販在孟買紛紛添設代理處，準備對麻窪土進行大規模販運，嚴重地打擊了東印度公司的壟斷政策。

而對這樣激烈的鬥爭，東印度公司先嚴厲禁止孟買船販運麻窪煙土，並在孟買搶購麻窪土，以求控制，隨後又積極擴大孟加拉公班土的生產，以便壓低價格，最後還設法同中印度各土邦王公訂立合同，企圖藉頒發補助金的手段來削減麻窪土的種植。但這些措施收效都不大，麻窪土繼續湧入中國，逐漸取得孟加拉土原先所佔的優勢地位。

一八三二年，英國國會改革後，工業資產階級開始直接參與政治。為了替英國製造品開闢中國市場，他們以自由貿易為名，於次年迫使國會通過法案，剝奪了東印度公司對華貿易壟斷權，但是延長了公司存

11《英國議會文件》「特別委員會第九次報告書」，一七八三年，第六十一頁。

12 自一七五七年，東印度公司控制孟加拉後，英國一般工商業主也要求參加對印度的貿易。東印度公司在英皇喬治三世的支持下，拒絕了這種要求。經過國內資產階級的長期鬥爭，直至一七八四年「庇特法案」在國會獲得通過後，東印度公司被置於由國會任命的六個委員所組成的委員會，實行監督。委員會有權決定有關公司的政治問題，但公司董事會有權任用公司職員及處理日常事務，並保留對中國和印度的貿易壟斷權。

13 原指印度當地人及其他歐洲人，阿爾明尼亞人擁有的船隻（港腳船），以區別於東印度公司的公司船（公班船），從十七世紀末起，特指持有公司執照，專門從事對華貿易鴉片走私的私人船隻。

14 特立巴蒂：《孟加拉省區的貿易和財政》（一七九三——一八三三），孟買，一九五九年版，第一五六頁。

15 奧文：《英國對中國和印度的鴉片政策》，耶魯大學，一九三四年版，第五十八頁。

16 據【美】馬士著，張匯文等合譯：《中華帝國對外關係史》第一卷，北京，商務印書館，一九六三年版，第二三八頁附表。另一種說法是：一八一六——一八一七年一千一百五十箱，一八二〇——一八二一年四千箱。

在的年限，並授權它治理英屬印度領土。他們還召集了東印度公司官吏和有關鴉片販運的人員，聽取了意見。經過辯論，一致認為：「孟加拉的鴉片壟斷銷售，為政府提供的收入，每年為數八百四十五萬九千四百二十五新鑄盧比，亦即九十八萬一千二百九十三英鎊；而稅收是按成本價格的三十又四分之三徵收的。在印度目前收入的情況下，要放棄這樣一個收入來源是不適當的。鴉片稅是由外國消費者負擔的稅收，所以總的來說，它較之任何其他可以替代的稅收，更不致遭到反對。」[17]這等於是倫敦政府對鴉片販運承擔責任的公開聲明。英國政府的公開支持，是造成十九世紀三十年代英國煙販在華猖狂活動的首要原因。

一八三一年，東印度公司最後找到解決麻窪土競爭的政策。它允許麻窪土繳納過境稅每箱一百七十五盧比，繼減為一百二十五盧比，由孟買公開出口。過去是由中印度土邦偷運到葡萄牙口岸達曼，長途跋涉，花兩個多月的時間，大大增加了成本，改由孟買出口，煙販們夢寐以求。因此從一八三一—一八三三年間，達到了一萬四千箱，較前增長了二倍。東印度公司的稅收因此而增加。二十多年來長期成為公司負擔的麻窪鴉片，成了公司稅收的源泉。東印度公司政策的改變——對麻窪土由以前的控制生產運銷，到確保稅收、鼓勵販運，這是十九世紀三十年代鴉片走私在中國惡性膨脹的第二個原因。

在取消對麻窪土控制的同時，東印度公司還進一步對鴉片販運採取了各種部署。在早已「佈滿罌粟花」的印度土地上，強迫農民繼續擴大栽種的辦法開始被放棄，代之以開闢新的種植區來增加生產。為此，印度總督彭丁克曾偕同管理鴉片銷售的歲入部官員，跑遍了恆河上游地區，先後開闢了十五個新的鴉片種植地區。彭丁克還決定在奧德和尼泊爾收購鴉片，並制定了對超產農戶進行獎勵的辦法。到一八三六年，英印政府機構設立了管理鴉片事務的專職官吏，由地方稅務長官兼任鴉片代理經辦人，下設副代理經辦人管理該地區的鴉片生產事務。這些新的部署也是造成鴉片在中國泛濫的另一個原因。

在上述這些原因的影響下，印度鴉片的產量猛增。而對華的鴉片輸出也不斷增加了。由此可知，英國是造成中國煙毒泛濫的罪魁，而東印度公司則是英國毒害和掠劫中國人民的先鋒。

其次是美國。

美國的鴉片來源，主要是土耳其、波斯，此外還有一部分來自印度。印度的這部分是從一八二一年英國東印度公司修改了它的標賣章程、允許美國販運後開始的，但數量並不大。就整個輸華鴉片總量說，美國的數量是無法與英國匹敵的：

表 4-3

年　份	年平均箱數（美國）	年平均箱數（英國）
1800—1811	42	3 974
1811—1821	230	4 264
1821—1828	141	9 567
1828—1835	857	18 106
1835—1839	743	34 702

資料來源：【美】馬士著，張匯文等合譯：《中華帝國對外關係史》第一卷，第二三八——二三九頁，附表統計。

可以看出，美國輸華鴉片每年平均數從未超過千箱。即以每年輸入絕對量看，最高年份為一八一八—一八一九年二千箱，一般都在幾百箱。所以，美國儘管是中國市場上僅次於英國的鴉片煙販，但其力量相當薄弱。不過，美國在販賣鴉片中的手段並不比英國差。中國史料中經常提到的飛剪船，就是美國的鴉片走私船。他們的最大洋行普金斯洋行和它的後身旗昌洋行，就是經營鴉片的大本營，而且，美國駐廣州的領事本身也從事鴉片貿易。

17《英國議會文件》，「特別委員會關於對華貿易的報告」，一八四〇年，第一六六頁，附錄E.1。

沙俄也是鴉片販子。從十九世紀三十年代起開始經營鴉片走私，但沙俄的鴉片走私路綫不是在海上，而是通過中亞向中國輸入鴉片。

鴉片貿易給外國資產階級特別是英國東印度公司帶來了鉅額利潤。東印度公司雖不直接販運鴉片，而是負責生產和拍賣銷售，但它們仍然從中取得了驚人的利益。以一八一三年為例，這一年東印度公司生產的印度上等鴉片公班土，每箱成本二百三十七盧比，拍賣價（包括英印政府的鴉片稅在內）每箱售價二千四百二十八盧比，超過成本的九倍。這一賣價，東印度公司獲得其中的三分之二。英國在孟加拉的政府抽取鴉片稅是按成本百分之三百稅率徵收，一八二九年，它所徵鴉片稅佔全年總收入的十分之一。英國鴉片販子在販運中的利潤也很高，以一八一七年為例，這一年「公班土」在印度的拍賣價為每箱一千七百八十五盧比，而販到中國的賣價是二千六百一十八盧比，兩者差額為八百八十三盧比，折合銀元四百餘元，扣除少量運輸費及其他費用，大部分是煙販們所獲的淨利。[18]東印度公司、英印政府、英國煙販在鴉片走私中所得的鉅大利潤，驅使他們不斷從事這項骯髒卑鄙的害人事業。

英國的鴉片販子們，興致勃勃地從事鴉片販運和走私。加爾各答英文日報描述伶仃洋面鴉片貿易的報道中說：

> 走到鴉片船上，到處都可以看到一個活潑的、發財的、買賣的氣象。在甲板的一邊堆着成列的來自摩拉瓦，另一面又有來自巴特那的鴉片。……在船尾上，二千元一箱的洋銀，不知多少箱。……當你看到在這船上，這些財富充斥的象徵，而且這些錢財在表面上看是如此不注意地分散着，（只是表面上看來，實在是很留心地看守着。）你便對這部貿易的規模之宏大，價值之重要，得有很深的印象了。在這裏的投資是很大的，總不下二千萬元左右。[19]

英國鴉片販子泰勒說：「鴉片同金子一樣，任何時候我都能賣掉。」英國在華最大的鴉片販子查頓說，最好的年頭，每箱鴉片的利潤可高達一千銀元。

馬克思在《資本論》中引用登寧的如下一段話，來證明「資本來到世間，從頭到腳每個毛孔都滴着血和骯髒的東西」。這段話如是說：

> 資本害怕沒有利潤或利潤太少，就像自然界害怕真空一樣。一旦有適當的利潤，資本就膽大起來。如果有百分之十的利潤，它就保證到處被使用；有百分之二十的利潤，它就活躍起來；有百分之五十的利潤，它就鋌而走險；為了百分之一百的利潤，它就敢踐踏一切人間法律；有百分之三百的利潤，它就敢於犯任何罪行，甚至冒絞首的危險。[20]

鴉片貿易的利潤，高達六倍甚至九倍，這就使鴉片販子拚命擴大這一謀殺中國千百萬生靈的最野蠻、最無恥的罪惡勾當了。

18《中國科學院歷史研究所第三所集刊》第一集：《第一次鴉片戰爭——外國資本主義侵略中國的開端》。關於鴉片的拍賣價和售價變動情況，《中國叢報》第五卷（一八三七年四月）刊登的幾組鴉片售價數字，可資參考：一八一七年銀洋與盧比的比價是一百比二百零六；一七八〇年每箱鴉片在孟加拉的價格為五百盧比，售價為五百—六百銀洋；一七九一年每箱鴉片售價在三百六十—三百八十元之間；一八三七年四月，每箱公班老土價銀八百三十元，公班新土價銀七百六十元；喇莊老土價銀七百三十元，喇莊新土七百元；白皮老土、新土均為六百元。

19【英】賓漢著，壽紀瑜等譯：《英軍在華作戰記．緒論》，中國近代史學會主編：《鴉片戰爭》（中國近代史資料叢刊），神州國光社，一九五四年版，第五冊，第九頁。

20馬克思：《資本論》第一卷，北京，人民出版社，二〇〇四年版，第八七一頁之注釋二五〇。

鴉片走私貿易在推動英國掠奪中國廉價的絲茶貿易上起了鉅大作用，從而與英國政府及整個英國資產階級的利益休戚相關。

英國是西方各國中對華貿易總額最大的國家。他們用什麼東西來換取中國的貨物呢？從理論上說，當然是用正當商品貿易所得的收入購買中國貨，但實際上，它的正當商品中沒有任何一項是值得中國人歡迎的，在正當貿易中，每年都要虧本。這樣，英國就不可能用貿易盈利購買中國貨。另一方面，英國本土對中國絲茶的需要量日益增加，東印度公司通過絲、茶特別是茶葉的壟斷貿易賺了大錢。但茶葉買賣是現金支付的。東印度公司的輸華產品連年虧本但又要堅持買下中國的茶葉輸往英國本土獲利，就勢必帶來大量銀元投進中國市場。但奇怪的是從十八世紀六十年代後，運到中國的白銀不是增加，而是逐年減少，特別是進入十九世紀後，除了一八一五——一八二四年的九年中，平均每年仍有六十三萬餘兩白銀流進中國外，其餘年份竟完全停止輸入白銀，而它通過在廣州出賣匯票所取得的現金卻高達二三百萬兩以上。這究竟是怎麼一回事？它為什麼停運白銀反而獲得白銀？奧祕在哪裏？

奧祕就在鴉片貿易上。從一七七三年東印度公司試銷鴉片成功後，便向中國大量傾銷鴉片，獲得鉅額利潤，成了它從中國販茶的資金，解決了東印度公司長期來無法解決的收支不平衡困境。這個過程是：鴉片販子在中國吸收現金，東印度公司用倫敦、孟買或加爾各答的匯票，向他們換取現金轉為自己販茶的資金。於是就出現了英——印——中，即棉紡織品——鴉片——茶絲這一循環的三角貿易關係。

格林堡曾引用華倫所著《鴉片》（一八三九）一書中的一段話，來說明鴉片貿易在三角關係中的地位：

多年以來，東印度公司從鴉片貿易上獲得鉅額收入，這種收入使英國政府和國家在政治上和財政上獲得無法計算的好處。英國和中國之間的貿易差額情況的有利於英國，使印度對英國製造品的消費量增加了十倍；這直接支持了英國在東方的鉅大統治機構，支應英王陛下在印度的機關經費；用茶葉作為匯劃資金和交流物資的手段，又使大量的收入流入英國國庫，而且用不着印度貧困就給英國每年帶來六百萬鎊。因此，東印度公司就盡其力之所能來推廣鴉片貿易。[21]

21【英】格林堡著，康成譯：《鴉片戰爭前中英通商史》，北京，商務印書館，一九六四年版，第九十七頁。

第二節 伶仃洋走私制度

鴉片貿易是人類歷史上最罪惡的行徑之一，是對文明和進步的褻瀆。像潮水般湧到伶仃洋的西洋鴉片，完全是靠走私流佈到古老中國城鄉乃至窮山溝裏去的。所以，它又是一種最不正當、最陰暗的非法交易。但它卻不是祕密走私，而是一項公開的大規模的武裝走私活動。

外國和中國的鴉片販子共同充當了走私罪犯。通過他們所開掘的走私渠道，這股黑色毒流猶如無數支流注入大河那樣，流遍了神州大地。

鴉片究竟怎樣走私，許多具體細節至今仍然鮮為人知。就清方記載而言，道光十一年（一八三一），湖廣道監察御史馮贊勳的奏摺，是目前所知最早也是最為具體的一件。馮贊勳是廣東人，通過調查了解，成了當時真正掌握鴉片走私內幕的少數政府官員之一。他是朝廷的一名言官，在中央政府工作，不像那些了解內幕、但身處督撫地位的地方大員那樣，具有直接間接的干係，所以他便沒有顧忌地把內情上奏給皇帝。奏摺稱：

夷船私帶煙土來粵，……該夷改於附近虎門之大魚山洋面，另設洋船，囤積煙土，稱為鴉片躉；並有夷目兵船，名曰護貨，同泊一處，為之捍衛。然其貨遠在洋面，奸商不敢出洋販買，夷人亦不敢私帶入關，於是，勾通土棍，以開設錢店為名，實暗中包售煙土，呼為大窯口，如省城之十三行、聯興街，多有此店。奸商到店，與夷人議價立券，以憑到躉交貨，謂之寫書。然其貨仍在洋面，難以私帶也，則有包攬走漏之船，名曰快鞋，……來往如飛，呼為插翼。其船星夜遄行，所過關津，明知

> 其帶私，巡丁呼之則抗不泊岸，追之則去已無及，竟敢施放槍炮，勢同對敵，瞬息脫逃，關吏無如之何，懼於重咎，匿不報官，是以白晝公行，肆無忌憚。聞此種快鞋，現有一二百隻之多，凡由躉送貨至窯口者，皆係此等船包攬。……各巡船通同作弊，按股分贓，……而巡船包庇行私，又罪之魁也。其銷售各路，除福建之廈門，直隸之天津，廣東之雷、瓊二府，將貨過船，不須快鞋包帶，然必由窯口立券，方能到躉交貨。其餘各省私販，則必由快鞋包送入口、包送出境，……其由大窯口分銷內地，則有奸民串同各衙頭蠹役，開設私局，是為小窯口，散佈各城鄉市鎮，指不勝屈，所在皆有。[1]

據此可知，鴉片走私已經形成以廣州附近洋面為中心的一套極為嚴密的體制，各有專司，相互溝通，遍及海口內地。通常，人們把它稱為伶仃洋走私制度。現條縷上書所有內容分別簡說如下：

1. 鴉片躉船，在道光十一年間已泊於虎門附近的大魚山洋面，有護貨兵船保護。這說明外國煙販是在各國政府的包庇縱容之下進行這項非法買賣的，所以是公開而非祕密的；

2. 陸地上的走私，有坐莊和行腳兩類。坐莊分大窯口、小窯口兩種。大窯口在廣州，以開設錢店為幌子，經營者大多為擁有相當資產且有一定惡勢力為背景的人，其中也有行商參與；小窯口散佈於內地城鄉，資本似不太大。不論大、小窯口，都與清政府官吏、衙役包庇支持有關。行腳多為各省私販，從大小窯口購買鴉片，轉販各地；

3. 中外走私的聯繫辦法是所謂「寫書」。即購買鴉片的行腳到大窯口與坐商及外國鴉片販子議價立券，然後持券為憑，到鴉片躉船取貨。因之，大窯口等於是鴉片的包銷店與批發部；

1 見《史料旬刊》第三期，北京圖書館出版社影印，二〇〇八年版，第一七七—一七八頁。另見《鴉片戰爭檔案史料》第一冊，第八十五—八十六頁。

4. 出海取貨和持貨進口，都由專門走私船「快蟹」[2]包辦。這種走私船配有槍炮，不分晝夜來回於躉船及海口之間，如遇水師巡船攔阻，即開火拒捕，且航速極快，為師船所不及。但通常情況下，大都與師船官兵達成默契，在師船包庇之下，無阻攔地公然走私。快蟹的數量，在道光十一年時已有一二百隻之多。

根據上述各點，可以將伶仃洋走私制度作出圖解：

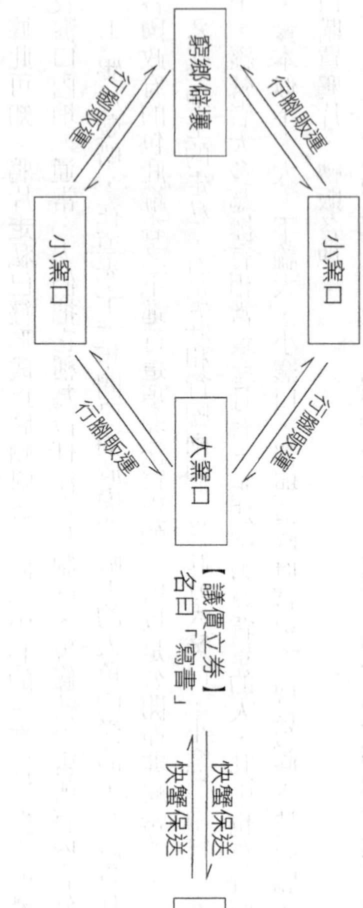

可以想象，配備着槍炮的快蟹，在廣州與鴉片躉之間，往來穿梭，而毒害健康的鴉片也就由海面至口岸、由口岸至全省，直至窮鄉僻壤。在這個運轉過程中，各色人等，包括黃髮碧眼的洋人、大腹便便的行商、道貌岸然的官吏、見錢眼開的衙役、兵丁，坐地分贓的土豪劣紳以及山堂香水的會黨分子等等都捲入其間，組成了一個龐大的走私集團。在這個網絡的每條蜘蛛絲上，沾滿了各種癮君子。

對於上述走私網絡中的某些具體細節，根據中外記載，可以作些補充：

鴉片躉的泊點，常有變動，但大致總以伶仃洋為常泊處所。停泊點變動情況，在道光十一年時，據上述馮贊勳奏稱，泊於「虎門附近之大魚山洋面」。道光十三年以前，鴉片躉船乃全部泊於伶仃洋，僅於每年四五月（即陽曆五六月）間移泊急水門。九月（即陽曆十月）駛返伶仃洋。道光十三年，夷人發現金星門泊船更為安全，是年即「由急水門改泊金星門」。[3]道光十四年，「終歲在伶仃洋及大嶼山等處停泊」。[4]道光十七年「貨船躉船遂於每年南風特旺之時，駛入金星門內洋停泊」。[5]十八年仍在「新安縣之伶仃洋，該洋由澳門遠望可見」，[6]但「每覘風勢順道，於伶仃附近之九州、雞頸、潭仔、尖沙嘴等處洋面，徙泊靡常」。[7]由此可知，鴉片躉以泊於伶仃洋為基本泊所，但在南風到來時常泊於急水門、金星門內洋。泊點的變動不是往外洋移動，而是往內洋移動，這表明鴉片走私是公開性質的，並非祕密交易。

鴉片運到躉船的辦法，並不是由一般貨船裝運，而是由專運鴉片的船隻裝運。約翰．菲力普所寫的《有關中國與東方貿易的專題論文》說：「在最近五六年內，在加爾各答新造了幾艘很好的船，特別為了載運鴉片至中國，航行頗為迅速。」貝西爾．羅卜克說：

2「快蟹」的形制，據梁廷枬《夷氛聞記》稱：「內匪私製船形如蟹，百槳飛運，謂之快蟹」。中華書局，一九五九年版，第二十三頁；據【美】亨特《廣州番鬼錄》說：船身很長，船槳和船尾不相稱，水手數目為六十－七十人，船上配備一尊大炮、鐵鏈、花槍及從外國船上買來的鳥槍；船身油漆光亮。見《鴉片戰爭》（中國近代史資料叢刊）第一冊，第二五五頁。

3《籌辦夷務始末》，道光朝卷一，第二十五頁，鄧廷楨奏。

4《粵海關志》卷二十七，夷商二，第三十二頁。

5《中國叢報》第五卷，一八三七年一月號第三三九頁。

6《籌辦夷務始末》道光朝卷三，第二至三頁，張岳崧奏。

7《籌辦夷務始末》道光朝卷五，第十八頁，鄧廷楨奏。

鴉片艦隊，在它存在的短短的二十五年之間，總計起來不超過一百艘，分為三類，即飛剪船（Clippers）、沿海航船（Coasters）、與躉船（Receiaing Ships）。飛剪船是一種構造特殊的船，可以迎着季候風前進。它們從孟買和加爾各答載運鴉片經新加坡到珠江與香港；回程載運白銀；有時攜帶些高級的中國貨物。在早期，飛剪船把載運的出口貨送到泊於澳門海外伶仃島和金星門等處的躉船上，但自鴉片戰爭後，香港成為它經常卸貨的口岸了。[8]可知飛剪船是負責裝運鴉片到躉船上去的專運船。另外，飛剪船也有將鴉片從躉船裝到其他口岸的任務，據亨德說：那時我們公司有一隻波士斯飛箭快船，名叫「玫瑰號」，這隻船在一八三七年正要將我們公司在廣州賣妥的一批鴉片運到南澳交貨，「另外還帶去若干箱鴉片試賣。整船的貨量差不多有三百箱，以廣州估價計三十萬元。」[9]

武裝走私船快蟹的裝備是很精良的。馮贊勳奏摺稱：「包攬走漏之船，名曰快蟹。船之大可容數百石，帆張三桅，兩旁盡設鐵網以禦炮火，左右快槳凡五六十，來往如飛，呼為插翼。」[10]船上乘員「每艇壯丁百數十人」。[11]足見船隻還是很大型的。但西方記載中這些快蟹並不很大：「這些走私船裝有迴旋炮、槍矛、盾牌之類，搖槳疾行，有時鼓帆疾駛，船上配有精幹水手三四十人。」[12]另一種記載稱「水手的數目有六七十人……船上的武器是船頭的一尊大炮，還有旋轉炮、矛槍以及從外國買來的燧發槍。這些『走私船』和中國水師巡船的不同之處是，船的武裝較弱，水手較少，並且船身油漆得很光亮，而不是油成官方水師船的『黑與紅』的顏色。」[13]從上述記載中可以得出大體形象是：快蟹（或稱扒龍）是一種容量不大，每船乘員自三四十、六七十人至百數十人不等。裝備着槍炮，旁舷裝有鐵網，船體漆得光亮，與水師不同顏色，很容易識別。

走私體制中的「寫書」，馮贊勳所說是中方記載中較具體的資料。其他的記載也有述及。如道光十六年許乃濟奏中稱：「有省城包買戶，謂之窯口。由窯口兌價銀於夷館，由夷館給票單，至躉船取貨。」[14]但外人的記載更加具體：

鴉片船泊於伶仃，中國經紀人至廣州各鴉片承銷商處，講好他們所要鴉片的數量，毋須看任何樣品，僅憑牌號，由出售者保證，出售商於是填寫簡短的發貨單，交鴉片躉船管理員，照議定數量發貨。該項發貨單經簽字加印，再摺成一封小函件的形式，外面寫上收信人地址，再簽字加印，即送交買主，買主以銀元付價款。……上面所述填就的發貨單，一般均須經數人之手，最後交到一艘中國走私船的負責人。……這船攜帶發貨單至伶仃島鴉片躉船，將發貨單交給該船管理員，取得鴉片，賣者即從此不負風險。這些中國人即行將各鴉片箱打開，每箱鴉片改裝入兩個蒲包之內（每包二十球）搬上他們的船，運往目的地。[15]

8 貝塞爾．羅．克：《鴉片飛剪船》第十三—十四頁。

9 【美】W.C.亨德著，林樹惠譯：《廣州番鬼錄》，見《鴉片戰爭》（中國近代史資料叢刊）第一冊，第二五六頁。

10 《清代外交史料》，道光朝四，轉引自姚賢鎬編《中國近代對外貿易史資料一八四〇—一八九五》，中華書局，一九六二年版，第一冊，第三二七頁。

11 《粵海關志》卷二十七，「夷商」二，第三十二頁。載《續修四庫全書》（八三五．史部．政書類），上海古籍出版社，二〇〇二年版，第一九〇頁。

12 約翰．菲力浦：《有關中國與東方貿易的專題論文》，轉引自姚賢鎬編：《中國近代對外貿易史資料一八四〇—一八九五》，中華書局，一九六二年版，第一冊，第三三一頁。

13 同上書，第三三四頁。

14 《籌辦夷務始末》道光朝卷一，載沈雲龍主編：《近代中國史料叢刊》第五十六輯，臺灣，文海出版社印行，第四十頁。

15 約翰．菲力浦：《有關中國與東方貿易的專題論文》，轉引自《中國近代對外貿易史資料一八四〇—一八九五》，第一冊，第三三一頁。

還有記載稱：「如果票單沒有在七天以內送到，每箱鴉片便須付規費五元和停泊過期費二元，給鴉片躉船的船長。」這些款子必須在走私船上的負責人提取鴉片時照付。[16]

鴉片走私中心當然是在廣東，但福建也是重要地區。亨德說：「鴉片貿易的另一分支在東海岸，有幾隻屬於廣州兩個洋行的中型船隻，停泊在廈門、泉州、碣石及南澳島附近。它們由雙桅横帆船及小型帆船供給鴉片（從事這種業務的一切船隻都稱為『沿岸貿易船』）。」[17]

鴉片走私遍及全國。據美國學者張馨保的研究，從廣州到其他省份有三條鴉片走私的路綫。一條是從廣州向西，通過肇慶，然後經西江水道運往廣西和貴州；一條向東，通過惠州、潮州，運往福建；一條向北，集中於曲江（韶州）和婺源，然後通過樂昌轉入湖南，通過南雄轉入江西。除廣州口岸外，鴉片走私船也在福建沿海活動頻繁。其中，泉州、漳州是走私中心；福建南部的詔安，則是當地鴉片販子從陸路通往廣東汕頭地區的走私中心。詔安幫煙販除陸路走私外，還在閩廣交界的南澳島上直接與外國煙販獲得煙土。泉漳地區的煙土通過福州向北運往浙江溫州，向西通過延平運往浙西和贛東；漳州和詔安地區的煙土往東北方向運至延平或向西運至贛南。湖南、江西、浙江各省的煙販則把來自福建、廣東的煙土運到長江流域和北方諸省。[18]

對於這樣的走私路綫，清政府的官員們基本上是清楚的。道光十八年（一八三八）富呢揚阿奏稱：

查夷船載運煙土至廣東黃埔、老萬山二處停泊，內地奸商分設窯口接運。其大宗由海道至福建、浙江、江南、山東、天津、關東各海口，而各海口又各有專司收囤轉販之戶。其由內河興販至南北各省，盈箱累笥，載以舟車，實繁有徒。[19]

即以江蘇上海而論，自廣東運來煙土，「至上海縣入口，轉販蘇州省城並太倉、通州各路；而大部分歸蘇州。由蘇州分銷全省及鄰境之安徽、山東、浙江等處地方」。[20]

就這樣，外洋鴉片通過各省各地的大小窯口，流入到中國的窮鄉僻壤，那些專司販賣的走私者、幫會人物和煙舖老闆，結成了一張密如蛛絲的走私網，黏住了數以百萬計的癮君子，當作他們的獵物，一點一滴地吸乾着煙鬼們的金錢和膏血！

以上某些環節雖不全面，具體內容也不細緻，但就走私制度的基本面貌來說，足以證明鴉片走私的猖獗和可怕了。這股洶湧而來的黑色毒流，它的每一次泛濫都牽動着朝野人士的神經，迫使朝廷作出必要的反應。

16 羅卜克《飛剪船》，轉引自《中國近代對外貿易史資料一八四〇—一八九五》，第一冊，第三三三頁。

17【美】亨德：《廣州番鬼錄》，轉引自同上書，第三三五頁。

18【美】張馨保著，徐梅芬等譯：《林欽差與鴉片戰爭》，福建人民出版社一九八九年版，第三十五—三十六頁。

19《籌辦夷務始末》道光朝，卷三，第十頁載《續修四庫全書》（四一四·史部·紀事本末類），上海古籍出版社，二〇〇二年版，第四十四頁。

20《籌辦夷務始末補遺》，道光朝，第四冊，第九四五頁。

第三節　耗財傷身莫此為甚

在道光十九年這個本該喜慶的年份，最使道光帝煩心的莫過於鴉片問題了。自他接位以來，鴉片泛濫，煙毒日深；白銀外流，民生困頓。朝野內外對此議論紛紛，攪得皇帝為之寢食難安。

其實，鴉片問題早在先帝在位時已成了朝廷頭痛的問題，民間私議和官員奏章屢有論及。首先是吸煙的人愈來愈多，階層愈來愈廣。最初，吸食者都是貴族、地主、官僚和大商賈等有錢人。後來，依附於統治階級的各種人物如太監、衙門書吏、差役、軍官、士兵漸次捲入。最後，連下層社會的僧尼道士，妓女乞丐，平民百姓也都抽吸，全國上下形成了一個廣泛的吸煙群。道光十一年刑部奏摺稱：

> 竊查鴉片來自外洋，其始間由劣幕奸商私自買食，浸浸而貴介子弟，城市富豪，轉相煽誘，乃沿及於平民。臣每遇士大夫留心訪查，據云：現今直省地方，俱有食鴉片之人，而各衙門為尤甚。約計督撫以下，文武衙門上下人等，絕無食鴉片者，甚屬寥寥。[21]

黃爵滋在道光十八年的奏疏中，也說其初不過紈絝子弟習為浮靡，「嗣後上自官府縉紳，下至工商優隸，以及婦女，僧尼道士，隨在吸食，置買煙具，為市日中」。[22]據統計，道光十五年全國抽吸鴉片的人數約在二百萬以上，地區遍及十幾省。由於鴉片中含有嗎啡鹼，有催眠作用，吸者極易上癮，所以這二百萬人絕大多數成了難於戒絕的癮君子。

對於吸煙之害，有識之士或作詩歌諷勸，或撰文抨擊，痛說其狀之可憫，其行之可憎，藉以覺人警世，一時竟形成為「鴉片文學」的奇觀。清人俞蛟在所著《夢廠雜著》中描述吸煙成癮的情況說：「癮至，其人涕淚交橫，手足萎頓不能舉，即白刃加於前，豹虎逼於後，亦惟俯首受死，不能稍為運動也。」[23]俞正燮著文描述久吸成癮的情狀稱：「吸煙久，其人必畏葸庸瑣，激之亦不怒，由其精華竭也。」[24]諷詠鴉片危害的詩詞歌謠，為數尤多，對癮君子們的慘狀描寫得栩栩如生。如《香蘇山館集》中有《洋煙行》三首，其中《詠吹煙》一首寫道：「雙枕對眠一燈紫，似生非生死非死。疲肩聳山鼻流水，見者咸呼鴉片鬼。」[25]此詩作者吳蘭雪是江西東鄉人，嘉慶五年舉人，由內閣中書官黔西知州。此詩約作於嘉慶中期，可知那時已有了「鴉片鬼」的名稱了。

鴉片的流毒嚴重地摧殘了中國人的健康，鴉片走私又大量捲走了中國的白銀。

鴉片走私是採取現金交易的。這就使得走私愈猖獗，中國的白銀愈外流，兩者成正比例發展。根據統計資料所示，當流入中國的外洋鴉片保持在一萬箱左右的幅度時，廣州口岸白銀出入口情況仍對中國有利，每年平均入超約一百五十萬兩至二百萬兩左右；而當外洋鴉片自一八二八年起，以平均每年一萬八千——三萬五千餘箱為幅度急劇上升時，廣州白銀的流出入情況就發生逆轉，中國大量流出白銀，每年平均在二百萬至三百萬兩左右。一八三五年後，這一趨勢更加發展。以下是一八〇〇——一八三五年間，廣州口岸白銀流出入量與外國鴉片輸華量的對照表：

21《刑部奏酌加買食鴉片煙罪名》，《鴉片戰爭》（中國近代史資料叢刊），第一冊，第四一四頁。
22《黃少司寇奏疏》，《鴉片戰爭》（中國近代史資料叢刊），第一冊，第四六三頁。
23 雷瑨輯：《蓉城閒話》，同上書、冊，第二九六頁。
24 俞正燮：《癸巳類稿．鴉片煙事述》，同上書、冊，第二八九頁。
25 雷瑨輯：《蓉城閒話》，同上書、冊，第二九九頁。

表 4-4

年　度	鴉片輸入量（箱）	白銀流入量	白銀流出量	白銀出（+）入（−）超
1800—1801	4 570	440 103		−440 103
1801—1802	3 947	1 077 130		−1 077 130
1802—1803	3 292	2 508 480		−2 508 480
1803—1804	2 840	4 385 614		−4 385 614
1804—1805	3 159	3 727 114		−3 727 114
1805—1806	3 938	2 391 840		−2 391 840
1806—1807	4 306	3 006 720		−3 006 720
1807—1808	4 358	2 444 420	2 431 490	−12 910
1808—1809	4 208	2 183 040	1 346 400	−836 640
1809—1810	4 593	158 400	1 126 553	+968 153
1810—1811	4 968	3 400 560	1 009 772	−2 290 788
1811—1812	5 091	1 731 600	834 253	−897 743
1812—1813	5 066	1 432 800	/	−1 432 800
1813—1814	4 769	443 520	/	−443 520
1814—1815	3 673	/	/	/
1815—1816	4 310	1 238 472	/	−1 238 472
1816—1817	5 106	3 944 943	/	−3 944 943
1817—1818	4 140	3 452 400	2 822 400	−630 000
1818—1819	4 359	4 032 720	4 383 849	+351 129
1819—1820	4 186	5 338 080	1 772 258	−3 565 822
1820—1821	4 244	6 516 780	1 004 400	−5 512 380

1821—1822	5 955	2 190 240	1 282 003	−908 237
1822—1823	5 822	3 690 000	168 912	−3 521 088
1823—1824	7 222	5 305 843	1 885 320	−3 420 523
1824—1825	9 066	2 994 736	1 255 217	−1 739 519
1825—1826	9 373	4 697 640	3 125 520	−1 572 120
1826—1827	12 231	4 122 144	2 893 680	−1 228 464
1827—1828	11 154	1 325 641	4 388 145	+3 062 504
1828—1829	13 868	1 901 016	3 386 305	+1 485 289
1829—1830	16 257	558 648	4 863 868	+4 305 220
1830—1831	19 956	860 648	4 748 620	+3 887 970
1831—1832	16 550	143 752	2 896 562	+275 810
1832—1833	21 985	1 831 443	3 712 134	+1 880 691
1833—1834	20 486	506 174	4 846 763	+4 340 589
1834—1835	21 885			

本表據【美】馬士著，張匯文等譯：《中華帝國對外關係史》，第一卷第二三八—二三九頁附表及嚴中平等編：《中國近代經濟史統計資料選輯》，科學出版社，一九五五年版，第三十三頁，表二十六編製而成。

從上表可以看到，截至十九世紀二十年代末，中國廣州口岸流出入白銀的趨勢一直是入超的，只有極個別年度出超。從一八〇〇—一八二七年的二十七年中，鴉片輸華量基本上穩定在一萬箱以下，這表明，當時中國市場吸收鴉片的最大容量應在萬箱左右，在這個數字上，中國大體上仍可有大約一百萬至一百五十萬兩白銀輸入，中國財政還可以保持略有節餘，中國的進出口貿易還可以保持出超（包括鴉片貿易）。但是從一八二七年以後，中國白銀流出趨勢，因鴉片大量輸入而逆轉，每年都有二百萬至四百萬兩出超。問題的嚴重性也就日益暴露了。

就中英貿易狀況考察，問題比上述情況更嚴重。

東印度公司在對華貿易中，很早就停止了輸入白銀於中國，這與鴉片大量輸華有關。一八〇五－一八一四年，一八一七－一八二〇年，一八二二－一八二三年，一八二四－一八三四年，共二十四年中，東印度公司沒有一塊銀元流進中國，這在一八〇〇－一八三四年的三十四年中佔了四分之三以上的時間，而上述廣州白銀的出口流向，主要是流入東印度公司和公司職員的口袋中。

以上僅僅是廣州白銀流出入的統計。就全國白銀流入量來說，一八一四－一八一五年度，中國流向印度的白銀已達一百二十萬餘兩，以後逐年增長，到一八三三年以後，每年流向印度的白銀一直在三百七十萬兩左右，而到鴉片戰爭前夕的一八三九－一八四〇年竟高達六百一十三萬九十餘兩。[26]這是一個龐大的數字，約佔當時清政府全年收入的六分之一。

對於白銀的外流問題，清政府有一個逐步認識過程，這個過程也是與鴉片大量輸入、白銀大量外流成正比例發展的。

嘉慶中葉以前，清政府的官方文件中，還沒有對鴉片輸入與白銀外流之間的內在聯繫有所反映，[27]這與當時鴉片保持在每年平均四千餘箱的情況有關。嘉慶十九年（一八一四）戶部左侍郎蘇楞額的奏摺裏，已經開始提到白銀流出的問題：「今年以來，竟有夷商賄連洋行商人，藉護貨夷兵盤費為名，將內地銀兩絡繹偷運，每年約計竟至百數十萬之多。」[28]但他只提是夷船偷運，還是沒有提到鴉片與白銀外流的關係。道光二年（一八二二）貴州道監察御史黃中模的《嚴禁海洋偷漏以裕民生摺》中，已經模糊地感受到白銀外流與鴉片走私有關：「臣更聞邇來洋商與外夷勾通販賣鴉片煙，海關利其重稅，遂為隱忍不發，以致鴉片煙流傳甚廣，耗材傷生，莫此為甚」。但他仍把白銀外流的主要原因歸之於洋商違反定例，以銀收買洋錢與茶客交易。[29]這種認識是與鴉片尚未超過中國市場的吸收能力有關。因為在一八二二年以前，鴉片流入中國平均每年仍在四千箱左右。整個地說，中國白銀就廣州口岸統計，還處於入超階段。

直到道光九年（一八二九），御史章源的奏摺才第一次明確地指出鴉片走私與白銀外流的關係：「至鴉片煙一物，流毒尤甚，該夷偽標他物名色，夾帶入粵，每歲易銀至數百萬兩之多，非尋常偷漏可比。」[30]這一年鴉片輸入已達到一萬六千五百餘箱，超過了中國市場的吸收能力。所謂「每歲易銀」，從統計數字來看，鴉片輸華自一八二六年起已超過萬箱水準，而一八二七—一八二九年，每年出超白銀已在一百五十—三百萬之間了。從這一年開始，清朝的奏摺、上諭中，便不斷提到白銀外流的日益嚴重，並越來越把白銀外流與鴉片輸入聯繫在一起進行考察了。

白銀大量外流，直接影響到人民生活。因為中國是實行銀錢兩級幣制的，白銀外流，使銀貴錢賤的趨

26 嚴中平等編：《中國近代經濟史統計資料選輯》，科學出版社，一九五五年版，第三十四頁，表二十七。

27 嘉慶四年（一七九九）兩廣總督覺羅吉慶的奏摺中已提到這一問題：「以外夷之泥土，易中國之貨銀」云云，但原奏未見，不能了解他對這個問題的看法達到了什麼程度。

28 北京故宮博物院編：《清代外交史料》嘉慶朝，卷四，第六頁。

29 同上書道光朝，卷一，第十四頁。

30 同上書道光朝，卷三，第五頁。又中國史學會主編：《鴉片戰爭》（中國近代史資料叢刊）第一冊，第一四九頁。

勢日漸嚴重。[31]人民負擔也隨之加重。銀貴錢賤還影響了商品交換的發展，市場上缺乏支付手段的主要硬通貨，這就使商業委頓，經濟疲軟。所以林則徐曾奏：「臣歷任所經，如蘇州之南壕，湖北之漢口，皆闤闠聚集之地，疊向行商舖戶，暗訪密查，僉謂近來各種貨物，銷路皆疲，凡二三十年以前，某貨約有萬金交易者，今只勝（剩）得半之數，問其一半售於何貨，則一言以蔽之曰：鴉片煙而已矣」。[32]林則徐所說的蘇州商業委頓，正是煙毒泛濫、白銀被鴉片吸收的結果。早在嘉慶二十五年（一八二〇）時，包世臣就說到蘇州吸煙之盛。他指出：「即以蘇州一城計之，吸鴉片者不下十數萬人。」[33]所以，到道光十八年（一八三八）林則徐途經蘇州作調查訪問時，出現這種情況，確非偶然。

煙毒泛濫，白銀外流，對清王朝的財政收入是個十分鉅大的威脅。朝廷內外的有識之士，對此早就十分憂慮。清廷為了維護統治秩序，對此也感到十分緊張。在全國人民反對鴉片走私的強烈願望和要求下，在一部分關心國計民生的朝野官員的呼籲禁煙的聲浪中，清王朝不得不開始考慮這個問題。

31 白銀外流下的中國銀錢比價一覽表

年　度	銀一兩合錢（文）	比例（一八二一年為 100）
1798（嘉慶三年）	1 090.0	86.1
1800（嘉慶五年）	1 070.4	84.5
1820（嘉慶二十五年）	1 226.4	96.8
1821（道光元年）	1 226.5	100.0
1833（道光十三年）	1 362.8	107.6
1834（道光十四年）	1 356.4	107.1
1835（道光十五年）	1 420.0	112.1
1836（道光十六年）	1 487.3	117.4
1837（道光十七年）	1 559.2	123.1
1838（道光十八年）	1 637.8	129.3
1839（道光十九年）	1 678.9	132.6
1840（道光二十年）	1 643.8	129.8

（資料來源：《中國近代對外貿易史資料》第一冊，第三四六頁，另見《中國近代經濟史統計資料選輯》第三十七頁。）

32 林則徐：《錢票無甚關礙宜重禁吃煙以杜弊源片》，中國史學會主編：《鴉片戰爭》（中國近代史資料叢刊）第二冊，第一四〇－一四一頁。

33 包世臣：《安吳四種》，中國史學會主編：《鴉片戰爭》（中國近代史資料叢刊），第一冊，第五三七頁。

第五章

大清帝國的反應

第一節　嘉道年間的禁煙

對於道光皇帝來說，這樣一個關係到國計民生的大問題自不能等閒視之，不聞不問。事實上，他自接位以來，何嘗不想把這股黑色毒流遏止下去，以完成先帝未竟的宏願呢？然而，外而鴉片不絕，內而誹議叢生，鴉片問題竟成了朝廷急需解決的頭等大事！每當他想起先帝厲禁洋煙的事來，總感到自己有責任要堅持到底，但現實則使他深感棘手，左右為難。他曾經不止一次地回顧先帝禁煙的措施和自己的政策，覺得自己在做法上並沒有錯誤，但為什麼只有少數幾個漢員支持，而不少滿族大員並不熱心呢？就連自己深為依靠的首揆穆彰阿，也態度曖昧，令人摸不準頭緒。撫今憶昔，他對先帝的果斷作風，充滿了敬慕之情。正是先帝不顧祖宗成法，毅然修改對待鴉片入口抽稅的老例，申令禁煙，才使鴉片貿易成為非法，維護了國家的尊嚴和朝廷的權威。

朝廷對鴉片的申禁，最早要追溯到雍正七年（一七二九）。那年，雍正皇帝眼見煙毒蔓延到了王公貴族和世家子弟，感到不禁不行，便下令禁止鴉片興販，規定：興販者，「照收買違禁貨物例，枷號一月，發近邊充軍」；開館者，「照邪教惑眾律，擬絞監候」；附從者，「杖一百，流三千里」。[1]這是鴉片貿易史上，中國政府的第一道禁令。但雍正爺的這道禁令，不僅未定吸食者之罪，而且也沒有禁止鴉片進口，仍允許以「洋藥」照常抽稅放入。乾隆皇帝在位期間，一準抽稅入口的老例，只在稅則上作了些改動。乾隆二十年（一七五五），規定每斤鴉片估稅價五錢，即每百斤五兩。[2]較之前例每百斤稅三兩提高的幅度較大，但相對其他貨物稅仍屬輕稅。稅是提高了，鴉片的入口數量不惟沒有減少，反而日見增加。到乾隆末年，已由雍正朝每年平均兩百箱左右增至每年平均四千箱，增加了二十倍。這說明，企圖以加重稅則的辦法遏止鴉片流入是不行的。嘉慶皇帝有鑒於此，甫告接位，便不顧住在養心殿的太上皇乾隆爺會如何不快，下令停徵鴉片稅，禁止外洋鴉片入口。四年以後即一八〇〇年，再申禁令，並嚴禁國內種植罌粟。於是，從明代以來作為「洋藥」入口的鴉片貿易，從嘉慶元年起成了非法，外國的鴉片躉船也從泊於黃埔不得不避到了伶仃洋及急水門洋面。

老皇帝對鴉片的態度是嚴峻的。作為父皇最得寵的王子旻寧，由於已經成年並且正在父皇指導下熟悉經國大政，所以對嘉慶一朝的各項禁煙措施記憶猶新，更對其中發生的若干件事情印象深刻。嘉慶十五年（一八一〇），京師廣寧門一帶巡役，盤獲了一個楊姓人犯，搜出身藏的六盒鴉片煙。事情由步軍統領、五城御史奏到朝廷，嘉慶帝勃然色變。以往只聽說廣東有人興販，如今在堂堂京師居然也有鴉片販子，足見癮君子愈來愈多。皇上當即頒發上諭，明白指出：「近聞購食者頗多，奸商牟利販賣接踵而來」，必須痛加禁止。雖然崇文門專理稅務，但僅於所屬口岸地方稽查，恐怕無法周到。上諭責成步軍統領、五城御史必須在京師各門嚴密訪緝，並於閩粵產地禁止種植罌粟，以斷來源。[3]這道禁令，不僅涉及興販，也是朝廷第一次明令禁止國內種植，這就使洋煙、土煙一起成了非法買賣。

緊接着，第二年又發生了廣東巡船藉緝私為名，勾結私販包運鴉片的醜聞。嘉慶帝命兩廣總督松筠等嚴定章程，規定凡設有巡船的州縣，都需將所管地域及巡役姓名造冊，一旦出事，該管司道即按冊限期緝捕，若發現有訛索私運等事，參照本律治罪。[4]

1 李圭：《鴉片事略》，中國史學會主編：《鴉片戰爭》（中國近代史資料叢刊），第六冊，第二〇六頁。

2 同上。

3《著步軍統領等於京城各門嚴查鴉片煙物事上諭》，中國第一歷史檔案館編：《鴉片戰爭檔案史料》第一冊，天津古籍出版社，一九九二年版，第一頁。

4《著兩廣總督松筠等嚴定章程防範官匪勾結包運鴉片等物事上諭》，《鴉片戰爭檔案史料》，第一冊，第四頁。

嘉慶十八年（一八一三），朝廷發覺侍衛官員及太監人等違禁吸食鴉片，皇帝命刑部定立科條。經刑部議奏，凡侍衛官員買食鴉片煙者，革職、枷一百、枷號兩個月；軍民人等枷一百、枷號一個月。皇帝均依議，命照此辦理。對於太監吸食鴉片煙，命總管內務府大臣先行曉諭，如有犯禁者，枷號兩個月，發往黑龍江給該處官員為奴；上諭並嚴飭廣東、福建、浙江、江蘇沿海各關不准私徵鴉片煙稅，違者，管關監督先行革職，朝廷重治其罪。[5]

翌年，京城又查出廣東貢生盧贊攜帶鴉片一案。嘉慶帝從中悟出杜絕外洋鴉片來源，「較之內地紛紛查禁，實為事半功倍」。[6]因此，上諭命令認真查禁海口，規定外人攜帶走私，一旦查出必須按中國例律治罪。[7]

嘉慶二十年，又在崇文門拿獲私販，作案者是駐防廣州的正紅旗滿洲驍騎校興亮。他在去年隨廣州副都統蕭昌進京時，頓起私販鴉片獲利的歹意，即湊借銀一百四十兩，在廣東購進洋煙十四罐共重十一斤，隨帶進京。為防查獲，興亮僱人偷帶入城，由永定河冰上潛過蘆溝橋，行至小井地方，即為兵役盤獲，解至崇文門，供出興亮等人。於是連同興亮等一起解刑部審訊，各犯均供認不諱。[8]此案最後以興亮遣戍新疆了結。此外，廣州將軍本智以揀派不慎，粵海關監督祥紹以查禁疏蹤的過失，被交部議處。[9]一個煙販牽連了兩位大員，朝廷的處置不能說不嚴。

不久，兩廣總督蔣攸銛、廣東巡撫董教增聯銜上奏，報告香山縣拿獲了販賣鴉片的奸商朱梅官等十二人。該朱梅官等在澳門從洋人手中買得鴉片煙泥一百二十個，每個約重二斤七八兩，然後在洋面轉手販賣，共得銀三千八百四十元。廣東地方當局按興販罪將朱犯等枷號一個月，發近邊充軍。[10]同時，主動奏請訂立《查禁鴉片煙條規》，主要內容有二點：一、嗣後洋船運貨到澳，應先開單報明各貨，待查驗後始准卸載，俟售貨時納稅；二、獎賞拿獲煙犯之人，賞銀著失察的地方官賠繳，但仍需將失察職名諮部議處。[11]皇帝同意了蔣攸銛等擬定的條規，並命總督在執行前向外商宣佈查禁原因及懲辦辦法，不准外商夾帶銷售，「如一船帶有鴉片，即將此一船貨物全行駁回，不准貿易。若各船皆帶有鴉片，亦必將各船貨物全行駁回，俱不准其貿易，原船即逐回本國。」[12]根據這個條規，中國第一次向外商宣佈了將對來華貨船實行檢查的措施。

很明顯，先帝在鴉片問題上的努力，着眼於「杜絕來源」，即既不准外商夾帶鴉片入口，也不准國內種植罌粟、自熬土煙；同時，對興販、吸食也作了規定。方針是很正確的。因為不斷來源，無以斷根，不治興販、吸食，不能剪枝；只有治本，才能治標。從效果上看，黃埔的鴉片躉不見了；鴉片的輸入年均增長幅度確實不算大。若從嘉慶五年起算，到十六年的十一個年頭中，平均每年輸入四千零一十六箱；自嘉慶十六年到道光元年的十年裏，平均每年輸入四千四百九十四箱。兩者相比，每年只增加四百八十八箱，看來，數量也還是被有限度地控制住的。當然道光皇帝絕不會知道這些數字，但他完全可以從自己在位時期的現狀中直覺到先帝禁煙業績的。

歷史地看待嘉慶一朝的禁煙，應當肯定這位萬歲爺的決心和魄力，肯定取得的成績，而不是籠統地說

5《嚴禁侍衛官員太監買食鴉片並嚴查鴉片煙販事上諭》，《鴉片戰爭檔案史料》第一冊，第七頁。
6《清代外交史料》，嘉慶朝，卷四，第二十九至三十頁。
7《著粵海各口認真查禁鴉片煙上諭》，《鴉片戰爭檔案史料》第一冊，第十二頁。
8《刑部奏報審擬私帶鴉片之驍騎校興亮摺》，《鴉片戰爭檔案史料》第一冊，第十三—十四頁。
9《廣州驍騎校興亮私販鴉片一案之該管將軍本智等員交部議處事上諭》，同上書、冊，第十五頁。
10《兩廣總督蔣攸銛等奏為審擬朱梅官等私賣鴉片煙案情摺》，同上書、冊，第十五頁。
11《清代外交史料》，嘉慶朝，卷四，第二十九頁。
12《著兩廣總督蔣攸銛等曉諭洋商嚴禁夾帶鴉片等事上諭》，《鴉片戰爭檔案史料》第一冊，第十八頁。

清代禁煙沒有成效。但就朝廷禁煙的目的「斷其來路」看，外洋鴉片走私並未斷絕，內地罌粟仍在種植；從治興販、吸食看，興販、吸食仍在蔓延。「本」與「標」俱未根治，這也是事實。不過，這已不是嘉慶皇帝所能負責的了，貪婪的外國煙販，見利忘義的中國走私犯，嗜煙如命的各色癮君子，連同腐爛了的天朝體制，這一切，再英明的君主也莫可如何。嘉慶帝作為鴉片貿易史上第一個敢於正視現實、破除祖宗成法、嚴厲禁煙的清朝皇帝，實在是應該受到表揚而不應該挨板子的。

因為是第一個，認識就不可能很全面、周詳。綜觀嘉慶一朝禁煙的動機，僅僅叢集於健康因素，還未能從危及國家上着眼。從嘉慶元年到二十二年，這位萬歲爺共頒發了九道禁令、上諭和規條，視其內容，幾乎很少將鴉片走私與白銀外流的關係擺在首要位置上，而較多地着眼於揭發鴉片煙的毒害性。所謂「鴉片煙性最酷烈，食此者能驟長精神，恣其所欲，久之，遂至戕賊軀命，大為風俗人心之害」；[13]「無賴之徒私行買食，往往沉迷陷溺，伐性戕生，大為風俗人心之害」[14]等等，都是告誡諄諄的警語。所以，嘉慶朝的禁煙，彷彿是一個道德自救的行動，雖然帶着聖潔的光環，卻不能感化外國煙販，也不能使癮君子們皈依。

誠然，朝廷曾多次頒發過禁銀出洋的詔令：嘉慶四年（一七九九）、十四年（一八〇九）、十九年（一八一四）、二十年（一八一五）、二十三年（一八一八）都發佈了銀禁的上諭，除一件例外，其餘都是把紋銀虛耗說成了由於西洋奇巧貨物「巧賺」而去，或說是「夷商偷運」及洋銀換折所致，並沒有提及鴉片捲走的癥結。

所謂一件例外，是指嘉慶四年（一七九九）時任兩廣總督覺羅吉慶的覆奏。這件覆奏原文，目前尚未發現，但從道光十六年（一八三六）兩廣總督鄧廷楨的奏摺中所引吉慶的建議可以看出，這位宗室覺羅已經朦朧地覺察了鴉片走私和白銀外流的關係。鄧摺的原文說：

嘉慶四年，前督臣覺羅吉慶議，以外夷之泥土，易中國之貨銀，殊為可惜，且恐內地人民輾轉傳食，廢時失業，奏請不許販賣，犯者擬罪，遞加至徙流繯首，立法不為不嚴。[15]

在鴉片貿易上，吉慶是第一個感到鴉片捲走白銀，危害國計民生，主張嚴禁的人物，確乎有卓越的識見。不過，由於當時朝廷對鴉片走私需現金交易，走私與白銀外流的關係不甚了然，他的識見未能引起重視。所以當我們歷史地評價嘉慶朝的禁煙時，只能得出：一個正確的認識往往需要經過多次實踐才能形成的結論。嘉慶一朝是歷史上第一個由政府推動的禁煙階段，認識的不周詳，是無可指責的。

慶父不死，魯難未已。鴉片走私未能在嘉慶朝根除，它像長在肌體上的毒瘤那樣，勢必要惡性膨脹。到道光朝時，再要除去，非得有堅定的意志和動大手術不可了。

道光皇帝自接位起是繼承了先帝禁煙政策，並身體力行地加以貫徹的。二十年內，他曾不斷地調整禁煙對策，力圖達到禁絕鴉片的初衷。從道光朝禁煙政策的演變、內容和方法上考察，似乎經歷着一個肯定——否定——否定之否定的螺旋式上升運動。即肯定嘉慶朝斷其來路的方針，禁止鴉片進口——否定斷其來路，轉向遏流，採取嚴懲分銷的政策——否定遏流方針，轉向正本清源，採取嚴懲吸食以正其本，同時斷其來路以清其源。[16]

13《著步兵統領等於京城各門嚴查鴉片煙物事上諭》，《鴉片戰爭檔案史料》第一冊，第一頁。

14《著兩廣總督蔣攸銛等曉諭洋商嚴禁夾帶鴉片等事上諭》，同上書、冊，第十八頁。

15《籌辦夷務始末》道光朝，卷一，載《續修四庫全書》（四一四．史部．紀事本末類），上海古籍出版社，二〇〇二年版，第十二頁。

16 關於道光朝的禁煙方針演變，前人如郭廷以已在《近代中國史》中有所論及。我基本上同意郭說，但在具體表述上略有不同，即把這個演變放到方法論的角度上加以考察，力圖將清代禁煙作為一個完整的認識過程予以分析。

斷其來路，亦即塞源或清源，是嘉慶朝禁煙的基本方針。但在實際執行過程中，反而出現了重流輕源的傾向，較多地把精力放在查禁興販上，對外洋鴉片流入的查禁，由於地方官、行商、緝私官兵受賄貪腐，以及外國鴉片販子的欲壑難填而未能奏效。先是，兩廣總督阮元在道光初年《申明嚴禁鴉片事例》一摺中，重新提出了源流關係。他認為「不塞其源，其流終不能止息」。認為向來查禁鴉片無大效果，「推其原故，由一切防杜之法，多行於鴉片已入內地以後，不能行於鴉片未入內地以前」；造成煙毒泛濫的重要原因，是行商「只圖見好於夷人，不顧內地之受害」。因此，他力主必須對行商嚴加管教，不准其徇情隱瞞，責令其遵旨杜絕，「如此官商同心合力辦理，縱不能一時全行斷絕，而遠夷聞風忌憚，再歷數年，竟可冀此風漸息。」[17]阮元對源流關係的分析是正確的，但他既然看到了行商在鴉片走私商的可惡和卑劣，又要俾之以糾察之任，不啻與虎謀皮。這種矛盾主張，反映了要執行塞源方針和能否真正塞源之間的矛盾現實。既然政府無法具備切實塞源的條件，那只能在夾縫中求生，提出讓行商監督洋商一法了。

阮元的建議，得到了皇帝的批准，行商表面上負起了「認保輪查」的責任。結果，自然不能塞源，只是使鴉片走私貿易從黃埔移到了伶仃洋面而已。「自此，鴉片躉船盡徙之伶仃洋，其地水路四達，凡福建、浙江、天津之泛外海者，就地交兑，其銷數之暢如故」。[18]阮元卻因鴉片躉易地而心滿意足，他在道光三年的一份奏報中告訴皇帝：「現在內港及黃埔、澳門、虎門各海口，尚無偷運」，「惟外海地方，潛行販賣，越入各省，不能保其必無」。[19]內港偷運通過走私仍舊進行，卻說成「尚無偷運」；外洋走私分明猖獗，卻輕描淡寫地說成「不能保其必無」。阮元的奏摺，正是歷來下屬向上級報喜不報憂的官樣文章的一個例證。

行商認保輪查，絕不能做到斷其來源。從道光元年到八年，鴉片年均輸入九千餘箱，超過了嘉慶朝平均輸入量的一倍半；白銀的流出，從道光三年到九年，年均在三百五十—四百萬之間，最高年度達到了六百萬元以上。銀兩短缺、銀價日增的老問題又被提了出來。道光九年，御史章沅為之上奏呼籲，指出外商夾帶鴉片入粵，「每歲易銀至數百萬兩之多，此豈尋常偷漏可比？」事實證明，依靠行商查察，決不能奉行塞源方針。於是，這種方法的塞源，不可避免要予以否定，禁煙方針不得不轉向遏流，即從治本轉向治標——禁止分銷。

道光十年正月初十日的上諭，是這一方針轉變的起點。皇帝在上諭中說明，內地銀兩日昂是由於洋錢換折所致，而鴉片走私猖獗又與差役兵弁得賄放行有關，「南北各省情形如出一轍，較之洋錢之害尤為甚」。最後強調了政府將採取「截其來路」、「禁其分銷」的方針，要兩廣總督妥擬辦法上奏。這是朝廷的禁煙政策，在實行了九年塞源之後，行將變化的先聲。[20]

上諭發下後，兩廣總督李鴻賓立即上奏，聲稱：鴉片流毒無窮，為害尤鉅，誠如聖諭，必須截其來路，禁其分銷，乃能澄源絕流，俾免遁匿。惟分銷係在內地，密為之防，嚴制以法，尚可隨時處置。來路則出自外夷，相隔大海數萬里之遙。……是來路似未易截，仍惟有嚴禁分銷，使其輾轉偷賣之地在在堵禦。該夷等見發販不行，致無重利可圖，或遂抑其滿載而來之念，是仍以禁分銷為截來路之策也。[21]

這道奏摺是順着皇帝的思路加以發揮，而在發揮中悄悄地改換方向，把上諭提到的「截其來路」、「禁其分銷」兩項偷換成只有禁其分銷一項。對此，皇帝居然沒有斥責，而是朱批：「知道了」三字，事實上

17《兩廣總督阮元奏為嚴禁外商夾帶鴉片請旨摘去洋商頂帶摺》，《鴉片戰爭檔案史料》第一冊，第二十七—二十八頁。

18 夏燮：《中西紀事》卷之四，頁二，載沈雲龍主編：《近代中國史料叢刊》第十一輯，臺灣，文海出版社印行，第四十三頁。

19《兩廣總督阮元等奏報查禁鴉片偷運入口情形摺》，《鴉片戰爭檔案史料》第一冊，第五十頁。

20《清代外交史料》道光朝，卷三，第二十一至二十二頁。

21《兩廣總督李鴻賓等奏陳鴉片惟有嚴禁分銷才能絕其來路片》，《鴉片戰爭檔案史料》第一冊，第六十四頁。

默認了李鴻賓的意見。後來，李鴻賓擬定的《查禁紋銀偷漏鴉片分銷章程》即是據此擬出，奏准施行，成了道光十年（一八三〇）後朝廷的禁煙政策。

何以皇帝會這樣處置呢？原因很明顯，君臣二人都看到了塞源——「截其來路」的困難和癥結，面對洶洶而來的鴉片毒流，既深感頭痛，又無能為力，不得不捨難就易，從治標做起。

但是，要做到嚴禁分銷，必然要涉及興販，要涉及興販又必然要涉及吸食，這是一個連鎖反應。清政府中有不少人上奏提及這些環節，其中，最能引起重視的是兵科給事中、巡視西城御史劉光三在道光十一年的一份奏摺。劉光三針對朝野官員、貴介子弟、衙門胥吏中大有癮君子存在的現況，主張「法行自近，罪無少貸」，禁煙要自上層和官員中的吸食者抓起，只有加重吸食的罪名，否則很難奏效，「一切章程皆屬具文」。[22]皇帝命內閣將劉奏抄交刑部查議具奏。經刑部公議，擬定了軍民人等吸食科罪辦法，規定凡軍民人等買食鴉片煙者，杖一百，枷號兩個月，並需指出販賣人；若不指販賣人，吸食者應再科興販罪，判杖一百，徒刑三年；凡職官及在官人役吸食，俱加一等治罪。同年六月，由大學士、管理刑部事務盧蔭溥，將部議上奏，[23]皇帝批准了刑部意見。由此，新的禁煙政策把興販和吸食作為遏流方針的兩個環節一起抓了起來，改變了以往重興販、輕吸食的做法。

然而究竟遏流還是塞源，皇帝的心情是矛盾的。在劉光三奏摺發交刑部討論後的第九天，皇帝被湖廣道監察御史馮贊勳《奏陳夷人夾帶鴉片煙入口積弊請飭查嚴禁摺》所動情。馮贊勳是朝廷出名的耿直言官，他在奏摺中揭發了廣東洋面鴉片走私猖獗和行商勾結外國煙販、設立窯口、走私販賣鴉片的種種內幕，並且申明自己「祖籍廣東，訪聞確切」，表示所說都有根據。他認為「禁煙土在驅逐煙躉，除私帶當嚴治快鞋（即快蟹）」，這樣才能真正達到「務期拔本塞源，以仰副聖主除害安民之意」。[24]皇帝以往只是籠統地知道鴉片走私的大概情形，對馮摺中所說的快蟹武裝拒捕、大小窯口的寫書、行腳的興販、行商的勾結等等，均屬聞所未聞。閱奏後次日，即命軍機處寄諭兩廣總督李鴻賓，要他確查外船囤積私銷鴉片的詳細情況。上諭提供了馮贊勳揭發的細節，但為了保護言官，只說「有人陳奏」，不列馮贊勳的姓名。上諭指出：鴉片煙「多係來自外洋，實聚於廣東，若不杜絕來源，是不揣本而齊末。雖內地嚴定章程，於事究無裨益。」上諭要李鴻賓設法使煙土不能私入，洋面不能私售，「務將來源杜絕，以淨根株，勿令流入內地，以除後患。」[25]很明顯，皇帝在強調遏流時，還不能忘情於塞源。

但是，如同塞源方針的破產一樣，遏流一策也並未起到遏止毒流泛濫的作用，道光十年至十五年（一八三〇—一八三五）遏流時期，鴉片年均輸入一萬八千七百餘箱，超過了萬箱大關。塞源，源頭依舊；遏流，支流紛繁。朝廷已經到了塞源無着，遏流不能的程度了。

這究竟是什麼原因？

是上述方針不對嗎？不。塞源斷其來路，遏流嚴禁分銷，就方向來說都是正確的。是方法不對嗎？誠然，若塞源而不遏流，或遏流而不塞源，都是片面的，但自道光元年到十五年的禁煙過程看，不論是塞源還是遏流，雖各自有所側重，但都不是單打一的。在塞源階段，仍對興販、吸食有所打擊，而遏流時期，也還在嚴禁外商夾帶，可見方法上並無大錯。十五年來，禁煙的失敗另有原因。

首先，最主要的原因是外國鴉片販子，尤其是英國販子們為了掠奪中國的財富，無休止地向中國大量販運鴉片，支持和唆使中國煙販走私。伶仃洋走私制度是在這一階段形成的，裝備着槍炮的武裝走私船「飛箭」號，是在這一階段裏出現的。沒有外國販子的傷天害理的罪惡行徑，中國根本談不上採取禁煙措施。罪魁禍首就是他們。

22《兵科給事中劉光三奏請酌加食鴉片罪名等情摺》，《鴉片戰爭檔案史料》第一冊，第七十九—八十頁。
23《大學士管理刑部事務盧蔭溥等奏為遵旨議奏劉光三酌加食鴉片煙罪名摺》，同上書、冊，第八十九頁。
24《湖廣道監察御史馮贊勳奏陳夷人夾帶鴉片煙入口積弊請飭查嚴禁摺》，同上書、冊，第八十四—八十六頁。
25《著兩廣總督李鴻賓確查外船囤積私銷鴉片積弊並酌議杜絕辦法事上諭》，同上書、冊冊，第八十七—八十八頁。

其次，腐朽的清政府也難辭其咎。禁令所以成為具文，一是朝廷還沒有從根本上下決心動大手術，做大動作。儘管嘉慶帝、道光帝父子倆對煙害憂心焦慮，對禁煙方針方法幾經審查，但都沒有從根本上意識到對國家、民族的嚴重性，所以視野不寬，手段不狠，區區枷號一二個月，流徙充軍，都不足以遏止分銷，嚴懲吸食；命廣東地方當局自查，令洋商認保，更是隔靴搔癢。二是上自督撫下至緝私兵弁，都與鴉片走私有直接的利害關係，禁煙等於奪了他們的財源；三是煙毒早已侵入王朝的肌膚，貴族、大臣、乃至太監、胥吏、兵丁等等，都有大量的癮君子存在，促使禁煙中的弊端無法根除。這三者交相作用，禁煙不可能收到成效。正如馬克思所說：「那些縱容鴉片走私，聚斂私財的官吏的貪污行為，卻逐漸腐蝕着這個家長制的權力，腐蝕着這個廣大的國家機器的各部分間的唯一的精神聯繫」，「所以很明顯，隨着鴉片日益成為中國人的統治者，皇帝及其周圍墨守成規的大官們也就日益喪失自己的權力。」[26]

窮兇極惡的鴉片販子與腐敗的天朝各級官吏相互串通，是走私猖獗的真正原因，而溝通兩者的則是賄賂。甚至禁令本身也成了天朝官吏勒索賄賂的工具，這樣就出現了腐敗政府所具有的共同特徵：作為禁令執行者的清朝官吏，本身就是鴉片走私的包庇者、縱容者和得益者；違章犯法的鴉片販子憑着賄賂使非法成為事實上的合法，而走私成為公開販賣。人世間的一切最污穢最卑鄙的勾當也就肆無忌憚地橫行起來了。

嘉慶一朝是清代積極禁煙的開端，但是賄賂也在這一代有了積極的發展。嘉慶元年頒發禁煙令，禁止外洋鴉片輸入，但嘉慶三年（一七九八）外商的報告中說：「一般人均相信，海關監督因暗中鼓勵此種違法貿易，藉以發財，他們決不能積極設法禁止。」嘉慶十四年，清政府頒令禁運，兩年後東印度公司航務委員會報告說：「據觀察，總督關於禁煙之語，不過官樣文章而已，毫無積極禁止貿易之意，因政府久以縱容私運為發財之機會。」嘉慶十八年，清政府發佈禁止吸食治罪條例，上諭斥責官吏說：「各海關竟有私徵鴉片煙稅銀者，是竟導奸民以販鬻之路，無怪乎流毒愈熾也。」[27]

到道光時代，賄賂已經成為清朝緝私官員固定的非法收入了：道光六年，兩廣總督李鴻賓設緝私巡船，但「巡船每月受規銀三萬六千兩，放私入口」；「水師副將韓肇慶，專以護私漁利，與洋船約，每萬箱許送數百箱予水師報功，甚或以水師船代運進口，於是韓肇慶反以獲煙功，保擢總兵，賞戴孔雀翎，水師人人充囊，而鴉片遂至四五萬箱矣」。[28]

外國的鴉片販子們，正是利用賄賂，以售其奸。他們與清朝官吏「議定規銀每箱若干，這些規銀係與總督衙門，以及水陸文武官員。惟關口所得最多。此項銀兩……或在船上來取，或在省城交收，然亦有鴉片準摺，每次自一箱以至一百五十箱為止，卻無定數」。[29]從督撫以至緝私兵弁都在賄賂的收買下，放私入口。這樣，還有什麼禁煙的效果可言？事實正是愈禁愈多。鴉片的泛濫，就是在一道道禁令頒佈之下像決堤的惡浪沖向早已毀壞了的禁煙堤岸，席捲中國各省的。這一點，道光帝也不得不承認。道光十年的禁煙上諭中說：「勾通書吏，暗中抽稅，巡哨兵弁，私為夾帶，代其發售，或得規放私，甚藉以抽分吸用，賤價留買。」「南北各省情形如出一轍」。[30]

地方督撫，緝私兵丁如此，負責監督洋商輪查認保的公行商人，更是鴉片走私的合伙者。公行商人是清政府法定經營對外貿易的中國商人，也是唯一能與夷人接觸的中國商人。他們負有執行防範章程的規定，及防止外商違規犯法的任務，清朝官吏要通過他們才能與外人交往。這樣特殊身份，等於賦予了他們以串通外商走私鴉片的特權。在名義上，只做正當商品的買賣，不做鴉片走私生意。實際上，行商卻是鴉片走私的包庇者。公行商人由於和粵海關監督甚至督撫利益休戚相關，又與鴉片販子共同命運，因之，

26 馬克思：《中國革命和歐洲革命》，《馬克思恩格斯選集》，人民出版社，一九七二年版，第二卷，第二頁。

27 以上引文均見范文瀾《中國近代史》上編第一分冊，一九五四年第八版，第九頁。（下引范著均據此版本）

28 魏源《聖武記》；另見《夷艘入寇記》，《鴉片戰爭》（中國近代史資料叢刊）第六冊，第一〇六頁。

29《澳門新聞紙》，同上書，第二冊，第四二七—四二八頁。

30《清代外交史料》道光朝卷三，第二十一至二十二頁。

每次上諭令督撫查行商是否勾結夾帶，督撫覆奏都為他們包庇開脫，外國人也公然扯謊，作證行商不販鴉片。道光九年，李鴻賓覆奏中稱：他曾對洋商（即行商）伍敦元（當時是總商）之子伍受昌，盧觀恆之子盧文錦嚴切詰問，結論是「至鴉片一項，例禁尤嚴，前奉明定章程，防範極為周密，歷查各夷船並無將鴉片偽標他物名色，夾帶入口，亦無另帶違禁貨物等事」，為公行商人開脫。[31]

外人著作中如美國在華最大鴉片走私機構旗昌洋行的職員亨德，在《廣州番鬼錄》一書中引用一八三〇年英國議會下院報告中，東印度公司特派委員會主席麥加班克（Margoribanks）的作證：「問：你知道過行商經營鴉片沒有？答：據我所知道，從來沒有。」又引約翰．亞琴（John Aken）的作證：「問：一般地賣給誰呢？答：一般地賣給外邊的人。問：行商是否買過鴉片？答：我相信沒有。」[32]他企圖以此說明行商沒有參與鴉片走私。其實，李鴻賓自己就是一個貪賄分子，他調查的對象是公行商人的兒子，他和他的證人在法律上都無法構成強有力旁證；亨德自己是鴉片洋行的職員，所引證人又是專營鴉片貿易的東印度公司人員，同樣缺乏有力旁證。

事實是，行商與洋人溝通，對鴉片夾帶隱情不發。道光元年，兩廣總督阮元的奏摺中說：「向來臣與監督衙門傳諭各國大班事件，俱發交洋行商人，照繕夷字，轉為傳諭，余藉該商等欽遵辦理，敬佈天朝法度，使之知畏……蓋洋商與夷人最為接近，夷船夾帶鴉片，即能瞞臣等之耳目，斷不能瞞該商等之耳目。如該商等不徇情面，遇有夷船來粵，即稟明遵旨駁回貨船，不與貿易，且於鴉片未來之前，先期告誡，曉以利害，夷人數萬里而來，豈敢因夾帶違禁物件，自斷茶葉等項正經買賣？」「頻年以來，未見洋商稟報一船，其為只圖見好於夷人，不顧內地之受害，顯而易見。」[33]道光二年，黃中模的奏摺中也說：「臣更聞邇來洋商與外夷勾通，販賣鴉片煙」。[34]這些都是中國官方文書中，明確指出公行商人勾結的明證。

粵海關監督也是從鴉片走私中得利的重要角色。嘉道年間，曾有不少人上奏對粵海關監督提出懷疑，如上舉黃中模奏摺說：「海關利其重稅，遂為隱忍不發……應令廣東督撫密訪海關監督有無收受洋煙重稅，據實奏聞。」[35]但是所有調查成為例行公事，往往由監督具奏表白了事。如同年粵海關監督達三奏稱：「奴才世受皇恩，稍知大義，斷不敢止以稅務為重，而置風俗人心於度外」。[36]朝廷也以「所奏均悉」一言了之。實際上，粵海關監督向例由內務府旗人充任，是一個專為皇帝斂財的家奴。清朝皇帝通過這個渠道，搜索異珍，勒取報效。乾隆五十五年（一七九〇）十二月上諭曾供認：「從前廣東巡撫及粵海關監督，每年呈進貢品，俱令洋商採辦物件，賠墊價值，積習相沿」，下令「嗣後不准進呈鐘錶，洋貨等貨物。」[37]但嘉慶二十五年（一八二〇）又規定「所有方物，仍照例呈進。」「准進朝珠、鐘錶、銀嵌掛屏，盆景、花瓶、琺瑯器皿、雕牙器皿、迦南香手串，玻璃鏡、日規、千里鏡、洋鏡」等物。[38]此外，還以「備貢」為名，每年向粵海關規定納貢給皇帝的現銀，嘉慶朝定每年十五萬兩。這個積習沿至道光朝依舊。所以當有人提出懷疑時，朝廷只作表面文章，實際上百般庇護，道理就在此。粵海關從鴉片走私中得

31《清代外交史料》道光朝，卷一，第十至十一頁。
32 譯文見【美】馬士著，張匯文等譯：《中華帝國對外關係史》第一卷，第二〇一頁腳注一。
33 同上書，十頁。
34 同上書，十四頁。
35 同上書，十四頁。
36 同上書，三十三頁，又《史料旬刊》第六期，二百一十七頁。
37《粵海關志》卷二十五，八頁，載《續修四庫全書》（八三五·史部·政書類），上海古籍出版社，二〇〇二年版，第一五四頁。
38《粵海關志》卷二十五，九頁，同上書。

利，皇帝從粵海關手裏分肥，上行下效，清代的吏治到鴉片戰爭前夕已經敗壞不堪。馬克思說：

> 中國人在道義上抵制的直接後果是英國人腐蝕中國當局、海關職員和一般的官員。浸透了天朝的整個官僚體系和破壞了宗法制度支柱的營私舞弊行為，同鴉片煙箱一起從停泊在黃埔的英國躉船上偷偷運進了天朝。[39]

這種情況下，清政府的禁煙當然不能收到任何成效了。從嘉慶元年禁止外洋鴉片輸入，到道光十六年（一八三六）清政府內部發生弛禁與嚴禁的論爭，四十年中，事情竟出現了這樣一種奇怪的局面：朝廷愈是不斷頒發禁令，鴉片走私愈益猖獗，白銀外流愈加嚴重，貪賄現象愈益發展。禁煙和走私彷彿在相互競賽。從性質上說，禁煙是為了維護民族利益，鴉片走私是為了損害國家和民族的利益，兩者是絕然相反、根本對立的，然而這兩個根本對立的方面，事實上在賄賂的牽綫下居然和平共處，禁令成了一紙具文。這種極不正常的局面，促使中國有識之士深思，對於萬惡的鴉片走私究竟應該怎麼辦？正是在這個問題上，皇帝的臣僚們爆發了一場持久的論戰。

39 馬克思《鴉片貿易史》（一），《馬克思恩格斯選集》人民出版社，一九七二年版，第二卷，第二十六頁。

第二節　「禁」還是「弛」

早在道光十四年（一八三四），廣州方面就有一批官紳士夫對朝廷禁煙成效表示懷疑，街談巷議，日盛一日。當時擔任廣東觀察使的許乃濟，對鴉片愈禁愈多，白銀嚴重外流，深為憂慮。認為光靠朝廷一紙禁令，斷不能杜絕煙害，長此以往，煙毒將無所底止，但一時又拿不出正本清源的有效辦法，夙夜長思，每多嗟歎。某日，恰巧同年好友前仁和、乍浦縣令順德何太清來訪，談次間，兩人對洋煙日滋、禁令具文深為感歎。何太清認為若要制止白銀外流，不如大膽廢除禁令，聽任民間自種罌粟熬煙出售。土煙價格較洋煙便宜，吸食者當會捨貴就廉，爭相買食，而洋煙無利可圖，自會不來中國；即使來，粵海關及其他海關可厚徵其稅，並規定只准以煙易貨、不准易銀，違者嚴辦。如此不出二十年，將不禁自絕。何太清說，這個辦法，實在是中國利病樞機，只是因與朝廷禁煙宗旨不協，不敢據以入告。許乃濟對老友見解大為折服，但一時還不能確定是否可採，便在數天後往訪學海堂教諭吳蘭修，聽聽他的高見。

吳蘭修，廣東嘉應州人，是當時享有盛譽的著名時務家，也是許乃濟的老朋友。他與學海堂同事熊景星、儀克中等人，都對禁煙持懷疑態度。由於他們敢於發表意見並得到督撫司道的同情支持，成了當地懷疑派的代言人，而學海堂也就成了廣東弛禁論的本營。當吳蘭修聽取了許乃濟對何太清弛禁主張的轉述後，不僅表示同意，而且願以個人名義撰文向廣東當局進言。[1] 於是，禁煙史上第一個弛禁主張，便在廣東醞釀成熟。

1 梁廷枏：《夷氛聞記》卷一，《鴉片戰爭》（中國近代史資料叢刊）第六冊，第六頁。

吳蘭修不久便寫出《弭害》一文，直率地提出了弛禁的意見。文章指出：鴉片走私是「以中原易盡之藏，填海外無窮之壑，日增月益，不知其極，所謂無纖末之利有莫大害者此也」，肯定鴉片煙流入有百害而無一利。接着，對拔本塞源說作出了駁難，認為販運鴉片者不止英吉利一國，專絕其一國貿易則無以善其後，盡絕各國貿易則無以服其心。即使諸夷盡去，不僅沿海數十餘萬靠與外商貿易的民人百姓可能因之失業，會給社會帶來動亂和災難，而且沿海各省海面遼闊，海上的走私貿易事實上也禁止不了，怎麼能談得上「絕其互市」呢？至於論者所謂嚴法例禁，非重典不可之說，就朝廷採取的措施看，「嘉慶初，食鴉片者罪至枷杖，重以流徙，加以連坐，法非不嚴也，禁非不厲也，而弊仍不止」。為什麼？就是因為胥役藉法令為利，「立法愈峻則索賄愈多，其包庇如故，護送如故，興販吸食如故」，否則為什麼會發生捕獲十百而報一、二，把充公沒收來的鴉片作為已有而暗中進行販賣呢？文章指出：為今之計，只有權衡利害輕重，「自一人言之，則鴉片重而銀輕，合天下言之，則鴉片輕而銀重」，因之，嗣後仍應照常准其入口納稅，交付洋行，兌換茶葉；內地種者勿論。至於洋船出口，不准其攜帶紋銀，由行商報查具結；關口若盤獲洋船夾帶紋銀出口，可盡數獎給查獲的員弁，密報者給半，具結不實者課罪。如此十年之後，情況當可根本減半。這就是避重就輕之法。[2]文章寫完後，吳蘭修立即呈給總督過目。

兩廣總督盧坤、廣東巡撫祁墳，「見而心折」，對《弭害》一文極為欣賞。他們作為洋煙走私最大源頭的廣東地方最高領導，對禁煙一事本來就十分頭痛。朝廷不斷地申令嚴禁，上諭一道接着一道地發來，限時限刻要查辦興販吸食，聲色俱厲地要杜絕來源。不執行固然不敢，要執行卻着實困難。且不說洋人猖獗，走私販子詭詐給查禁帶來種種難處，即使是負責查禁的緝私弁兵、衙門胥吏，也與販子、行商相互勾結，密為包庇，盤根錯節，猶如一團亂麻，讓你左右為難。結果，只好對上虛報搪塞，陽奉而陰違；對下，例行故事，開一眼而閉一眼。只要皇帝不發覺，下面不發難，就算是太平無事。這種夾縫中求生的日子，不說如坐針氈，也是如芒刺在背，實在不好過。如果有個辦法擺脫困境，那真算上上大吉了，所以對吳蘭修的弛禁主張，一拍即合。總督盧坤便伺機向朝廷進行試探。

機會來了。九月，盧坤接到了皇帝的上諭，對他在處理英國商務監督律勞卑事件上的做法，表示滿意。[3]皇帝決定加恩賞還他的太子少保銜，並還給雙眼花翎，但同時指出：他一開始對此事疏於防範，亦難辭咎，著仍帶革職留任。按照天朝體制，臣下對君上的任何賞罰都得具摺謝恩，以示對君父的忠誠。儘管這是一件有限度的獎勵，而且賞還的僅是虛銜，革職處分並未開復，盧坤也得照章辦事。十月初三日，他寫了一份《叩謝賞還兼銜花翎仍帶革職留任》的謝恩摺，表示「沐鴻慈之寬大，更夢想所難期。銜結愈深，悚惶彌甚，感懼愧奮，不容自已」。[4]儘管皇帝知道這是套話，並不一定出自衷心，盧坤也清楚這是例行表忠，但通過這種方式，不僅使皇帝感到了自己的權威，而且也使臣下維持了體面的地位。

盧坤在上謝恩摺的同天，又上了一件《奏請對英人私販鴉片一事應暫為羈縻約束再圖禁絕片》。在這一奏片中，他極言杜絕來源之難，認為「勢成積重，驟難挽回」。接着他拋出了所謂經過調查了解的廣東民意，說明朝廷禁煙方針在廣東有不同意見。奏片稱：

（臣）屢經周諮博采，有謂應行照昔年舊章，准其販運入關，加徵稅銀，以貨易貨，使夷人不能以無稅之私貨售賣紋銀者。有謂應馳內地栽種罌粟之禁，使吸煙者買食土膏，夷人不能專利，紋銀仍在內地運轉，不致出洋者。其說均不無所見，然與禁令有違，窒礙難行。更有謂內地所得不償所失，不若從此閉關，停止外夷貿易。不知夷人在粵貿易已閱二百餘年，且亦不止英吉利一國，萬無閉關之理。況奸犯到處皆有，勾串外夷為鬼為蜮，縱使閉關，亦未必即能淨盡，更無此辦法。[5]

2《夷氛聞記》卷一，《鴉片戰爭》（中國近代史資料叢刊）第六冊，第六－七頁。
3 案：指盧坤最後以加強防衛迫使律勞卑退回澳門的措施。事見本書第二章第四節。
4 中國第一歷史檔案館編：《鴉片戰爭檔案史料》，上海人民出版社，二〇〇八年版，第一冊，第一六五頁。
5《鴉片戰爭檔案史料》第一冊，第一六六頁。

很顯然，所謂「周諮博采」來的意見，第一種與第二種是主張弛禁的；第三種雖屬嚴禁，但經盧坤正題反做，最終也還是落到與前兩種殊途同歸的地步。行文的奧妙在於，盧坤明確不同意第三說，而對前兩說僅僅表示「與禁令有違」，並非說是辦法不對。這種曲筆隱意的奏文，只有老於世故的官僚才能做得出。奏片最後表示「與其鋌而走險，各處蔓延，不若暫為羈縻，嚴加約束，外則巡以舟師，內則謹防海口，使其不致行銷無忌，亦不致越馳他省，再行徐圖禁絕」。[6] 這一意見，表面上並沒有說應該弛禁，但字裏行間卻顯然是不主張禁煙，只是讓你抓不着把柄，像泥鰍一樣的滑溜。

盧坤的奏片，是禁煙以來歷任兩廣總督的第一件與朝廷相反意見的奏章。因為懾於觸怒聖顏，表達得極為隱晦曲折而已。然而，其暗為試探之意，躍然紙上。但盧坤的試探碰着了軟釘子，皇帝對此摺留中不發，究竟是什麼意向，讓人摸不着頭腦。盧坤就此不敢再奏，而廣東的私議則仍然一如既往。

道光十五年八月，盧坤病卒於廣督任上，其缺由安徽巡撫鄧廷楨接任，廣東巡撫依舊是祁墳。鄧到任後，對鴉片問題也沒有什麼好辦法。久而久之，地方上士紳的私議漸漸對他產生影響。他也感到積重難返，對鴉片走私逐漸採取了開一眼閉一眼的態度，在他任上，煙毒泛濫更加嚴重了。

這時，許乃濟早已奉調入京擔任太常寺少卿。太常寺是一個專門掌管祭祀和典守天壇、太廟、社稷等事務的機關。少卿是太常寺首長、管理寺事大臣的副手，正四品。因為是中央機構之一，有上摺奏事的權力。本來，這是一清閒的差使，除了保證壇、廟社得到有效保護，每年按例祭祀如儀外，幾與朝政沒有任何牽涉，大可以看看閒書，喝喝熱茶。但許乃濟卻本着憂國憂民的儒家入世精神，心思不在做一個閒官而忘不了舉國為之憂慮的鴉片問題。道光十六年四月二十七日（一八三六年六月十日），他毅然不顧皇帝的態度，上了一件《鴉片煙例禁愈嚴流弊愈大應亟請變通辦理摺》，公然提出了弛禁主張。

這份奏摺的內容，稍具歷史知識的人都已知道，這裏也就略而不詳了。概而言之，許乃濟認為鴉片愈禁愈多，禁令不僅成為具文，而且也成了胥吏棍徒藉以受賄的利藪；吸煙者雖眾，但多為遊惰無賴、不足輕重之輩，以中國人口之多，區區吸食斷無減耗戶口之虞；要禁的話，也只須禁文武兵弁士子等，民間與販吸食可一概勿論；他建議不如准令英商將鴉片照藥材納稅，任其入口，但只准以貨易貨，不得用銀購買，這樣便可省每年千餘萬金之偷漏；同時寬內地種植罌粟之禁，以土煙抵制洋煙，這樣便可收到不禁自禁的效果。[7]

很明顯，許乃濟的這套看法，基本上是吳蘭修《弭害》一文的翻版，所以當時人說他是「取蘭修舊說，稍稍潤色條上」。[8]這種說法是否正確，目前缺乏佐證，但許的弛禁論與吳蘭修弛禁主張沒有什麼不同，卻是可以肯定的。

許摺上達後，朝內大員為之失色，誰都不敢附和。可是，事情十分出人意料，皇帝的態度卻極為冷靜。兩天後，皇帝頒發上諭，著兩廣總督鄧廷楨、廣東巡撫祁𡎴等會議許乃濟奏請弛鴉片之禁，要他們把會議結果報給朝廷。上諭全文如下：

軍機大臣字寄兩廣總督鄧、廣東巡撫祁，傳諭粵海關監督文祥。道光十六年四月二十九日奉上諭：

據太常寺少卿許乃濟奏，鴉片煙例禁愈嚴，流弊愈大，近年以來，夷商不敢公然易貨，皆用銀私售，每歲計耗內地銀一千餘萬兩之多，請變通辦理，仍准其以貨易貨等語。著鄧廷楨等會同妥議具奏。原摺抄給閱看。將此諭令鄧廷楨、祁𡎴，並傳諭文祥知之。欽此旨。遵寄信前來。[9]

6《鴉片戰爭檔案史料》第一冊，第一六六頁。
7同上書、冊，第二〇〇－二〇二頁。
8梁廷枏：《夷氛聞記》卷一，《鴉片戰爭》（中國近代史資料叢刊）第六冊，第七頁。
9《鴉片戰爭檔案史料》第一冊，第二〇三頁。

誰都知道，皇帝自接位以來是一貫主張禁煙的，但這道廷寄上諭，卻使人覺得聖上的態度發生了微妙變化。對於身處鴉片走私源頭的廣東督撫們來說，認真仔細地揣摩皇帝的心思，有針對性地發表意見，是至關烏紗帽和性命的大事。他們反覆研究了上諭之後，一致認為堅冰正在開始融解，聖上對禁煙的態度有了鬆動。七月二十七日（九月七日），鄧、祁會同文祥上了《應准許乃濟所奏弛鴉片之禁並擬章程九條摺》，作為奏覆。這個奏片不僅完全贊同弛禁主張，而且肯定許乃濟奏摺「臚陳時弊，均屬實在情形」；「如蒙俞允，弛禁通行，實於國計民生均有裨益」。奏摺提出了弛禁章程九條，對以貨易貨、水師巡查、洋船帶回洋銀成數比例、鴉片貿易不設局專辦、額稅不增、價格不預定、內地各省運銷鴉片辦法、寬民間栽種罌粟及不准官員、士子、兵丁吸食等，都作了原則規定，成了道光一朝第一個全面弛禁的方案。[10]

據說，這個方案的起草者是學海堂教諭儀克中。此君與巡撫祁墳同鄉，寄籍粵中，自中舉後兼任祁墳記室（相當於祕書）。他原與吳蘭修、熊景星等力主弛禁，是廣州弛禁論的主要代表人物。按慣例，凡聯銜會奏，應由總督主稿，但祁墳對儀克中的弛禁主張早已服膺，因此讓儀克中起草奏稿，由祁墳帶到總督處會商。總督鄧廷楨對草稿表示同意，交屬下謄清用印後發出。所以這件奏摺才會對許乃濟的弛禁主張極表贊同。[11]

當鄧廷楨、祁墳等的奏摺還在寄送京師途中時，朝內已有人對許摺公開發難了。最先上奏皇帝「申嚴鴉片例禁」，駁斥許摺弛禁主張的是內閣學士兼禮部侍郎朱嶟和兵科給事中許球。兩人的奏摺大約在八月先後上達。

針對許摺主張「鴉片無害」，朱嶟指出：鴉片流毒「妨財害小，殊民害大」，不僅「民弱無可救藥」，而且「鴉片之來源不絕，即難保營伍之中無私相吸食者。一經沾染，寖以成風」，又怎能勤訓練而成勁旅？他認為許摺中所說只禁官弁兵丁吸食而不禁民間，是「掩耳盜鈴」。因為官弁士兵不過天下人口的十分之一，這樣做只能是「以食者縱之得食，而未食者導之使食」，結果百姓都吸煙了，員弁兵丁「何得而禁？」對於只准以貨易貨，不准以銀購買的設想，朱嶟認為這是行不通的。在他看來，若准鴉片納稅入關不僅名不正言不順，而且如以中國茶葉兌換外洋鴉片，由於鴉片流入過大，「茶葉不足，將復易之以銀？」他指出中國若果能禁銀出洋，又豈不能禁鴉片販運？「若能禁鴉片之販運，白銀外流自必戛然而止」，所以禁煙能立弭二患，又何必弛禁鴉片，取法其下呢？對於寬內地種植罌粟以使不禁自絕的說法，他說：「他省臣不敢知，即如雲南一屬，種罌粟者漫山遍野，鴉片之出省，總亦必不下數千箱，然而出洋之銀不見減於昔日。」他是雲南臨安府通海縣人，用家鄉的實際駁斥了這一似是而非的荒唐設想。最後，朱樽籲請皇帝重申禁令，「其由屯販鴉片至千斤以上者置以重典」；各省大吏如果真正能督率文武員弁實力查禁，有犯必懲，「民即頑梗，豈其不畏法乎？」堅持下去，一定能獲得效果的。[12]

顯然，朱樽作為一個人道主義者，他完全是從健康和正義的角度駁難許摺的。對於許摺中着眼於防止白銀外流，厚徵其稅以裕國庫的經濟思想，他的論說顯得缺乏說服力。

許球在奏摺中也駁斥了弛禁的觀點，認為「不禁其售買，即不能禁人之吸食」；一旦弛禁，結果一定是紋銀偷漏愈多，「此必然之趨勢也」。他主張禁煙的辦法，應取「詳內而略外，先治己而後治人」。奏摺指出：「必先嚴定治罪條例，將販賣之奸民，說合之行商，包買之窯口，護送之快蟹，賄縱之兵役，嚴密查拿，重法懲治，如是而內地庶可肅清」；對外國煙販，應打擊著名奸猾者，他舉出了歷年來進行鴉片走私的大販子如：查頓、顛地、空文、單拏、化林治、馬滑治、打打擺、葛吾等，[13]務必將他們查拿拘守，

10《鴉片戰爭檔案史料》第一冊，第二〇五—二〇九頁。

11《夷氛聞記》卷一，《鴉片戰爭》（中國近代史資料叢刊）第六冊，第七頁。

12朱樽、許球二人的奏摺全文，據《京報》抄本，見《復旦學報》一九七八年第一期。

13其中查頓至單拏為英國煙販；化林治、馬滑治、打打擺，係印度散商；葛吾為美商，見《鄧廷楨等奏逐英人查頓回國摺》（道光十九年三月二十七日），《籌辦夷務始末》道光朝，卷五，二十二頁；另見《英國議會文書》：《有關中國通信》一八四〇年，第一八一頁、一八六頁。

告以定例，勒令具限，使寄泊伶仃洋、金星門的躉船盡行回國，「如鴉片躉船不至再入中國，即行寬釋，仍准照常互市」，如依舊故我，「即概停互市，並將該國坐地夷人正法」。

許球對外國煙販專以洋煙毒害中國人表示了極大的憤慨。他指出「彼國不食，而專欲毒害中華，彼國不來洋銀，而專收內地銀兩，其處心積慮不堪設想」，認為外國船隻「潛來各處內洋遊弋」是為了「窺探虛實」、「另有奸謀」。這種戒備心態，不論許球是否已經看出外國殖民主義者正在醞釀武力侵華的陰謀，質之於當時英國朝野一批殖民者和鴉片販子勾結、刺探中國情報的事實，確實不失為一針見血之論。可惜，當時中國的君臣們大多被鴉片問題所困惑，對許球的這一預見，並沒有引起重視。

朱樽、許球兩摺上達後，同年十月初四日，江南道監察御史袁玉麟也上了一摺。他從弛禁論的是非、利害上作了分析，認為其「戾於是非者有三，闇於利害者六」。所謂戾於是非者是：違祖制而背諭旨，壞政體而傷治化，見小利而傷大體；其闇於利害者是：撤藩籬而飼虎狼，奪農功而耗本計，絕民命而傷元氣，虛捍衛而起窺視，濟奸民而通洋匪，狃目前而貽後患。分析得很有見地，措辭也很激烈。但他並不以帽子扣人，而是心平氣和地指出：「平情而論，議開（禁）者非必懷不肖之意，而聊為苟且塞責，其弊遂至無窮；議禁者本力為久遠之謀，而但求執法不移，於事即大有濟」，指出只要封疆大吏堅持禁煙，「潔己奉公，忠誠體國」，必能雷厲風行，力清弊源，「雖不能盡挽澆風，較之公然弛禁，其是非利害，實有判若宵壤者」。[14]這種實事求是的批評，既肯定了弛禁者同具憂國之心，又指出了他們畏難而退的錯誤，在倫理和邏輯上都具有感化與說服力。

據當時人記載，道光十五六年，京師士大夫中有一批力主嚴禁鴉片的人物，其中既有中央政府的部處級官員，負監察之責的言官和清議所在的翰林，又有赴京應試的公車。他們常在陶然亭聚會，針對鴉片問題發議論，賦詩詞，寫文章，倡導禁煙。「一時文章議論，掉鞅京洛，宰執亦畏其鋒」，[15]形成了一股倡禁熱，支配了京師的輿論。朱樽、許球、袁玉麟的奏摺，既是時論推動下的產物，又進一步加熱了禁煙思潮。道光皇帝在內有廷臣籲請，外有輿論支持下，重新堅定了禁煙態度。所以，自九月後，「鴉片弛禁之議已不行，疆臣奏覆，率請嚴定販賣吸食罪名」。[16]弛禁論不得不收斂，雖沒有止息，卻已不成氣候。

這次論爭後，一些原主弛禁的官員開始轉變認識，如兩廣總督鄧廷楨從弛禁變為倡禁。他從道光十七年春起，態度已與前不同，在廣州屢頒諭帖禁煙，並諮會水師提督關天培「率令汛兵舟師，無分雨夜，加緊巡查禁阻……一遇走私匪艇，奮勇兜擒，解省嚴究」，[17]表現出很大的積極性。

論爭雖以禁煙派取得勝利，但畢竟仍停留在紙面上，禁令雖然不斷頒佈，但措施仍沒有跟上；弛禁派以退為守，正在悄悄地積聚力量；外國煙販猖獗如故，鴉片走私發展到前所未有的程度，「河道上下，東起虎門，西至黃埔，都成了交易場所」。[18]這一切，迫使禁煙論者進一步尋找對策，以阻遏瘋狂的鴉片走私和嚴重的白銀外流。

在這種情勢下，鴻臚寺卿黃爵滋於道光十八年閏四月初十日（一八三八年六月二日），向皇帝上了著名的《嚴塞漏卮以培國本摺》，建議限期一年戒煙，過期仍然吸食者以死罪論處。

黃爵滋，江西宜黃人，道光三年進士，先後擔任過翰林院編修，福建道監察御史等職。期間也曾充當

14《鴉片戰爭檔案史料》第一冊，第二一三—二一七頁。

15《水窗春囈》卷下，金安清著：《禁煙疏》，中華書局，一九八四年版，第六十二頁。據其所載，「都門以詩文提倡者，陳石士、程春海、姚伯昂三侍郎；諫垣中則徐廉峯、黃樹齋、朱伯韓、蘇賡堂、陳頌南；翰林則何子貞、吳子序；中書則梅伯言、宗滌樓；公車中則孔宥涵、潘四龍、臧牧庵、江龍門、張亨甫」。這批人都是當時名士。

16夏燮：《中西紀事》卷四，《漏卮本末》，四頁。

17《籌辦夷務始末》道光朝，卷一，二十五頁。

18《中國叢報》卷六，第十期，一八三八年三月，第五五二頁。

過江南鄉試副考官和會試同考官。他任職的鴻臚寺，是朝廷專掌朝會禮儀的專門機構，保證百官朝會時按規定的禮儀和秩序正常進行，任何人不得違制僭越。鴻臚寺的最高首長是管理寺事大臣，通常由禮部尚書中的滿尚書兼任。卿是其第一助手，正四品。所以，黃爵滋不僅是鴻臚寺的首長助理，而且也是這一機構的實際負責人。他是京師中知名的禁煙派，常與士大夫中持同調者一起發起陶然亭集會，暢論禁煙。據《水窗春囈》記載，他的「禁煙之疏，實子序、牧庵、龍門三人夜談剪燭、無意及之，逐成一稿，而黃樹齋亟上之」。[19]即是說，他的奏摺是宿遷舉人臧紆青（牧庵）等人所寫，由他上遞的。從《水窗春囈》作者歐陽兆熊與臧、黃之間有較多過從來說，這種說法決不會無中生有，但要說黃爵滋以三人原稿作為自己的奏摺，則恐怕未必。要而言之，我們大可以把黃摺看成是當時京師士大夫中主張嚴禁的激進者的共同要求。

黃摺中的禁煙主張，是對嘉、道以來朝廷禁煙方針的一次檢查。他的出發點是為了解決財政問題，着眼於鴉片和白銀之間的關係，而以嚴禁吸食為解決二者的辦法。認為只要斷了吸食者的煙癮，那麼「無吸食者自無興販，則外夷之煙自不來矣」，於是「漏卮可塞，銀價不致再昂」，[20]經濟問題可以完全得到解決。

黃爵滋在奏摺中首論銀價遞增非耗銀於內地，實漏銀於外洋。他統計了自道光三年至當年的漏銀數字：自三年至十一年（一八二三—一八三一）歲漏銀一千七八百萬兩；自十一年至十四年（一八三一—一八三四）歲漏銀二千餘萬兩，自十四年至當年（一八三八）漸漏至三千萬兩之多。此外，福建、浙江、山東、天津各海口，合之亦數千萬兩。「以中國有用之財，填海外無窮之壑，易此害人之物，漸成病國之憂，日復一日，年復一年，臣不知伊於胡底。」國庫為此空虛，設有不測之用，又如何能支？

根據黃爵滋的上項統計，上述數字總共約有五億兩左右。這是一個令人吃驚的數字，經過今人的考證，認為從一八〇〇—一八三九年四十年間，外流的中國白銀有六億兩之多，可見黃爵滋揭露的數字是真實的。[21]

黃摺接着分析了各種已經實行過堵塞漏洞辦法的弊病所在。認為嚴查海口、杜其出路，絕不能塞漏，因為員弁早已受賄成風，「利之所在，誰肯認真辦理？」禁止通商、拔其貽害之本，也不可能塞漏，因為外商正當貿易所得之利，只佔鴉片利潤的「數十分之一」，外人意不在此；而鴉片走私是在洋面上進行，所以「難防者不在夷商而在奸民」；至於嚴禁興販辦法，因開館者皆胥吏兵弁，此輩又勾結富家大族子弟，既有聲勢，復又相互包庇，無法對他們真正嚴辦，所以「各省辦此案者極少」；對聽任內地種植罌粟熬製煙膏，他認為土煙食者不足過癮，而販者也僅僅「用以摻和洋煙，希圖重利」，所以此法也不能塞漏。

已行辦法都不行，「然則鴉片之害，其終不能禁乎？臣謂非不能禁，實未知其所以禁也」。問題的癥結，是究竟抓住哪一個環節。黃爵滋認為，「夫耗銀之多，由於吸煙之盛，販煙之盛，由於食煙之眾。無吸食，自無興販；無興販，則外夷之煙自不來矣。今欲加重罪名，必先重治吸食。」那麼何以重治？他針對以往對吸食僅課枷杖的做法，提出「罪以論死」的方案，主張吸食者應在一年內戒絕，過期違禁者，一般百姓處死，官吏罪加一等，本人處死外，子孫不准參加科舉考試。為了行之有效，應實行五家鄰居互保，凡舉發者給獎，包庇者治罪。他請皇帝不必顧慮嚴刑峻法，乾綱獨斷，下決心嚴禁。

對於黃爵滋的嚴禁辦法，皇帝一時拿不定主意。他知道吸煙的癮君子們不僅有庶民百姓，而且有王公貴胄。雖說期以一年戒煙，但若一年戒不了再抽吸，按此主張就得處以極刑，這樣一來豈非殺人過多？豈非有損自已寬仁的名聲？皇帝覺得這是一件嚴重的大事，還是先聽聽臣下的意見再作決定。所以，當天就將黃摺交內閣發寄各地進行討論。為了不影響各地官員的情緒，不給他們有絲毫得以揣摩自已意圖的痕跡，上諭寫得極為簡單：「黃爵滋奏請嚴塞漏卮以培國本一摺，著盛京、吉林、黑龍江將軍，直省各督

19《水窗春囈》卷下，金安清著：《禁煙疏》，中華書局，一九八四年版，第六十二頁。

20《鴻臚寺卿黃爵滋奏請嚴塞漏卮以培國本摺》，《鴉片戰爭檔案史料》第一冊，第二五四－二五七頁，以下的引黃摺均見此文，不再另注。

21參見劉鑒唐：《鴉片戰爭前四十年鴉片輸入與白銀外流數字的考察》，《南開史學》一九八四年第一期。

撫，各抒所見，妥議章程，迅速具奏。摺並發。欽此。」[22]

在以後的四個月裏，將軍、督撫們先後遞上了二十九份奏覆，其中第二十九份奏覆來自四川，遲至九月二十五日（十一月十一日）才發出。基本上贊成以死論處吸食的僅八人，他們是湖廣總督林則徐、河南巡撫桂良、兩江總督陶澍、署四川總督蘇廷玉、安徽巡撫色卜星額、湖南巡撫陳寶琛、江蘇巡撫陳鑾、河東河道總督栗毓美；不同意黃摺嚴處吸食的共二十一人，包括大學士署直隸總督琦善、兩廣總督鄧廷楨、雲貴總督伊里布、浙江巡撫烏爾恭額、福建巡撫魏元烺、廣東巡撫怡良、閩浙總督鍾祥等。

值得注意的是這二十九份奏覆中，無論是否同意黃爵滋的意見，沒有一份是反對禁煙、倡論弛禁的。這說明自從圍繞許乃濟弛禁摺的討論後，由於皇帝禁煙態度明確，已經沒有人敢公然主張弛禁，以冒天下之大不韙了。誠然，表面上主張禁煙、骨子裏仍有畏難情緒、希望弛禁者總是有的，但誰也不願意做「出頭椽子」，拿官位與性命開玩笑。所以，這一次皇帝要臣下直抒意見，反饋過來的卻是「輿論一律」。大家都認為鴉片煙是非禁不可，只是怎麼個禁法而已。就此而言，這次大討論已不是什麼禁與弛禁的論爭，而是如何嚴禁問題上各種主張的交鋒。

那些不同意黃爵滋以死論罪吸食的人，認為此法過於嚴峻，吸食者人數眾多，不可勝誅，而且因吸食之罪而禍及子孫，不准若輩考試，不僅將其比為倡優隸卒、不合倫常，也不符合「罪人不孥」之意；至於連保之法，往往容易產生奸徒訛詐，吏胥騷擾的流弊，法愈重而發覺愈難，掩飭愈工，這也是一定的趨勢（用時下的話說，就是「你有政策，我有對策」）。[23]

他們認為在禁煙方法上，黃爵滋太注重於吸食一環，忽視了懲治興販和拔本塞源，顯得輕重倒置，主次失宜。如山東巡撫經額布說：若沒有興販者販煙進口，則天下斷無吸煙之人；非有興販者運銀出洋，則天下即無漏銀之事。若將吸食者擬以死罪而對興販仍轉從輕典，不特輕重倒置，有失情法之平，且恐吸煙者眾，誅不勝誅；興販者轉得販運如故，於禁煙及遏銀外流仍無裨益。[24]山西巡撫申啟賢則把興販稱之為勾通外夷之漢奸，認為黃摺重治吸食而置興販於不論，「是猶懲潰防決堤之水，不為塞其來源，而徒致力於杯勺，欲其流之涸也得乎？」[25]類似這方面的意見，幾乎所有持反對論調的大員都有涉及，說明他們對黃搯中存在的問題看法是很一致的。

不少人認為黃搯只注意了遏流，而忽視了塞源。吉林將軍祥康在奏覆中稱：國家設法定例已極嚴備而終不能斷絕鴉片流入、白銀流出，原因在於其來源未塞、其流毒未遏。因此，要禁絕吸食，首先得絕其來源，次在廓清流毒。他認為絕來源，要在改變原先以當地土著兵丁充當近洋守弁的成法。因為這些士兵往往久住本省，易於聯絡賄通，以巡查為虛文，是以在官查禁之人，即為包庇偷漏之人，如油潑火，勢不能熄。為此，他建議調撥無海口鄰省弁兵赴洋守口，每年換防一次，歲以為常，再配以督查武職大員失察賞罰辦法，則來源可塞，吸者也無從購覓。廓流毒應着重對囤積包送者嚴懲。他認為鴉片之流行，始於囤積包送，繼而有興販、有吸食甚至有開館者。「其囤積包送，實為害首」，應將其與開館例一樣問絞。山西巡撫富呢揚阿也認為應「首嚴海口之禁以杜其源，次加興販及開館罪名以遏其流，再懲吸食之人以警其沉迷」。[26]署直隸總督琦善在奏覆中更認為：「天下未有不清其源而能遏其流者，似當嚴拿囤販，重法懲辦，以絕根株」，若能「拔本塞源，庶外夷之毒物內地無販賣之人，而吸食之風自止。」[27]

22《著各地將軍及各省督撫議奏黃爵滋奏請嚴塞漏卮以培國本搯上諭》，《鴉片戰爭檔案史料》第一冊，第二五八頁。
23《署理直隸總督琦善奏覆塞漏賠本應循流塞源嚴懲囤販鴉片人犯搯》，同上書、冊，第二九三－二九五頁。
24 同上書、冊，第二六三頁。
25 同上書、冊，第二六〇頁。
26 同上書、冊，第二八九、二九一頁。
27 同上書、冊，第二九三、二九四頁。

很顯然，這些有關塞源的意見，已與往昔單純注意外國鴉片販子，動輒閉關絕市以斷其源的做法有所不同，更多地從確切、可行方面考慮問題。這說明通過數十年來的禁煙，人們的認識在逐步深化。

即使是同意黃爵意見的大員們，也對黃爵提了不少補充意見。如色卜星額認為：「原摺專重吸食，略於興販，自非拔本塞源之意。」他建議當前應「嚴拿躉販之船，人贓務獲，不分首從，立正典刑，海濱梟示，先為食煙者立此標榜，亦足以破奸回（民）之膽，而寒嗜好之心，庶治本不遺其末，清源亦節其流矣。」[28]錢保琛說：「原奏請嚴治吸食之罪，從重論死，此誠扼要之論。且予限一年，並非不教而誅，尤為寬嚴得當。抑臣更有請焉，今之吸食者，弊之流也，而興販者，弊之源也。若無興販，何由吸食？」他提出「今既請將吸食之犯，從重擬以死罪，自應一並將興販之犯，於開設煙館絞罪上，加重問擬，似與情法兩得其平。」[29]桂良在奏覆中認為黃爵「實為切中時弊」，「今天下沉迷鴉片者多矣，非嚴刑峻法，必無以挽此頹風」。但他又對原奏所無者酌議十條建議，包括澳門同知在夷船到粵時應查明驗收，責成水師官弁認真巡查紋銀出洋鴉片入口，截汰廣東快蟹，巡查廣東沿海炮臺附近洋面上的鴉片走私船及伶仃洋面的鴉片躉，獎勵查獲出洋紋銀的兵丁等等。[30]陶澍也補充了八條辦法，包括佈施戒煙藥、收繳煙土煙具、廣泛進行勸諭戒煙宣傳、責成保長查辦鴉片不用鄰佑互保等。[31]陳鑾在肯定黃爵所定辦法基礎上，建議朝廷對犯者應採取「由輕而重」逐步加增刑罰，以使天下「咸仰皇上衡情立法，並非不教而誅」[32]的深意。

所有的奏覆，皇帝都親自認真地細讀過。他被將軍督撫們全體一致的禁煙要求所感染，為煙毒害人之深、白銀偷漏之重所震動。無論從作為一個聖君的期望，從繼承祖宗未竟的宏願，還是從大清江山的前途、從體察民生的要求考慮，都必須痛下決心、嚴厲禁煙。自這一年的六月起，皇帝採取了一系列措施表明自己對禁煙的態度，他首先處分了吸食鴉片的王公貴胄，接着又對步軍統領衙門所拿獲的吸食鴉片的官員處以革職，並將販賣之人交刑部審訊，命令步軍統領、順天府五城一體認真訪拿，有犯必懲，毋稍疏縱；各省將軍督撫等飭屬嚴密訪查，一經報官，立即懲辦。[33]道光十八年七月二十七日（一八三八年九月十五日），皇帝接到江西道監察御史狄聽一份奏摺，報告來天津的洋船夾帶煙土、舖戶代為囤銷一事。奏摺稱來津洋船每年計一百數十隻，均由廣東福建商民僱駕，先在外洋向夷商轉販呢羽雜貨及鴉片煙，然後由海路運至天津，凡山西、陝西等處商人到天津銷貨，都由當地舖戶派人包送煙土。「當船隻抵關，將煙土囤積店舖，竟敢白晝扛抬，多人護送。煙館則隨處皆有，煙具則陳列街前，積習成風，肆無顧忌。」皇帝第二天立頒上諭，命大學士署直隸總督琦善嚴密查拿。上諭指出：「現當整頓之時，尤當扼其要害以清弊源」，若天津海口搜查淨盡，京師轉販亦隨之減少。命令琦善派委明幹妥員嚴密查拿按律究辦，並根究黨伙，杜絕來源，「毋得視為具文，致有不實不盡」。[34]

皇帝對禁煙的信心重新振作起來，督撫將軍們經過討論也表示要厲禁鴉片，這預示着朝廷的禁煙將進入一個新的階段。那麼，誰將在這個新階段中以萬歲爺的決心為決心，充當禁煙的先鋒呢？

是湖廣總督林則徐！

28《鴉片戰爭檔案史料》第一冊，第二八七頁。
29 同上書、冊，第二六九頁。
30 同上書、冊，第三一二—三一六頁。
31 同上書、冊，第三一七—三二一頁。
32 同上書、冊，第三三四頁。
33《著步軍統領衙門及各直省督撫嚴懲販煙吸煙人犯事上諭》，同上書、冊，第三四三—三四四頁。
34 同上書、冊，第三五一—三五二、三五三頁。

第三節 道光皇帝的決心

所有的奏覆中，給道光皇帝印象最深刻的是湖廣總督林則徐所上的兩件。

第一件是對黃擢的奏覆，皇帝是在十八年五月十九日（一八三八年 七月十日）讀到的。林則徐認為歷年來條奏雖多但從未有人主張對吸食者處以極刑，儘管論死之說，「私相擬議者未嘗乏人，而毅然上陳者獨有此奏」。當前鴉片之害已深入內地，如病入經絡之間，「常藥既不足以勝病，則攻破之峻劑，亦有時不能不用也」。處吸食者以極刑，完全合於聖人「辟以止辟之義」，不能與苛法同日而語。他還擬出了禁煙章程六條，作為對黃擢的補充，並主張提高茶葉大黃的出口價，以補漏卮。[1]

作為一國之君，最怕的大概莫過於被臣民視為無仁無德的暴君了。道光帝對黃擢的顧慮即在於此。林則徐聲稱黃爵滋的辦法符合聖人「辟以止辟」的大義，不啻是對聖上的一種精神支持。尤其令萬歲爺注目的，是林則徐在奏覆中還附了一件千餘言的《戒煙方》，詳細介紹了他在湖廣總督任上行之有效的兩種戒煙丸和飲方的藥理、功能、處方和用法，這說明他的奏覆不是例行公事、敷衍塞責，確實是實心辦事，認真思考過的。

第二件雖不是對黃擢的奏覆，但更使皇帝動心、動情。林則徐的這件奏摺，是對盛京將軍寶興認為銀價日昂是因為商人所出錢票造成的說法，表示自己的不同意見，[2]所以奏摺題名《錢票無甚關礙宜重禁吃煙以杜弊源》。他認為銀貴錢賤，主要不是因為商人使用外兌錢票希圖換取白銀所致，而是因為鴉片走私所偷漏。他以歷任所經的蘇州、漢口兩地為例，「凡二三十年以前某貨約有萬金交易者，今只勝（剩）得半之數，問其一半售於何貨，則一言以蔽之曰：鴉片煙而已矣。」[3]他向皇帝算了一筆細賬，指出一個貧窮的人在一般年景下，大約只要有銀四五分即可過一天的日子，若一天有銀一錢，就算很寬裕了。但是吸鴉片煙者每日除衣食外，至少要花去銀子一錢，那麼，每人每年就需要另費銀三十六兩。以全國四萬萬人計，若百分之一的人吸食鴉片，則一年中漏出的白銀就不止一萬萬兩，何況目前吸食人數何止百分之一？黃爵滋奏摺中稱歲漏銀數千萬兩，還是縮小了的數字。中國年年要漏出這樣多的銀子，豈堪設想？所以，不得不嚴法於吸食之人也。

林則徐針對有人主張重辦開館吸食之徒、不妨對吸食者從輕處理的看法，也發表了不同意見。他說：現在衙門中吸食鴉片的人最多，如幕友、官親、長隨、書辦、差役等十之八九都抽鴉片，他們都是些有能力包庇販賣的人物，要他們去禁興販，等於要他們自斷鴉片的來路，怎麼能會認真破獲呢？所以，儘管對開煙館者處以絞罪的刑法早就有所規定，而歷年來未聞絞過一人，辦過一案，幾乎例同虛設，這就是若輩包庇的結果。可見想要禁絕鴉片，首先得嚴辦吸食。當然，若吸食者論死，那麼開館和興販即使加至斬決梟首示眾也不為過；但若只重辦開館興販而輕治吸食，禁煙定會毫無收效。他說，當鴉片未盛行之時，吸食者不過害及其身，故打板子、判徒刑已是辜蔽，迨流毒天下，為害極大，就應從嚴懲辦。「若猶洩洩視之，是使數十年後，中原幾無可以禦敵之兵，且無可以充餉之銀。興思及此，能無股慄！」股慄就是兩腿

1《鴉片戰爭檔案史料》第一冊，第二七〇—二七四頁。另見《林則徐集·奏稿》第二冊，中華書局，一九六五年版，第五六七—五七五頁。

2寶興奏摺見《鴉片戰爭檔案史料》第一冊，第二六六—二六八頁。他認為銀貴錢賤，由於奸商所出錢票注寫外兑字樣，輾轉磨兑，並無現錢，請朝廷嚴禁錢票，著以現錢交易，以防流弊。道光皇帝命各省督撫妥議章程具奏。

3見《鴉片戰爭檔案史料》第一冊，第三五九頁。又，以下所引用均見此摺，不另注出處。另見《林則徐集·奏稿》第二冊，第五九八—六〇一頁。

發抖。這話的意思是說，現在如果還拖拖沓沓地看待這個問題，實在是使中國幾十年後幾乎沒有可以抵抗敵人的軍隊，而且也沒有可以充作軍餉的費用，我每想到這一點時，能雙腿不發抖嗎？

這真是石破天驚之語！

哪個皇上不希望在文治武功方面有所作為？不嚮往把國家治理得民富國強、一派興旺？何況道光皇帝繼位時不就是希望自己不負先帝的囑託，保住祖宗的基業嗎？一想到全國竟有那麼多的人吸食鴉片，甚至連王公貴族、旗綠營官兵都在抽吸，再想到每年要流出這樣鉅量的銀子，萬歲爺對林則徐的這些話不惟不感到刺耳，反而感到真切。確實，從道光十五年（一八三五）以來的三年中，皇帝在禁煙問題上態度是有過搖擺和變化，雖不能說是對煙害知之不深、憂之不切，然而總沒有動大手術、有大作為的決心和行動。林則徐說「若猶洩洩視之」，似乎並不過分，確有拖拖沓沓的味道；至於數十年後無兵無餉的警告，按林所算的細賬，按皇帝所了解的兵弁吸食的情形，也能想象到那時的窘況，一旦出現內亂外患，局面將何以收拾？再不改弦更張，那真要像奏摺上所說的「借寇資盜」了。

皇帝是知道林則徐一向為官清廉，辦事認真幹練的。林則徐出生於福建侯官的一戶書香門第，青年時代已經在科舉中顯露頭角。他治學實事求是，不涉時趨。在福建巡撫張師承幕府，盡識先朝掌故及兵刑諸大政，益以經世自勵。[4]嘉慶年間中進士，入翰林院，後歷任監察御史、道員、按察使、布政使、巡撫、總督，足跡遍歷南北各重要省份，辦過河工、漕運和鹽政，不僅官聲、政聲都很好，對民情也很熟悉，而且凡事必躬親督察、公正清廉，一時賢名遍天下。

嘉慶二十五年（一八二〇），林則徐外放杭嘉湖道，任上親自踏勘海塘、監督修塘工程，甚至連修塘所需石料也細為規定，必擇堅厚而用之。道光三年甫任江蘇按察使，即親自斷案，「一切讞讀，皆出親裁，不肯稍為假手」，連重要驗屍，也必親自動手，細辨屍傷輕重。總辦江浙七府水利後，又親赴堤工，逐段驗勘，並常與僚佐孜孜講畫，毫無倦容；為保證堤工質量，往往冒雨親驗，徒步往返於泥濘之中。道光十一年（一八三一），接任東河河道總督後，親往河南東部黃河兩岸查驗堵口料垛質量。他從北岸曹考廳起向西至黃沁廳，渡河而南，再折東徐進，「周歷履勘，總於每垛雜檔之中，逐一穿行，量其高寬丈尺，相其新舊虛實，有鬆即抽，有疑即拆，按束以稱斤，無一垛不量，亦無一垛不拆」，[5]終於克服歷來河工中成為老大難的「堆料積弊」，深得民工讚譽。皇帝為此曾朱批「向來河工查驗料垛，從未有如此認真者，揆諸天理人情，深可慨也」。[6]對這位兢兢業業的漢員表現了很高的敬意。

道光十二年（一八三二），林則徐接任江蘇巡撫後，不僅盡力剔除漕運積弊、立定章程，而且為了推廣水稻一年兩熟制，竟在撫署後園親自試種，以驗天時，察物性；為了興修水利，他親自籌劃疏濬瀏河、白茆河工程，「每坐小舟，數往來河中，察勤惰、測深淺，與役人相勞苦，不煩供億」。[7]可以說，林則徐每到一處作官，即有一事興革；每有一事興革，即以親自調查、親臨現場、親手檢驗為己任，極少假手他人，聽任唱報。這種作風，使皇帝深為感佩。十七年初，特意把他從江蘇巡撫署兩江總督兼兩淮鹽政使任上，召來京師陛見，親睹這位被百姓稱作「林青天」的良臣廉吏的風采。皇帝記得很清楚，這位身材肥胖、留着三綹長鬚的漢員，有着一雙炯炯有神的眼睛和一個高高的前額，[8]垂詢時對答如流，言談舉止中透出一股精明幹練的英氣。這一切都給皇帝留下了好印象，一個月中居然召見了多次。皇帝認為他才堪大

4 金安清：《林文忠公傳》，《續碑傳集》卷二十四。
5 林則徐：《查驗豫東各廳料垛完竣摺》，《林則徐集．奏稿》第一冊，第二十七頁。
6 同上書、冊，第二十八頁。
7 錢寶琛：《壬癸志稿》卷一。
8 據美國旗昌洋行職員威廉．亨德在一八三九年三月十日林則徐抵達廣州時親眼所見，說林則徐氣度莊重，表情相當嚴厲堅定，身材肥胖，上唇濃密的黑短鬚，下巴留着長鬚。【美】W.C. 亨特著、馮樹鐵譯：《廣州「番鬼」錄》，第一〇二頁，廣東人民出版社，一九九三年版，

用，便特簡他擔任湖廣總督。

後來，聽說他感恩知遇，在任上實心辦事，並在兩湖雷厲風行地查禁鴉片，於武昌、漢口、長沙等地設禁煙局，收繳煙具，配製戒煙丸，收到不小的效果。從呈上的奏摺中報告他在兩湖厲禁鴉片的情況看，皇上覺得只要認真，興販可以匿跡，吸毒之癖也可戒除。那奏摺上寫明，自十八年初設局至六月底，已繳煙槍計一千二百六十四桿，皆係久用漬油的老槍，而且煙斗雜具俱全，無疑是一窩端了；收繳的煙土煙膏共計一萬二千餘兩。這些僅是湖北省城的戰績，省外各屬尚未匯總統計在內。據稱湖南也收繳了煙槍二千三百餘桿。那麼兩湖首戰就已收得煙槍總計三千五百餘桿，成績確實不小。更使皇上振奮的是，奏摺報告了禁煙深入人心的一些例子，說自諭旨頒下後，「奸徒聞有論死之法，莫不魄悸魂驚，不特開館興販之徒聞風遠竄，並吸食者亦恐性命莫保，相率改圖。……並有耆民婦女在路旁叩頭稱謝，據云其夫男久患煙癮，今幸服藥斷絕，身體漸強等語。是其父子家人平日所不能斷者，皆恃國法有以斷之。此時新例尚未頒行，而情形業已如此，總因死罪二字足以怵其心志，可見民情非不畏法，習俗大可轉移，全賴功令之森嚴，始免眾心之漠馳。」[9]這一大段文字，確實使皇帝感到欣慰。如果事情確如林則徐所說，那麼嚴禁一定是得民心、裕國家的好事，自己還有什麼可猶豫的呢？如果人人都像林則徐那樣實心出力，鴉片又何嘗不可以禁絕？皇帝決定大幹一番了。他採取了以下幾項措施：

八月十七日，根據林則徐奏摺中提到的禁煙出力人員，皇帝下諭對拿獲煙槍數量最多的湖北漢陽知縣郭覲辰，著加恩賞加知州銜，以示鼓勵。[10]

九月初六日，根據山東巡撫經額布奏報，對山東登州知府英文，加恩賞給道員銜並交軍機處記名；榮成知縣李天隲，著以知州即行升用；榮成汛千總吳起元，著以守備即行升用；巡撫經額布督緝有方，著交部議敘。[11]

同天，上諭命大學士、軍機大臣，根據各省陸續呈上的奏覆進行認真討論，提出方案，並命正在服喪穿孝的穆彰阿也要參加討論。[12]

九月初八日，以莊親王奕賨、輔國公溥喜身為王公，輒赴尼僧廟內吸食鴉片，著革去王爵和公爵，各罰應得養贍錢糧二年。[13]

同天，命各省將軍督撫嚴禁查拿鴉片煙販。上諭指出：「各省鴉片煙漸染日深，流毒甚鉅，倘該地方官早能認真查緝，淨絕根株，何至錮習相沿，澆風日熾？」上諭希望將軍督撫們「趁此整頓之時，同心合力，不分畛域，上緊查拿，毋得稍行鬆勁。」「務當振刷精神，力祛積習，勿生觀望之心，以副朕意」。[14]

九月十一日，發佈降許乃濟為六品頂帶、即行休致的上諭。內稱前年太常寺少卿許乃濟奏請弛禁，「朕即以為不得政體」；本年黃爵滋奏請嚴禁，大臣中「從無一人議及弛禁者。」許乃濟「冒昧瀆陳，殊屬紕繆」，故降級休致，「以示懲儆」。[15]這一措施的重要，不單在對許個人的「懲儆」，而且在於宣佈皇帝的禁煙決心：「朕於此事，深加痛恨，必欲淨絕根株，毋貽後患。」

九月二十三日（十一月九日），頒旨命林則徐來京陛見。[16]

9《湖廣總督林則徐奏報楚省查拿煙販收繳煙具各情摺》，《鴉片戰爭檔案史料》第一冊，第三五六－三五八頁；另見《林則徐集．奏稿》第二冊，第五九六－五九八頁。

10《為湖廣總督林則徐等查拿煙販收繳煙具已有成效甚屬認真上諭》，同上書、冊，第三六三－三六四頁。

11《獎勵山東查獲鴉片出力人員事上諭》，同上書、冊，第三八七－三八八頁。

12《著大學士軍機大臣會議黃爵滋請塞漏卮以培國本一摺事上諭》，同上書、冊，第三八八頁。

13《莊親王奕賨輔國溥喜因吸食鴉片被革去王爵和公爵事上諭》，同上書、冊，第三八九頁。

14《著各省將軍督撫嚴禁查拿鴉片煙犯事上諭》，同上書、冊，第三九〇頁。

15《太常寺少卿許乃濟妄請弛禁鴉片著即休致事上諭》，同上書、冊，第三九一頁。

16《著湖廣總督林則徐即來京陛見事上諭》，《鴉片戰爭檔案史料》第一冊，第三九四頁。

林則徐是在九月二十七日接到諭旨的。處在朝野禁煙呼聲逐日高漲、皇帝禁煙決心頗堅的氛圍下，他雖摸不準皇帝究因何事要自己入覲的意圖，但垂詢時涉及鴉片問題似乎應是題中之意。所以，他一面遵旨將總督關防移交給湖北巡撫伍長華，由其兼署；一面讓屬下將各省有關禁煙章程逐件查核，「凡可採者均為錄出，其別有見解，另為條議，以備揀擇。」[17]自接奉諭旨的消息傳出後，連日來客不斷，他照例也得「趨各處辭行」，[18]談次間總免不了論及禁煙問題和估計萬歲爺垂詢所在。一連忙到十月十一日上午，才算完事。

當天下午一二點鐘啟程進京。省城官員自中丞以下都送到皇華館，林則徐與他們稍作敘談後，即渡江至漢口，在賈家興隆騾店住宿。是夜他拜摺報告自己的行程並叩謝聖恩。摺子到凌晨三點鐘左右才寫完交人齎遞。次日下午離開漢口，至十一月初六日行抵直隸安肅縣。當天，大學士直隸總督琦善正好從北京回到保定，得知林則徐在此，便到安肅城外行館拜會林則徐。他們倆早在十多年前就有交往。第一次接觸是在道光五年。那時，林則徐在江蘇按察使任上，旋奉命總辦江浙七府水利。由於洪澤河東段高家堰大壩被大風浪沖垮萬餘丈，洪澤河水外注，使與之相連的淮河水位下降，嚴重影響了漕運的通道，「黃強淮弱，漕艘稽阻」。[19]朝廷為此革去了南河河道總督張文浩的職，並將他遣戍新疆，兩江總督孫玉庭也因之被褫職休致。林則徐被特旨調到南河督修堤工。[20]大約五月間，時任山東巡撫的琦善，奉旨到高家堰查看大堤搶修情況，林則徐作為工地最高負責人，有責任陪同查驗。兩人第一次見面，琦善對林的印象頗好。不久，琦善調任兩江總督，林則徐成了他的下屬。相處過程中，琦善待林則徐總算不錯，還曾向朝廷舉薦過。所以，琦善這次拜會，既是同僚間的禮節性拜訪，又帶着老上級看望老部下的居高臨下味道。

這次會見，兩人談到傍晚時分。主題離不開禁煙。琦善「囑文忠無啟邊釁」，「文忠漫應之」。[21]文忠是林則徐死後皇帝賜予的謚號，故後世以「文忠公」或「林文忠公」相稱，表示對他的敬重。這件史料表明，琦善在談話中要林則徐注意禁煙不能輕啟邊釁。這話意味深長。因為禁煙是為了遏止外洋鴉片泛濫，勢必要涉及外國鴉片販子的利益，若措施過於嚴峻，說不定會造成外國對禁煙的不滿而發生武裝衝突。這層意思是容易理解的，若僅此而言，也還不失為忠告，林則徐似決不會以「漫應之」相敷衍。看來琦善此言大有弦外之音。如果把琦善在朝廷的地位和他與皇帝的關係估計進去，很可能他向林則徐有過某種暗示。

琦善字靜庵，滿洲正黃旗人。由蔭生任職郎曹。道光元年即擢為巡撫。京察時，以「明幹有為，能任勞任怨」，加總督銜，不久升任兩江總督兼署漕運總督。道光十一年調任直隸總督，十六年授協辦大學士，十八年拜文淵閣大學士仍兼署直督。他「久膺疆寄，為宣宗所倚任」[22]（宣宗是道光帝的廟號），又是穆彰阿的私黨，在當時是個權傾朝野的滿族大員，消息靈通；這次又是從京師回來，很可能已經探得皇上召林進京陛見擬付林以查辦廣東禁煙的重任，所以才有「無啟邊釁」之說；林則徐因為不知事情果如琦善所言否，無法接話表態，才會「漫應之」。琦善話中流露出他不願因鴉片問題與外國失和的意向，作為朝廷大員，在萬事起始時有這樣的想法，自可理解；但話中夾雜着某種對以往下屬的妒意，當然也使林則徐難以直面相爭，只能漫應。總之，這次會見，雙方無法就國家命運所繫的鴉片問題作推心置腹的深談，

17 楊炳坤：《楊中議公自訂年譜》道光十八年條。
18《林則徐集．日記》，第三〇八頁。
19《水窗春囈》卷下，金安清著：《潰河事類記》，中華書局，一九八四年版，第四十頁。
20 當時林則徐因母親過世，正在老家守孝。按儒家孝禮，在服喪期間被朝廷召回任事，稱為「奪情」。一般是在非此人莫屬的情況下，才有「奪情」之舉。
21 雷瑨：《蓉城閒話》，《鴉片戰爭》（中國近代史資料叢刊），第一冊，第三一四頁。
22《清史稿》卷三七〇，《琦善傳》。

不僅反映了兩人對禁煙可能引起的後果具有不同的認識和心態，而且也預示了日後兩人在此問題上的政見分歧。[23]

十二月初九日（十二月二十五日），林則徐行抵京郊長辛店。他原擬在此多停留一天將息，所以把行李先送入城中。但次日中午得悉萬歲爺將於十二日親臨大高殿拈香祈雪，他擔心那天遞摺諸多不便，所以決定當天趕緊進城。到傍晚終於到達了東華門外，當夜便在燒酒胡同關帝廟內住宿。[24]

十一月十一日凌晨，下了一陣微雪，不久即天氣放晴。林則徐一清早就入大內遞摺請求覲見。皇帝得知林則徐到來，即命第一起召見，並讓他上氈墊，好跪得舒服些。這次召對，君臣倆足足談了三刻有餘。談些什麼，因沒有文字記載，不得而知，但自此日起的八天內，皇上連續八次召見林則徐，這說明兩人談得是十分投機的。

十一月十三日，林則徐第三次被召見時，皇帝問他能騎馬否？林則徐是能夠騎馬的，當然騎術不精，只能作為代步的工具，皇上當時沒有作出反應，繼續垂詢他感興趣的問題，談了兩刻時辰，林叩頭告退。正當他在朝房將息時，上頭來了諭旨：著林則徐紫禁城內騎馬！

這不啻是皇上特別的恩顧，對於地方大員來說，更是少有的殊榮。

按朝廷向例，一般的朝內大員覲見萬歲時只能按指定路綫，步行入內，外僚尤其如此。由於宮廷碩大，路綫很長，考慮到朝內官員中，老年體弱者的困難，為此，特規定凡六十五歲以上的年老大員，可以免除步行，騎馬入紫禁城。但需先列名具奏，皇上恩准。被准予騎馬的朝內官員凡由東華門入者，至箭亭下馬；由西華門入者，至內務府總管衙門前下馬。這項特旨自康熙以來，一直被認為是皇上對屬下年老大員的優容照顧，具有無上的榮譽。不過，這只限於朝內，地方大員入內朝覲，照例不准享受騎馬的規定。所以，當聖上宣佈賞林則徐紫禁城騎馬時，不僅使朝臣們感到驚訝，為之側目，連林則徐本人也深感意外，心中暗稱「異數」。[25] 回到寓所，他趕忙具摺謝恩。

第二天，即十一月十四日，林則徐被第四次召見。他在清晨三點多鐘穿戴停當後，即騎馬進城。這殊榮對他來說，有何感慨，林則徐沒有在《日記》中寫出，我們無從知道。但當日入朝的同僚中，可以肯定是有很不同心境的，羨慕者有之，祝賀者有之，嫉妒者亦有之。林則徐對此不能沒有意識。中國有句老話，「人怕出名豬怕壯」。殊榮的背後可能是殊悲。早在三千年前，著名的思想家老子就說過：「禍焉福所依，福焉禍所伏」；孔子也要人們處世中庸，執兩用中，不可走極端，中庸學說成了孔學的支柱之一。林則徐向來做事認真，辦事心細，又熟悉朝廷掌故，對這份殊榮及其帶來的影響，自必仔細思量過，只是君令如山，不得不執行而已。他遞摺謝恩後被安排在第五批召見的序列，皇上問到騎馬的情況，他叩頭表示臣不慣騎馬，請聖上還是讓自己步行入內。萬歲爺說「你不慣騎馬，可坐椅子轎」。天語綸音，自不敢違背，林則徐只得叩頭謝恩。[26]後來的四次朝覲，他都是乘肩輿入內的。

在第五次召見時，即十一月十五日，皇帝上諭任命他為欽差大臣：「頒給欽差大臣關防，馳驛前往廣東查辦海口事件，該省水師兼歸節制。」[27]

這一任命又如一石擊水，掀起了層層波瀾。欽差大臣等於皇帝的特派員，或者說是皇帝的代表。在

23 以往論者因為把琦善斷為弛禁派的代表人物，所以對這次會見中琦善所說與林則徐的「漫應」，解釋為琦善對林進行「威脅」，認為這是弛禁派頭子和嚴禁派首領第一次面對面的交鋒，進而引申出清王朝內部禁弛兩派的分歧，已發展為反侵略和對外妥協的鬥爭。我以為這種說法比較勉強。

24《林則徐集．日記》，第三一五頁。

25《林則徐集．日記》本日條下稱：「蒙垂詢能騎馬否，旋奉恩旨在紫禁城騎馬，外僚得此，尤異數也。」見該書第三一五頁。

26《林則徐集．日記》第三一五—三一六頁。

27《林則徐集．日記》第三一六頁。

有清一代，授予一個漢族地方大員以欽差大臣的身份是「國初以來未有之曠典」，不是特別受到聖上的恩寵，就是事情本身特別的重要，表明執行特殊使命的人具有特出的才具。從歷史上看，十九世紀五十年代由於太平天國運動興起，朝廷急於鎮壓，授欽差大臣逐漸過濫，人們對之也沒有什麼異常的反應。但在四十年代前，任命欽差大臣是很慎重又很少見的。可以想象，這消息在朝野會引起怎樣的震動！《蓉城閒話》說「文忠破格得之，樞相亦為之動色。朝罷與同僚論不合，中外交構。有識者已為文忠危。顧上意方殷，勢不能已」。[28]

所謂「樞相亦為之動色」，樞相即指軍機大臣、大學士們。當時的首席軍機大臣就是穆彰阿，而琦善作為文淵閣大學士，自然也在相臣之列，他們不僅為之「動容」，而且「有忌阻之者」。[29] 妒嫉是中國人的通病，官場尤其厲害。雖然林則徐是個正直坦誠、以國家利益為重的人，但他聯想到琦善在安肅縣行館晤面時，要他不輕啟邊釁的警告，面對朝臣們對這一任命可能出現的種種反應，他不得不認真考慮將會出現的種種阻力。從他後來給友人的信中，可以隱約地看出他對這個任命起初是再三辭謝的：

道光二十年十一月二十九日（一八四〇年十二月二十二日），他在致葉申薌的信中說：「侍戊冬在京被命，原知此役乃蹈湯火，而固辭不獲，只得貿然而來，早已置禍福榮辱於度外。惟時聖意亟除鴆毒，務令力杜來源，所謂來源者，固莫甚於英吉利也。侍思一經措手，而議論者即以邊釁阻之，嘗將此情重疊面陳，奉諭斷不遙制。」[30]

葉申薌，字維郁，號小庚，是林則徐的同鄉，也是親家，當時在河南河峽汝道任上。這封信明確說明林則徐在接到任命後的召對中，曾向皇帝固辭，並將可能出現的議論即琦善所指的輕啟邊釁之說，反覆向皇帝說明，表示阻力不小，且來自樞相。當時，皇帝也明確表示讓林則徐放手地幹，自己斷不為遙制而束縛他的手腳。林信是寫於他被削職留粵期間，用意在說明他當初接手欽差大臣的本意是不計個人安危禍福，以國家為重的心跡。所以，他說的固辭不獲等情況，不僅是當時的實情，而且也是第一手資料。

道光二十一年正月二十七日（一八四一年二月二十八日），在同一處境下，他給自己會試時的房師、時在朝廷任職的沈維的信上說：「則徐自戌冬被命而來，明知入於坎窞，但既**辭不獲**免，惟有竭其愚悃，冀為中原除此鉅患，拔本塞源。」[31]

道光二十二年八月上浣（一八四二年九月上旬），林則徐在遣戍新疆途中，寫給友人的信中說：「徐自亥年赴粵，早知身蹈危機，所以不敢稍避者，當造膝時，訓誨之切，委任之重，皆臣下所垂泣而承者，豈復有所觀望？」[32]

這些信件證明林則徐確實是一個憂國憂民的愛國者，他是冒着極大的危險挑起廣東禁煙重擔的；對於這個任命可能產生的種種後果，事先是作過充分估計的。因為有這些信件，才使我們了解為什麼當他在第五次召見時已被任命為欽差大臣，並要他馳驛廣東，而後來竟然還被連續召見了三次。原來，這三次是他向皇帝固辭任命而不獲，進一步與皇帝討論禁煙、接受訓令、明確任務並得到皇帝「不為遙制」的口頭保證的過程。

那麼，前後八天、召見八次，君臣究竟討論了些什麼問題？除了一般的地方治績外，鴉片問題是最主要的議題。林則徐從拔本塞源要求考慮，認為禁煙勢必涉及外國鴉片煙販。為了體現天朝教化，他曾向皇

28 雷瑨：《蓉城閒話》，《鴉片戰爭》（中國近代史資料叢刊），第一冊，第三一四頁。
29 金安清：《林文忠公傳》，《續碑傳集》卷二十四。
30 楊國楨編：《林則徐書簡》（增訂本），福建人民出版社，一九八五年版，第一五〇頁。着重號為筆者所加，下同。
31 同上書，第一六四頁。
32 同上書，第一九一——一九二頁。

帝建議應向各國頒發檄諭，「曉示外夷」。[33]對此，皇帝認為待林則徐到廣東後，「著與鄧廷楨酌商，是否可行。倘必須頒發，著即妥擬底稿具奏，經朕披覽，再行檄發」。[34]看來，皇帝對這個建議原則上是表示同意的，但做法上卻講求穩妥，要林與當地督撫認真討論檄諭有否可能和必要之後，再作考慮。應該說，皇帝的設想是可取的。因為一則，此事涉及廣東當局，不和督撫商酌，單以欽差大臣的身份頒發，會在客觀上造成朝廷不信任地方大員的錯覺，容易給外夷鑽空子；二則，林則徐畢竟沒有擔任過海口的總督，對兩廣尤其是廣東方面鴉片走私情況，並不一定很熟悉。急於發佈檄諭，似乎容易隔靴搔癢，打不中要害；而且先發檄諭弄得不好等於預先通知外夷，反而不利於禁煙大局。所以這件事經過討論，決定讓林則徐到廣東後與鄧廷楨商量出結果再說。

林則徐估計禁煙的舉動有可能會使外夷鋌而走險，興師動武。為此，向皇帝建議應加強海口要害，「須得精兵嚴守，庶夷人不得竄入」。[35]不用說，這是林則徐的深謀遠慮，符合兵學上有備無患的要求。皇帝當時的態度，目前沒有史料可資說明，但若從林則徐到粵後加強廣東海防的作為看，他必定得到過皇帝原則上的認可。從前面所引林則徐致葉申薌的信可見，他們君臣倆一定還談到過禁煙會不會啟邊釁的問題。這不僅是上面那個加強海防的合乎邏輯的想法，也是林則徐自與琦善在安肅縣行館會晤後一直感到有形無形的朝議壓力，他必須在這個問題上得到皇帝的明確表示。這不單是他個人的問題，也是關係禁煙全局的大事。皇帝表示斷不為遙制，等於說不會聽信別人的讒言而使林則徐動輒受咎。這個表態，堅定了林則徐肩負重任的決心。但是他哪裏知道後來皇帝居然自食其言，使禁煙大業功敗垂成，自己也因此受到不公正的處分。

此外，在召對期間，皇帝還發交林則徐幾件有關鴉片走私的奏摺，命他帶到廣東分別查辦。這些奏摺是太僕寺少卿楊殿邦，給事中黃樂之，御史袁玉麟、周春祺分別上奏的。奏摺內容係揭露英國大鴉片販子查頓（諢號鐵頭老鼠）與漢奸積慣串通，為夷人中奸猾之尤，因販運鴉片而致鉅富；[36]奏摺還涉及驅逐鴉片躉船、訪緝通夷奸人、嚴究包庇弁兵等事。[37]

十一月十八日（一八三九年一月三日），林則徐第八次被召見，又談了三刻。諭令即於是日跪安，林則徐跪辭了皇上，[38]結束了長達八天的君臣對話。

連續八次召對，是皇帝接位十八年來對地方大員絕無僅有的舉動。這不僅表現了聖上對林則徐的器重和賞識，也表示了對嚴厲禁煙的決心。林則徐受此殊遇，感恩異常，為國家民族爭命，決心置個人禍福榮辱於不顧，甘蹈湯火。困擾清王朝的鴉片問題，從此有了一綫轉機；大清帝國為了保持它的萬世長存，決定要和中外鴉片販子作認真較量。這樣，作為中英關係即將發生重大變化的禁煙和反禁煙鬥爭，成了中國歷史轉折的一種契機。

33《林則徐集．奏稿》第二冊，第六五二頁。
34《籌辦夷務始末》道光朝卷五，二十二頁；另見《鴉片戰爭檔案史料》第一冊，第四八三頁。
35 林昌彝：《射鷹樓詩話》，上海古籍出版社，一九八八年版，卷一，第十五頁。
36《英國煙販即粵省興販吸食之人畏懼觀望情形片》，《林則徐集．奏稿》第二冊，第六二七頁。
37《已革弓役譚升等起意興販鴉片得賄縱放案審明定擬摺》，同上書、冊，第七三三頁。
38《林則徐集．日記》，第三一六頁。

第六章

林則徐廣東禁煙

第一節　虎門銷煙

道光十八年十一月二十三日（一八三九年一月八日），欽差大臣林則徐辭別師友，毅然踏上了南下廣東、厲行禁煙的荊棘之途。

臨行前，好友龔自珍寫了《送欽差大臣侯官林公序》一文，為之送行。文中懇切地提了許多有益的建議，切望此行能真正禁絕鴉片，「使中國十八行省銀價平、物力實，人心定」；並引《詩經》中「憂心悄悄，僕夫況瘁」詩句，要他提高警惕，防止有人破壞禁煙。指出在粵東的僚吏、幕客、遊客、商賈、士紳中有一批「黠滑遊說而貌為老成迂拙」之徒，是破壞禁煙的人物，對他們必須殺一儆百，不能手軟，千萬不可被他們的遊說所動，失卻這千載一時的機會。龔自珍並要求隨林則徐南下，親身參加這場鬥爭。[1]

對老友的愛國熱忱，林則徐深為感動，但他深知此行困難重重，不願意友人因他而同蹈湯火，所以託人「以事勢有難言者」婉阻。後來，在旅途中林則徐作書答謝友人，表示自己完全接受龔自珍提出的講求火器、嚴懲外國鴉片販子及奸民、守海口等建議，並指出：「執事所解詩人悄悄之義，謂彼中遊說多，恐為多口所動，弟則慮多口之不在彼也。」暗示破壞者主要不在廣東而在朝廷。對於老友懇切由衷的期望，表示深受激勵，「足堅我心，雖不才，曷敢不勉」，傳意自己決心排除困難，全力以赴完成禁煙使命。[2]

他根據皇上發下交辦的楊殿邦等揭露英國大鴉片販子查頓的奏摺，在離京之前，「密遣捷足，飛信赴粵，查訪其人，以觀動靜」，[3]準備一到廣東即着手處理。離京之日，即傳牌沿途地方官，說明自己「並無隨帶官員供事書吏」，「並無前站後站之人。如有藉名影射，立拿究辦」；申明沿途不准故為鋪張，不准隨身丁弁人夫暗受分毫站規門包等項，「需索者即須扭稟，私送者定行特參」，[4]表現了清正廉潔的品格。

離京途中，他給廣東布政使和按察使發出密札，說明此行「首在嚴拿漢奸」，命令他們按照開列的名單，包括「包買之窯口，說好之孖氈，與興販各路之奸商，護送快艇之頭目」，都要「密札飭拿」[5]；同時嚴正指出：「其中多有各衙門堂差及營兵在內」，地方官不得徇私包庇；申明對那些雖有失察處分，而自行拿獲在官人役犯法者的管官，「例准免議」，「既往之事，付之不咎」，[6]表現了嚴寬相濟、區別對待的原則。

林則徐赴粵禁煙的消息很快就傳到了廣州。那些貪賄放縱鴉片販子的官吏，勾結外國鴉片販子的行商，都「驚惶萬狀」，「惶惶不安」；[7]而兩廣總督鄧廷楨則興奮異常。他會同廣東巡撫怡良、水師提督關天培等着手在廣東海面加強巡防，充實軍備，查緝煙犯；[8]並給正在途中的欽差大臣寫信表示「協力同心，除中國大患之源」。[9]他們先後捕獲了吸毒人犯二千多名，並於道光十九年正月十三日（一八三九年二月二十六日）在十三行商館廣場上，將一名中國鴉片販子當眾處以絞刑。可惜的是，林則徐指明要查訪

1《龔自珍全集》，第一六九——一七一頁。
2 林則徐：《答龔定庵書》，《龔自珍全集》，第一七一頁。
3《英國煙販及粵省興販吸食之人畏懼觀望情形片》，《林則徐集．奏稿》第二冊，第六二七頁。
4《本部堂奉旨前往廣東查辦海口事件傳牌稿》，中國歷史研究資料叢書《信及錄》，上海書店據神州國光社一九五一年版重印，第七頁。
5《密拿漢奸札稿》，《信及錄》，第八頁。孖氈即馬占，英語 merchant 的音譯，即經紀人。
6《信及錄》，第八頁。
7【英】賓漢：《英軍在華作戰記》，《鴉片戰爭》（中國近代史資料叢刊），第五冊，第二十二頁。
8《籌辦夷務始末》道光朝，卷五。
9 林則徐：《又和見懷原韻》，《雲左山房詩鈔》卷七。

的外號「鐵頭老鼠」的英國大鴉片販子查頓，已在十八年十二月中旬聞風而走，離粵回國了。

道光十九年正月二十五日（一八三九年三月十日），欽差大臣林則徐抵達廣州天字碼頭，與早已在接官亭等候的總督鄧廷楨、巡撫怡良、提督關天培、粵海關監督豫堃、廣東將軍德克金布、廣州副都統左翼翼長公爵奕湘、右翼翼長英隆等人一一相見，跪請聖安。[10]當夜，他下榻於省城越華書院，書院成了他的行轅。

越華書院與粵秀書院、羊城書院並稱省城三大書院，教習均為粵中名士。其中尤以梁廷枏最享盛名。梁是越華書院的監院，字章冉，號藤花亭主人，廣東順德人，嘉慶元年（一七九六）生，時年四十四歲，比林則徐小十一歲。他以副貢生賜內閣中書，加侍讀銜，得窺朝章典故；學問淹博，又留心時務，注意研究西方國家政情民俗；曾應粵海關監督豫堃之聘，主持編纂中國第一部系統的海關志《粵海關志》，凡三十卷，起於乾隆朝，迄於道光十八年。他在海防局時，「所有諸國稟件禁令，及沿海要隘，諸營縣界域道里、墩營炮械，皆有錄存圖繪」。[11]林則徐在杭嘉湖道任上時曾讀過梁氏的著作，評價很高。這次林則徐赴廣州途中，接得時任粵海關監督豫堃幕僚的故友郭桂船來信，向他推薦梁廷枏。林則徐因早知梁氏，極樂意就海防諸問題求教。所以他甫抵廣州，便以越華書院為行轅，目的是可以與梁氏經常晤談時務，以備了解情況之需。

次日，他與鄧廷楨、怡良、關天培、豫堃在書院議事，[12]了解廣東的禁煙情況及外國煙販、鴉片躉船的動向。得知查頓已經離粵回國，伶仃洋躉船兩隻於十二月二十八日（二月十一日）回去，另有英、美等國躉船十八隻駛避丫洲洋面。他將這些情況寫進了到粵後的第一份奏摺，向皇帝作了報告，並談了自己的短期行動方案：派師船跟蹤監視鴉片躉船，並在伶仃洋及東路惠、潮等屬洋面口岸一體巡防；自己目前擬先熟悉情況，與督撫等互相講求，擬於旬日之間出中路之虎門、澳門等處與關天培巡視了解，以便相機度勢，通計熟籌。[13]就是說，在密切注視外國鴉片販子的同時，作了解摸底的工作，為採取行動作好準備。

道光十九年二月初四日（一八三九年三月十八日），林則徐開始行動。他把十三行行商召至行轅，歷數行商勾串外國煙販的種種悖謬事實，並命行商將《諭各國夷人呈繳煙土》諭帖送至外國煙販。諭帖要他們將躉船所藏數萬箱鴉片盡數繳出，並簽名出具甘結，保證嗣後來船永不夾帶鴉片；如再夾帶，一經查出，「人即正法，貨盡沒官」。諭帖表示：凡照此辦理的，可以不追既往，照常貿易；如執迷不悟、玩弄花招，當遵照新例，從重嚴懲。在諭帖中，林則徐莊嚴申明：「鴉片一日未絕，本大臣一日不回，誓與此事相始終，斷無中止之理。」他正告外國煙販，「察看內地民情，皆動公憤」，不要官兵，「即號召民間丁壯，已足制其命而有餘」。[14]他責令行商向外國煙販傳交諭帖時，「必須嚴氣正性，曉以利害，不許仍作韋脂之態，再說央懇之詞，務令慷慨激昂，公同傳諭。限三日內取結稟覆。」[15]

這兩件諭帖，是林則徐禁煙決心和所行禁煙政策的第一次聲明。雖然他那時對外國情況還很不了然，語詞中仍有不切實際的天朝大國觀念和中外力量對比上的盲目自大，但在反對外國煙毒上態度鮮明，立場堅定，義正辭嚴，表達了中國政府的禁煙決心。對行商，既斥其罪，又扶其氣，要他們「嚴氣正性」、有忠公體國之心；對外國煙販，既堅持令其繳煙、具結，又申明照此辦理者可以既往不咎，注意了策略的嚴

10《林則徐集．日記》，第三三三頁。
11 梁廷枏：《夷氛聞記》卷一，《鴉片戰爭》（中國近代史資料叢刊），第六冊，第九頁。
12《林則徐集．日記》，第三三三頁。
13《欽差大臣林則徐奏報抵粵日期並體察洋面堵截躉船情形摺》，《鴉片戰爭檔案史料》第一冊，第四九六－四九七頁。
14 林則徐：《諭各國夷人呈繳煙土稿》，《信及錄》，第二十二－二十三頁。
15 林則徐：《諭洋商責令夷人呈繳煙土稿》，同上書，第二十一頁。

正和靈活性。

次日，行商向外國煙販遞交了欽差大臣的諭帖。長期以來，外國煙販一向藐視清政府的法令，置禁煙令於不聞不顧。但是，這次查辦禁煙的欽差是政府的幹員，有關他的性格和果斷作風的傳聞，早在欽差本人未到廣州之前，就已在洋人中傳開。在這種先聲奪人的情勢下，外國煙販不得不考慮對諭帖應取什麼態度。

在規定期限的第三天，即二月初七日（三月二十一日），外國鴉片販子和商人四十人，在商人公所召開緊急會議，討論對諭帖作何種反應。會議由美國商人滑壓（韋特慕，W.S.Wetmare）主持，他認為：「面臨這種嚴重局勢，不管今後發生什麼樣的事件，統一意見是我們的首要任務；不管他們採取什麼樣的手段，我們不應說出對自己不利的事。」[16]接着，他宣讀了草擬的回稟，聲稱現有的鴉片是屬於居住在孟加拉和孟買的商人所有，所以目前在廣州的外國商人無權繳出鴉片，只能要販運鴉片的船隻迅速離開、返回本國，今後不再載鴉片來華。[17]很明顯，滑壓的對策是以今後不再販運鴉片的虛偽聲明，來保住現有的鴉片；以偽稱他人所有，來拒絕向中國政府繳煙。對此，英國大鴉片販子顛地表示不同意見。他認為欽差大臣的諭帖只是一種威脅，而「販運鴉片沒有絲毫錯處」。他說：「我知道享有極高榮譽和聲望的人都在做這種事情，他們在任何社會中都是受到歡迎的」。因此，他不同意滑壓採取撤出鴉片船隻的做法，建議拒不回覆欽差的諭帖，應指派一個委員會來從長計議、擬定辦法，然後交會議討論，作出可行的決定。[18]會議對這兩種意見投票表決，結果以二十五對十四票通過了顛地拒不稟覆的提案。會議決定以各國商人公所名義向行商寫一封簡短回信，說明由於茲事體大，必須在一星期後才能作出答覆。[19]

對於外國煙販故意抗拒，林欽差採取果斷措施。二月初七日，行商被命令再次向外國煙販傳達欽差大臣的決心：如到期拒不交煙，本大臣將於上午十時親至公所處理。外國煙販得此消息，極感震動，不得不改變態度，象徵性地繳出一千箱鴉片，企圖敷衍了事。林欽差洞悉煙販的伎倆，於次日下令拿辦顛地，指出：「顛地本係著名販賣鴉片之奸夷」，現又阻撓繳煙，「誠為首惡，斷難姑容」；同時再次申明「斷不因顛地之愍不畏法，而連及能知改悔之人」。[20]

欽差大臣動了真格，不僅使煙販目瞪口呆，而且也使英國駐廣州商務監督查理．義律面臨難題。

查理．義律（Charles Elliot，一八〇一——一八七五）是繼羅賓臣之後的第四任英國駐華商務監督與政府全權代表。他出生在英國的一個貴族家庭。祖父世襲男爵，是英貴族院議員；父親是個職業外交官。義律像大多數英國貴族子弟從參加海軍到殖民地尋找出路那樣，一八一五年加入海軍，在印度及牙買加服役，累升至少校。一八二二年後轉向外交界，曾赴南美從事奴隸管理。一八三四年任第一任商務監督律勞卑的祕書，隨其來華，後又接連在歷任商務監督手下任職。一八三七年升任商務監督，是一個在華時間頗久的英國人，具有豐富的外交經驗。只是他的出身和長期在殖民地服務的生活經歷，使他養成了貴族老爺的驕橫和對落後民族的蔑視心態，自以為熟諳中國官員的性格和了解中國官場的虛應故事，使倫敦相信他確是個中國通。當他在澳門接到中國欽差大臣二月初四日（三月十八日）給各國夷人呈繳煙土的諭帖抄本後，立即斷定這是中國官員虛張聲勢的慣例，便寫信報告英國外交大臣帕麥斯頓子爵，聲稱自己確信只要以「堅決的語調和態度，將會抑制廣東省當局輕舉妄動的氣焰」。[21]信發出不久，便得到中國欽差將要對

16《各國商人會議公所會議記錄》，見斯萊德：《中國近事紀實》，一九三九年澳門版，第三十一頁。
17《草擬稟帖原稿》，同上書，第三十二——三十三頁。
18《顛地發言記錄》，同上書，第三十四——三十五頁。
19《各國商人公所致行商信稿》，同上書，第三十八頁。
20 林則徐：《飭拿販煙夷犯顛地稿》，《信及錄》，第二十四——二十五頁。
21【美】馬士：《中華帝國對外關係史》第一卷，第二四九頁。

顛地採取行動的消息，他覺得自己應該親自出馬，負起所謂保護本國僑民的責任。

二月初九日（三月二十三日），義律自澳門啟程，次日下午到達位於廣州十三洋行街的英國商館。十三洋行街是廣州外城毗鄰珠江的一條東西向街道，街南共有十三所行館，屬廣州公行商人所有。行商們把其中九所分別租給來華貿易的外國商人居住，稱為商館。其實所謂商館，是外國商人的住所兼辦公室（俗稱「寫字間」），不但起住宅的作用，而且也是各國商人進行貿易和堆放貨物的處所。每個商館都有幾橫排樓房，通常底層都作庫房、僕役室、華籍僱員辦公室、廚房和堆棧之用；二層樓是賬房間、客廳和飯廳；三層才是臥室。每個商館的房屋設備都很豪華、寬敞。據一八三二年《廣州紀事報》報道，該年元旦英國商館召開的一次宴會，在二樓的飯廳裏，席面上坐了一百位客人，可以想見建築物是多麼寬敞了。在商館面南處，是一片長寬約一千五百平方英尺的廣場，供各國商人散步、活動和眺望珠江的秀麗景色。因為清政府歷來規定外商不准擅離商館活動，這兒便成了外國人除規定每月有三天外出到指定地點遊覽外唯一能任意走動的處所。當時，英國商館有兩處，一處位於南北向的老中國街和俗稱豬巷的兩條小街的中間，稱舊英國館；另一處在豬巷以東，毗鄰荷蘭館，原為東印度公司租借的商館，自東印度公司撤銷後，便改稱為新英國商館。[22]查理·義律的辦公室就設在新英國館裏。

義律一到商館，即將顛地窩藏在他的商務監督辦公室內。當夜，顛地企圖逃離廣州，被軍民人等發覺截回。[23]在此情況下，林欽差一面「諭責義律以不能約束之非」，一面按歷來定例，於二月初十日下令封艙、停止對外貿易。他撤回商館中的中國僱員，派兵嚴守商館，斷絕躉船與商館間的交通往來。[24]洋人二百七十五名被隔絕在商館裏，既無食物供應，又無中國僕役服務，顯得情緒沮喪、氣焰頓消。於是，原以為只要用「堅決的語調和態度」就能嚇倒中國官員的義律，不得不考慮面臨的嚴重局面。

二月十一日（三月二十五日），義律向兩廣總督遞交照會，要求三天內給在廣州的所有英人及英船頒發離開該城的護照。否則，他將認為「本國的人員和船隻已被強行扣留，就要作相應的行動」，並聲明他對於可能發生的後果不負責任。林欽差針鋒相對，一定要他先遵令繳煙，然後頒發護照。義律收到欽差批覆，知道恐嚇無效，便申請收回前呈，並請求供應食物和派僕役進入商館。[25]翌日，林欽差再次諭令義律，應將躉船煙土迅速全繳，「不但人船賣辦，一切照常」，而且定當不追既往，[26]並於當日頒發了速繳煙土的四條告示。[27]

既然軟磨硬頂都不能動搖中國欽差大臣的決心，那麼再不迅速表態，就會引起被隔離在商館內的英國人和美國、法國、荷蘭等國商人的強烈不滿。於是，這位女王陛下派駐中國的全權代表，不得不收起殖民老爺的驕橫，第一次向他蔑視的中國官員低下頭顱。二月十三日（三月二十七日），義律被迫向中國當局表示願將「英商手上的鴉片悉數交官」；同時，他以英國政府代表的身份通知英國煙販，要他們繳煙。通知說：「目前同本國及別國僑居此間的一切商人，被廣東省府強行扣留，食物無着，僕役離散，和我們各本國的交通已被斷絕」，把咎由自取的一切責任都推向中國方面。並申明：「英商財產的證明及照本通知樂於繳出的一切英國人的鴉片的價值，將由女王陛下政府隨後規定原則及辦法，予以決定。」[28]這就為英國

22【美】馬士：《中華帝國對外關係史》第一卷，第八十一頁；《廣州番鬼錄》，《鴉片戰爭》（中國近代史資料叢刊），第一冊，第二四九—二五一頁。

23《會奏夷人躉船盡數呈交煙土摺》，《鴉片戰爭》（中國近代史資料叢刊），第二冊，第九十二頁。

24《諭繳煙土未覆先行照案封艙稿》，《信及錄》，第二十五—二十六頁。

25【美】馬士：《中華帝國對外關係史》第一卷，第二五二—二五三頁。

26林則徐：《諮覆廣督批示義律稟一案稿》，《信及錄》，第二十八—二十九頁。

27林則徐：《示諭夷人速繳鴉片煙土四條稿》，同上書，第二十九—三十二頁。

28【美】馬士：《中華帝國對外關係史》第一卷，第二五三、二五四頁；另見《鴉片戰爭前中英交涉文書》第一七八頁。

政府出面，把清政府維護國家主權、處理在華不法商人的內政，改變為國與國關係埋下了伏筆。所以大鴉片販子馬地臣對此讚揚說，這是「具有政治家風度的行動，特別是因為中國人因此而掉進了要直接對英國政府負責的陷阱」。[29]在同樣的計謀下，義律也勸美國等鴉片販子交出存煙，保證一切損失將由英國承擔。

林則徐那時對西方的情況還所知有限，作為一個長期生活在封閉社會中的天朝欽差，自不可能有近代的國家觀念，更缺乏近代外交知識。但他又是個長期從政的大員，加以受命之前對可能引起邊釁早有思想準備，因此，在對待外國煙販問題上，一直採取着既堅定又靈活，既有魄力又極謹慎的政策。二月十五日（三月二十八日），當他收到義律保證「定必將二萬零二百八十三箱鴉片如數繳清」，並請求「照常買辦工人日備饌食，三板來往省澳及各洋面」的照會後，[30]立即於當天派人送去牛羊兩百頭和其他食物。[31]對於義律在照會中所稱洋人被「固禁如囚」的說法，林則徐於次日批示中作了駁斥，指出自二月初四日（三月十八日）諭令各國商人繳煙之後，「一切尚皆照常」；自初十日（三月二十三日）「爾乘三板來省，是夜欲將顛地帶逃，然後安設巡船，稽查出入。原因爾無信實，令人不得不防」。他要義律曉諭煙販盡速繳煙，「一經繳到，即一切無不照常」。[32]鑒於義律對繳煙只有書面保證而尚無實際行動，林欽差沒有撤銷圍館、封艙的命令和恢復買辦工人的服務，沒有同意義律的所請三板往來省澳的要求，並進一步堵死了通向商館四條街道中的三條，即盤定街、新中國街和豬巷，只留由各國商人公所進入商館區的老中國街一條通道；並且把向着十三洋行街的商館後門，都用磚頭砌死。[33]直到林欽差接到義律請求派其副手參遜等人辦理繳煙的照會後，他感到義律和各國煙販確實願意交出所存鴉片，才於二十九日（四月二日）宣佈恢復食物和飲水供應，同時規定鴉片繳到四分之一，即給予買辦工人；繳至半數，酌量允許三板往來省澳；繳至四分之三，准予開倉貿易；全數交完，則一切照常並奏請獎勵。若貽誤失信，以三日為限，斷其淡水，再誤三日，斷其食物供應，又三日，當執法從事，斷不寬貸。[34]欽差大臣以巧妙和極有分寸的措施，把義律引向預定要達到的繳煙目標。

從二月初四日傳諭外商繳煙起，林欽差就謹慎地處理着禁煙中可能涉及的兩國或多國關係。他在封艙過程中堅持了區別對待的政策；當商館被圍、斷絕供應後，外國煙販產生分化，美國商人金（Charles W. King）向中國當局稟告自己從不進行鴉片貿易，請求允許他和他的船隻進行正當貿易和招回僕役時，欽差大臣宣諭「本大臣既不許奸夷和良夷混淆，亦不願因一事而變更大計」，請他向煙販們勸導繳煙。荷蘭領事也得到了同樣的勸告。當外國煙販陸續繳煙時，林欽差逐步放寬了對煙販的隔離措施，到三月初六日（四月十九日），所有買辦和中國僱員被允許返回商館。三月二十一日（五月四日），取消封港和恢復交通。二十三日，撤回了包圍商館的兵丁。而煙販的繳煙則一直延至四月初六日（五月十八日）才繳完。這一切充分說明欽差大臣在和煙販的鬥爭中，既果敢又冷靜，一切措施都使用到最恰當的火候，注意掌握策略而不超越預定目的的限度。

外國煙販交煙的地點確定在虎門。自二月二十六日（四月九日）林欽差接到水師提督關天培報告鴉片躉由九洲開至虎門呈繳鴉片的訊息後，於次日偕同總督鄧廷楨、粵海關監督豫堃同赴虎門驗收鴉片。二十八日，林欽差抵達虎門會晤關天培，當天起逐日收繳煙土。為了進行監督和指揮方便起見，欽差大臣於三月初一日起在師船「新會一號」上居住，直到三月二十四日收煙接近尾聲時才移居岸上，前後共住在船

29《鴉片戰爭前中英通商史》，譯文據丁名楠等：《帝國主義侵華史》，人民出版社，一九六一年版，第一卷，第三十二頁。

30《英吉利國領事義律稟請給還買辦三板以便呈繳鴉片由》，《信及錄》，第三十三—三十四頁。

31參見肖致治等：《鴉片戰爭前中西關係紀事》，湖北人民出版社，一九八六年版，第四五九—四六〇頁。

32《批英吉利領事義律稟》，《信及錄》，第三十五頁。

33【美】馬士：《中華帝國對外關係史》第一卷，第二五六頁。

34《鴉片戰爭前中英交涉文書》，第一八四頁；另見《中華帝國對外關係史》第一卷，第二五七頁。

上二十四天。[35]四月初六日（五月十八日），外國煙販所報煙土全部繳清，「合計前後所收夷人鴉片共一萬九千一百八十七箱，又二千一百一十九袋，核之義律原稟應繳二萬二百八十三箱之數，更溢收一千袋有零。」[36]初九（五月二十一日），林欽差簽發了給英人的收據，據內寫明共計二萬二百八十三箱二十八斤又七個。[37]在這些鴉片中，查頓．馬地臣洋行（怡和洋行）繳出七千箱，居第一位；顛地洋行一千七百箱，居第二位；羅素洋行繳出一千五百箱，居第三位。這三家洋行共繳出一萬零二百箱，超過應繳總數的一半。[38]

兩萬多箱鴉片總重二百三十七萬六千二百多斤，如何貯放是個大問題。因為此物流行已久，利之所在，眾庶爭趨，嚴防偷漏，刻不容緩。林欽差等考慮到收繳地點是在虎門，不如就地臨時堆放，免得轉輾途中發生亂子。因此自收繳以來即先相度堆貯之地，最後選中了位於穿鼻附近的鎮口村。這裏地處碼頭，收繳鴉片都在此進行，便於堆放，也便於監守。但此處民房廟宇均無寬敞，鴉片每箱長約三尺，高寬各半，大房一間只能堆至四五百箱之數，沒有一處可以堆放這麼多的鴉片，不得已，只好把陸續收來的鴉片，分作數堆，每堆屋外圍起牆壁，上面添蓋高棚，勻排封貯之外，另派文職正佐十二員，在內分棚看守；分派武職十員，帶領弁兵一百名，晝夜巡邏，嚴密防範。[39]

這麼多的鴉片如何處理又是一個大問題。最初，林則徐等向朝廷報告一俟收繳完畢，即派員押解進京，請朝廷驗收。三月十九日，皇帝頒諭同意解京。[40]但三月二十五日浙江道監察御史鄧瀛上奏，建議就地銷毀，無庸解京。他認為廣東距京師路途遙遠，運送需要大量人力、物力、財力。如廣東、江西、安徽陸路多用抬夫，每箱用夫二人，計須四萬餘人；廣東、江西水路須用船隻，計須僱民船百餘號、水手一二千人；安徽以北俱用車載，計須大車千餘輛、民夫千餘人、騾馬五六千頭；即使由江西水路經向長江，轉入運河行走，亦足可與運解銅鉛船數相當。此項舟車民夫，不但地方一時驟難僱備，而且需花大量經費。以國家有用之財，花在這種無用之物上，實在很不上算。而且長途運送，難保不會途中發生偷換。他指出近來各省多有假造煙土，其價值僅洋煙十分之一，而形色逼真，雖積慣吸食的老煙鬼也很難辨其真假。經此次查辦之後，洋煙愈少則價格愈昂，價愈昂則利愈厚，而為利所趨，舞弊的手法也隨之愈巧，很難保證沒有偷換，即使到京後派大臣查驗，也只能核計多寡而無由辨其真偽。據此兩點，鄧瀛認為林則徐、鄧廷楨等都係皇上委任責成之人，自不會扶同欺飾、自取罪戾，不如飭令該大臣等將起獲煙土毋庸解京，俟收繳完竣，即在該處督率員弁，公同查核，目擊銷毀，以省解運之煩。[41]

皇帝讀了鄧瀛奏摺後，覺得所奏有理，便改變原來解京的主張，三月二十六日，重頒諭旨，著林則徐等無庸將煙土解京，可在收繳完畢後，由林、鄧、怡良等督率文武員弁公同查核，就地目擊銷毀。上諭並對林則徐表示了充分信賴，說「此次查辦粵洋煙土甚屬認真，朕斷不疑其稍有欺飾」。[42]

對於二萬餘箱鴉片解京之難，林則徐並非不清楚，只是因為向例必須將辦案所獲交朝廷驗明，才有解京之請。不過他還是作了兩手準備，約在三月中旬之初，當收繳的鴉片日益增加時，就着手擇地開挖化煙用的大池。四月初一（五月十三日）的日記中有「黎明詣天后宮、靖海廟行香，順往看視池工，擬為毀化

35 肖致治等：《鴉片戰爭前夕中英關係紀事》，第四七三頁；另見《林則徐集．日記》第三三六、三三九頁。

36《欽差大臣林則徐奏為英國等船隻所呈繳之鴉片已一律收清摺》，《鴉片戰爭檔案史料》第一冊，第五四四頁。

37《鴉片戰爭前中英交涉文書》，第二一〇頁。

38 參見【美】馬士：《中華帝國對外關係史》第一卷第二四七頁注四所列數字。

39《欽差大臣林則徐等奏報銷化煙土已將及半摺》，《鴉片戰爭檔案史料》第一冊，第五九四頁。

40《著將欽差大臣林則徐等交部從優議敘並將收繳煙土查清解京事上諭》，同上書、冊，第五二五—五二六頁。

41《浙江道監察御史鄧瀛奏請將在粵所收繳煙土就地銷毀無庸解京摺》，同上書、冊，第五三三—五三五頁。

42《著欽差大臣林則徐等將廣東收繳之鴉片就地銷毀事上諭》，同上書、冊，第五三九—五四〇頁。

煙土之用」[43]的記載，準備聖上一旦命令就地銷毀時有所不虞。四月十八日，林則徐接到了三月二十六日發出的廷寄上諭，奉旨煙土無庸解京，便立即投入了緊張的銷煙準備工作。

首先是確定如何銷煙。林則徐等曾對此多次商量、反覆試驗，否定了用火燒化的辦法。向來鴉片採取拌和桐油後用火燒化，但焚過之後必有殘膏餘瀝滲入地中，若挖土熬煎，可以十得二三，說明此法尚未能去毒務盡。經過調查訪問、廣諮博采，發現鴉片最忌鹽鹵、石灰二物，若投以灰、鹽，煙土即成渣末，必不能收合成膏。考慮到二萬多箱鴉片如用鍋灶化毀，不僅須盈千累百，而且曠日持久。最後決定在海灘高處挑挖兩個大池，輪流浸化。每個池子各縱橫十五丈左右，四周攔樁釘板，不令發生滲漏，池底平鋪石板，前面設一涵洞，後面通一水溝，池岸周圍樹以柵欄，中設棚廠數座，作為文武員弁查視之所。其浸化之法，先由溝道車水入池，撒鹽成鹵，將每箱煙土逐個切成四瓣，投入鹵中，泡浸半日，再將石灰拋入池內，頃刻便如湯沸。其時，人夫手執鐵鍬木爬，立於跳板之上，往來翻戳，務使盡化。俟退潮時，啟放涵洞，殘渣流出，隨浪送出大洋，並用清水洗滌池底，不留涓滴。若甲日第一池尚未刷清，乙日便用第二池，輪流替換，化一池必清一池底，以免套搭牽混，滋生弊端。傍晚停工時，封閉四周柵欄，派文武員弁巡邏，化煙員工，令其僅穿短褲，其餘赤裸，於停工放出時，與執事工役一同搜檢，不許稍行夾帶。

其次是核定化毀時的鴉片斤數，做到收、化兩符，以杜偷漏。林則徐等經商議後，決定在劈箱銷化時，將各色煙土分別編號登記，以鴉片名色分為公班土、白土、金花土三等，逐箱過秤，並扣除箱袋斤重，核實淨煙斤數，隨銷化隨登記，防止差錯。

再次是派定執司，保衛現場。決定沿海居民，只准在柵欄外觀看，不許混入廠中；在事員弁，各有職司，相互查核，嚴防偷漏夾帶。

最後是排定在省大員輪流查視，做到共同目擊銷毀。決定由林則徐、關天培及候補知府余保純等在虎門駐紮，逐加佈置；總督鄧廷楨、巡撫怡良、藩司熊常錞、臬司喬用遷、運司陳嘉樹、糧道王篤分班輪流，接替查視；並諮會廣州將軍德克金布、左翼副都統奕湘、右翼副都統英隆，各輪流到虎門彈壓；粵海關監督豫堃更應常川在虎門照料稽查。[44]

挖池的工作在奉旨前已經完成，並於當天函告總督、將軍、都統等一同過目驗收[45]；其他各項也陸續於月底前安排停當。四月二十日（六月一日），林則徐祭告海神，「以日內消化鴉片，放出大洋，令水族先期暫徙，以避其毒」。[46]他宣讀了早在十多天前就已擬就的祭文，祈禱海神保佑，「有汾澮以流其毒，況茫乎碧澥滄溟；雖蠻貊之邦可行，勿污我黃圖赤縣」，[47]虔誠的語句中洋溢着愛國的赤誠。

道光十九年四月二十二日（一八三九年六月三日），南國的驕陽顯得分外熾熱，虎門寨下萬頭攢動，人群鼎沸，人們渴望的銷煙壯舉終於開始了。當天下午，林欽差在巡撫怡良、粵海關監督豫堃、廣東布政使熊常錞的陪同下，監督和主持了首次銷煙工作。一切按預定的計劃進行，當一擔擔石灰拋入浸化池中，一股股濃煙冉冉升起，池水沸騰起來，把浸泡的鴉片熔成了無數渣末。觀看的人群無不歡欣雀躍，聲震霄漢。當天，一百七十箱鴉片全部化盡，涓滴不剩地傾注到碧波浩瀚的大海。

自這天起到五月十一日，前後十九天，[48]不論晴雨，林欽差堅持每天監視銷煙。為了讓外國人一睹壯觀，五月初三日（六月十三日），欽差大臣頒貼告示，准許外人現場觀看。初七日，一群外國人包括美

43《林則徐集．日記》，第三四〇頁。
44《欽差大臣林則徐等奏報銷化煙土已將及半摺》，《鴉片戰爭檔案史料》第一冊，第五九四－五九五頁。
45 林則徐：《致怡良》（一八三九年五月三十一日），《林則徐書簡》第五十五頁。
46《林則徐集．日記》第三四二頁。
47《熬化鴉片煙土投入大洋先期祭海神文》，《雲左山房文鈔》卷三。
48《林則徐集．日記》第三四四頁。據林則徐日記所記，自六月三日至六月二十一日，銷煙共十九天，除去端午節暫停一天，共十八天。一般著作稱共銷煙二十天或籠統指自六月三日到二十五日等說法，均不確。

國商人奧立芬洋行股東金及其眷屬、傳教士裨治文（E.C.Bridgman）、「馬利遜」號商船船長賓遜（Capt. Benson）等，來到虎門，受到了林欽差的熱情接見，並准許他們走進柵欄，在銷煙池邊觀看全過程。這些曾經懷疑中國人在銷煙中可能會有偷竊行為的西方人，面對着銷煙的每一個過程，驚歎「整個工作進行時細心和忠實的程度，遠出於我們的臆想」，[49] 對中國人民的這場偉大鬥爭，充滿了無限的欽佩。

五月十一日（六月二十一日），除留下各色鴉片共八箱作為樣品解京送驗外，所有二百三十七萬六千二百五十四斤鴉片全部銷毀。為了慶祝虎門銷煙的勝利完成，當天下午鎮口村大放焰火，林則徐在師船上觀看了這次表演。十四日（二十四日），兩廣總督鄧廷楨攜酒來欽差寓所祝賀，林則徐與鄧廷楨、關天培等共同分享了勝利的喜悅，直至上燈時分，又在箭道觀看焰火，盡興而散。次日，在關天培的送別下，欽差和總督乘船離開虎門，返回廣州。

虎門銷煙是林則徐領導的廣東禁煙取得勝利的標誌，也是清王朝近半個世紀禁煙過程中所獲的最大成就。對外國煙販進行堅決而靈活的鬥爭，是禁煙通向勝利的關鍵。抓住這一關鍵，嚴禁吸食就比較容易。林則徐在廣東迫令外國煙販繳煙的同時，還大力進行嚴禁吸食的工作，在鄧廷楨、怡良等人的配合下，三月二十九日（五月十二日）僅廣東一地就查獲吸食犯一千六百餘人、鴉片二萬八千八百四十五斤、煙槍四萬二千七百四十一枝，以後的五十天內，又繼續查獲吸煙犯一百九十二人、鴉片一萬一千斤、煙槍二萬七千五百三十八枝，大大超過了以往廣東的禁煙成績。

---

49 裨治文：《鎮口銷毀鴉片》，《中國叢報》一八三九年六月號。轉引自楊國楨《林則徐傳》（增訂本），人民出版社，一九九五年版，第二五三頁。

第二節 具結與反具結

虎門銷煙，只是中國政府決心杜絕煙害的第一步，按照林欽差的禁煙部署，要做到拔本塞源，洋商必須既交出鴉片，又應出具甘結，保證今後永不夾帶鴉片。如果夾帶，一經查出，「人即正法，貨盡沒官」。這一要求，早在二月初四日欽差大臣給外商的第一件諭帖中就已曉示。[1]二月十三日，被嚴密隔離在商館裏的一部分外商，為了早日擺脫困境，獲得自由，不顧英國商務監督義律的反對，在一個宣言上簽名保證不再販賣鴉片，也不再把鴉片輸入中國，但他們聲明不能保證永遠禁止一切來人不夾帶鴉片，要求把這件事交給各國的代表處理，[2]應該說，外商的請求是合理的，他們只能保證自己不夾帶鴉片，不能保證別人也不夾帶。林欽差原則上接受了這個請求。他認為「居各國之首」的英國駐華商務監督應該而且可以代表外商作出保證。二月中旬，欽差大臣在給義律的稟帖批示中發出了具結式樣，要義律代表眾英商簽具。結式內容如下：

具甘結（人）英吉利領事義律，副領事參遜，率領英國夷商等，港商夷商等，吆嚕夷商等，為出

1《諭令洋商責令外商呈繳煙土稿》，《林則徐集．公牘》，第五十八頁。

2【美】馬士：《中華帝國對外關係史》第一卷，第二五七頁，據《信及錄》所載《各國夷商遵諭以後不敢夾帶鴉片等由》一文中簽名保證的外商有：福吐、顛地、連記、滑壓、擔臣、連沼、架叨、咽文、地信、花林治、打打坡、八佐治等共四十一名。見該書第三十二—三十三頁。

具切結，永斷鴉片事。結得英吉利國及所屬各國夷商，久在粵省貿易，渥沾天朝恩澤，樂利無窮，只因近年有等貪利之人，私帶鴉片煙土，在粵洋躉船寄頓售賣，有干天朝法紀。今蒙大皇帝特遣大臣來粵查辦，始知禁令森嚴，不勝悚懼。謹將各躉船鴉片盡數繳官，懇求奏請大皇帝格外施恩，寬免既往之罪，其已經起空之躉船，均令駛回本國。現在義律等稟明本國主嚴示各商，凜遵天朝禁令，不得再將鴉片帶入內地，並不許製造鴉片。自本年交秋以後，貨船來粵，如查有夾帶鴉片者，即將其全船貨物盡行入官，不准貿易，其人亦聽天朝處死，願甘伏罪。至現春夏兩季到粵之船，其自本國來時，尚未知查辦嚴禁，如有誤帶鴉片者，隨到隨繳，不敢稍有隱匿，合並聲明，所具切結是實。[3]

在林則徐看來，義律既能代表眾商繳出鴉片，當能代表眾商作出保證，於情於理，兩皆相符。在義律，無異於搬起石頭砸自己的腳。被迫交出鴉片，原是他在無可奈何時設下的一個圈套：把屬於中國內政的禁煙問題，偷換成中英兩國的爭端。不料，中國欽差不但沒有鑽進這個預設的圈套，反而把繩圈拋到了義律自己的脖頸上，讓他再次代表眾商作出承諾。作為英國駐華商務監督，義律充其量只能保證英國商人不再進行鴉片走私。無權代表各國作出保證；但事實上他確實已經代表在華外商同意繳出鴉片，那麼他等於承認具有代表外商簽具甘結的權力。當他接到中國欽差派人送來的甘結式樣時，這個自作聰明的英國人便陷入了難以自拔的困境之中。

被迫繳煙和隨之而來的具結問題，證明義律不是林則徐的對手。他決心訴諸武力以挽回反繳煙失敗。早在被迫同意繳出鴉片之時，他就在醞釀用武力打擊中國的設想。四月三日，他把自己的設想以私人密信的方式給外交大臣帕麥斯頓作了陳述。他認為中國政府的繳煙令是強迫英國商人繳出自己的財產，這是一種侵略，一種不可饒恕的暴行。對此，他主張「應該出之以迅速而沉重的打擊，事先連一個字的照會都不用給」。他建議：

一、立即用武力佔領舟山島，嚴密封鎖廣州、寧波以及從海口直到運河口的揚子江江面；

二、應該經過白河口向朝廷致送通牒，提出要求：林、鄧兩人撤職查辦並對女王陛下多次失敬的行為作出道歉；對暴行造成的損失給予賠償；正式把舟山割讓給英國；中國皇帝必須准許中國人在那些島上和一切沿海港口與英國進行貿易；直到賠款付清和其他一切條款都忠實兑現後才解除封鎖。

三、英國貨物可自由輸入廣州、寧波、廈門、南京的權利，為期十年。

四、應該使用足夠的武力，並以西方國家對中國從未有過的最強有力的方式，進行武力行動的第一個回合。[4]

義律的這份祕密信件表明，他早就處心積慮地把因禁煙引起的爭端拖向戰爭的道路，用侵略解決問題。正是在這一陰謀指導下，他對欽差大臣要求具結一事避而不談，而以繳煙的行動獲取商館的解圍，以便一旦獲得自由行動的權利便加速推行自己的戰爭計劃。

道光十九年二月二十三日（一八三九年四月六日），林欽差來諭催問義律為何對具結一事「至今尚未取結匯繳？」要他「速即轉諭所屬各國在粵夷商，恪守天朝法度，遵照頒發結式，分寫漢字夷字切結各一份。凡在夷館之人，均需簽名畫押，毋許一名遺漏，統由該領事具稟呈繳本大臣察核，以憑奏請大皇帝優加獎勵。」諭帖最後寫道：「本大臣因該領事尚能諭眾繳煙，是以將汝看重，今取結一事，比繳煙更為容

3【日】佐佐木正哉編：《鴉片戰爭前中英交涉文書》，載沈雲龍主編：《近代中國史料叢刊》續輯第三十九輯，臺灣，文海出版社，一九七九年版，第一八五頁。

4 嚴中平輯譯：《英國鴉片販子策劃鴉片戰爭的幕後活動》，見《近代史資料》一九五八年第四期，科學出版社，一九五八年，總二十一號，第十七—十八頁。

易，若任其延玩，則仍是庸懦無能，本大臣又不看重汝矣。」[5]這確實是林則徐當時的真實思想。他被義律的繳煙所感奮，對義律的觀感頗好。但在義律看來，這段文字簡直是對自己的揶揄。他的殖民經歷中，從未有過這種被嘲諷的事發生過。然而，當他一想到目前被困在商館裏的狼狽相，只好吞下這口怨氣。他認定當務之急是獲得自由，離開廣州，才能逃避具結，實現武力打擊的計劃。

二月二十五日，他致書林欽差說：具結一事，按我國法令，我實不能遵行，具結是指後來者，指以後不遵令者，誰能承擔這種責任呢？「雖在國主尊位尚不能令其如此，而何況在遠職乎？」[6]顯然，義律以退為進，用英國沒有具結的法律為藉口，抵制具結。在廣州的外僑總商會對具結一事也進行了兩次討論。並於二月二十五日決定解散總商會以避開具結的責任。[7]這決定，更突出了義律在具結問題上充當與中國政府直接對話的地位。那時林欽差因忙於驗收由英國副監督參遜負責繳來的鴉片，他把催辦具結的工作交給廣東地方當局。二十五日當天，廣州府收到了義律的回覆，立即按欽差大臣的指示進行駁斥，申明按天朝慣例，外商必須具結；不肯具結是為以後繼續夾帶鴉片預留後路。諭帖責問義律：如別國商人到英國貿易而不遵守英國法令，你們的國君能同意嗎？你說英國沒有此例因而你不能具結，這不是以英國的法律代替中國的法律嗎？「豈能將汝國之例帶至天朝耶？」[8]

從二十六日起，義律兩次致書廣東地方當局，堅持具結不合英國法律，若中國方面務令照行，英國船隻只得回國。二十八日（四月十一日，原文四月十九日，陰陽曆換算時間有問題），林則徐、鄧廷楨、怡良三人聯銜致諭義律，飭令「迅具切結，簽名畫押，及時呈繳」。[9]義律接到這份態度強硬的諭帖後，激動得暴跳如雷。第二天，他當着行商的面把具結式樣撕得粉碎，吼叫：「要命現成，再拿具結的事情來糾纏我和他們自己，實是徒然的！」當天，他作書回覆廣東督撫，聲稱：「今見大憲務令遵照現定本國在天朝貿易之新制，實為英國人民斷難循照辦理，是以謹求准令遠職督同本國人民船隻，一概開航揚帆而去。」[10]

當時收繳鴉片的工作正在虎門加緊進行。就繳煙和具結相比，繳煙是首要和迫切的。林則徐權衡主次之後，便把具結暫時擱置，着力完成收繳工作。三月初十日，義律再次向欽差大臣和兩廣總督保證繳足二萬二百八十三箱全數，「斷不失信減少」，並請欽差同意三板往來，以便「隨時發人，催令各船回來，而使事事妥善」。[11]林則徐考慮到外商繳煙已經過半數，義律又保證交足全數，便決定按原先宣佈的辦法：繳到四分之二，量許三板請牌查驗往來。三月十九日（五月二日），欽差與總督會銜通告，准許三板往來，並解除對商館的封閉兼准開艙貿易，通告表示：「查該領事義律前雖自行稟明，俟事竣始行下澳，此時三板既通，應准該領事照常往來，俾其呼應較靈，隨時諭辦一切。」同時，通告宣佈積慣販賣鴉片之顛地等十六名，「仍應查照黏單所開，暫留夷館，統俟事體全完，再准放行，以符前諭『量許』二字之義」。為了防止顛地等十六人在三板出省時混朦逸出，通告宣佈委員現場查驗船隻載人數目、姓名，「督率洋商按名

5《催取不帶鴉片甘結諭帖》，《林則徐集．公牘》，第八十頁；《信及錄》，第四十八頁。
6《鴉片戰爭前中英交涉文書》，第一八七頁。
7《澳門月報》一八三九年四月號，轉引自《中華帝國對外關係史》第一卷，第二五八頁。
8《鴉片戰爭前中英交涉文書》，第一八八—一八九頁。
9 廣東省文史研究館譯：《鴉片戰爭史料選譯》，中華書局，一九八三年版，第一四七頁。
10【美】馬士：《中華帝國對外關係史》第一卷，第二五八頁。馬士稱義律是在四月二十一日作出此舉動的，肖致治等：《鴉片戰爭前中英關係紀事》認為是四月二十日，此處從肖致治等書。
11《鴉片戰爭前中英交涉文書》，第二〇〇頁。

指認，如無夾帶顛地等，即給予印票，交該船持赴經過關口，查驗放行」。[12]通告所附「黏單」中，開列了「暫留夷館」的十六名大鴉片販子姓名。他們是：港腳顛地、打打坡、化林治、軒拿釐、央頓、央馬地臣、單耶釐、士單佛、嗎文治、英記利士、加士、依庇釐和花旗記嗹（只有十三人），[13]其中，央馬地臣、吐丹佛、依庇釐三人已離粵返國，所以，實際被暫留廣州的只有十三人。[14]

欽差大臣的上述通告於三月二十一日（五月四日）開始執行。這一天，包圍商館的士兵全部撤走，封鎖解除，除顛地等十三人外，所有外商都可領牌出入。義律在獲得自由後，立即着手佈置英商撤離廣州的工作，以造成集體抗議中國政府的聲勢。他在四日發出通知，提醒大家注意他曾在三月二十三日限令他們一齊離粵的要求。在那份最初的通告中，他把中國的禁煙和限止外商行動的措施，危言聳聽地說成「這縱然不是公開的戰爭行為，至少也是戰爭迫近和不可避免的前奏」。[15]四月初六日（五月十八日），煙箱全部起出。翌日，義律再次通知英商準備撤出廣州，警告凡不願離開駛入內河的英船，一切風險應由各船自己承擔。初八日，他又一次提醒大家注意他在四日發出的通知。[16]

四月初九日，義律領到廣東當局給予的繳煙收據。次日，他即發佈由他簽名的通告，攻擊中國的禁煙和林欽差對鴉片販子的繳煙行動，「忽視女王陛下官員為實現帝國意願調停爭執所作出的貢獻；無理拘留全體外僑於廣州；狂妄地延長拘留期限；強制繳納財產」，通告聲稱「凡此暴行，無非是一方面直接、間接鼓動意外事件的發生，一方面又鼓動強暴的公開搶劫」，對此，義律宣稱他已對廣東地方當局和欽差大臣的「公正和中庸失去了信心」。

通告要英商把因繳出鴉片的損失需要賠償的清單，在離開廣州前交給義律，並重申前令，要一切英國人在他以前或和他一起離開廣州，一切英國船隻目前均不得進入廣州港口，否則將來留下或帶入的財產遭受損失而要求賠償時，女王陛下政府不予受理。[17]

如果說，在此以前義律為獲得行動自由，在和中國官員的往來公文中說盡了謙卑恭順的話，表現出一副誠惶誠恐的低下相，那麼，在他領得出入廣州的牌照後，就撕下了偽裝，露出了殖民老爺的本相。通告的字裏行間，充斥着驕橫傲慢的殖民主義的精神和不惜使用武力達到預定目的的企圖。可惜的是林欽差和鄧總督對義律的歷次通告都一無所知，還被他的假象所蒙蔽。

由於繳煙工作已經全部結束，繼續扣押煙販已沒有意義，欽差大臣和兩廣總督於四月十一日（五月二十三日）聯銜諭令暫留商館的外國煙販，只要簽具永遠不敢再來中國甘結，即可請牌離開廣州。義律唯恐顛地、打打坡等不肯具結而導致自己和其他英商被繼續扣留的危險，便竭力勸說他們簽字出結。曾在禁煙之初氣焰囂張的顛地等大煙販，在飽嚐隔離之苦後雖心懷怨恨，但也無可奈何地選擇了自由之路。翌日，顛地、打打坡、孖地信、化林治、噫之皮、單耶鼇、嗎文治、央頓、三孖地臣、加士、英記利士、軒拿鼇等十二名英國大鴉片販子聯名出具甘結，請牌出口。[18]另一名美國煙販記嗹，也於四月十五日（二十七日）呈交不敢再來甘結，準備於四月底（六月十日）前搭乘美國邊治文船開行回國。[19]

12《諭准通行三板仍將奸商扣留》，《林則徐集．公牘》，第九十六－九十七頁；《信及錄》，第六十八－六十九頁。
13 同上。
14《顛地等十二名即日出口稟》，《林則徐集．公牘》，第一〇六頁；《信及錄》，第九十頁。
15《中國通訊彙編》一八四〇年第三六三頁，轉引自【美】馬士：《中華帝國對外關係史》第一卷，第二四九頁。
16《澳門月報》一八三九年五月號，轉引自同上書，第二五九頁。
17 肖致治等：《鴉片戰爭前的中西關係紀事》第四八三－四八四頁；同上書，第二五九頁。
18《英夷顛地等十二名稟即日出口由》，《信及錄》，第九十頁。
19《咪喇堅夷嗹記稟諭回國具結乞限由》，《信及錄》，第九十二頁。

義律在顛地等交呈具結的當天，即四月十二日（五月二十四日），便率在粵英商離開廣州前往澳門。為了繼續麻痺對手，他在動身前向廣東當局呈遞稟帖，宣稱自己「近日懷病，須為調理」。廣東當局信以為真，不僅「准予下澳就醫」，而且稱讚他「恭順能事」，希望他趕緊調理就痊，回廣州繼續遵諭辦事，並要他到澳門後確查當地夷人若藏有煙土，「務即諭令一體全數呈繳，毋留餘孽為要。」[20]君子們不諳魍魎鬼域，把義律看成為可以信賴的人物，殊不知此人一去，猶如打開了潘多拉盒子，魔鬼們便得以逞兇肆虐了。

為了表彰義律諭眾繳煙，四月十七日（五月二十九日），林則徐、鄧廷楨札委佛山同知劉開域帶茶葉一千六百四十箱到澳門頒賞義律和繳煙英商。欽差和總督的聯銜諭帖中，稱讚義律「誠實居心，深明大義，格恪天朝禁令，保全夷眾身家，恭順勤勞，洵堪嘉尚」，同時宣佈「各空躉領賞茶葉之後，自當即日駛回本國，另尋生理。如有願裝貨物回去者，仍格外體恤，准其空船駛進黃埔，載貨出口。至滿載各商船，業已領牌由黃埔出口者，亦皆催令開行，毋任逗留自誤。」[21]欽差和總督並命劉開域等攜帶具結，「頒式各國，使合漢夷字繕具，諸國皆如式繳送」。[22]耽擱了一段時間的具結問題重新提了出來。

義律則在劉開域等尚未到澳之前，於四月十六日（五月二十八日）遞上一稟，報告葡萄牙人在澳門搜查鴉片的情況和躉船販煙之弊，建議總督派員來澳會訂章程，以便常遠除弊。[23]林欽差對義律的建議頗感興趣，因為他不願在消除了廣州鴉片走私的情況下，再讓澳門成為新的走私基地。除惡務盡，是他奉旨南下禁煙的根本宗旨。所以，他立即委員赴澳，準備會同澳門葡萄牙總管與義律等商訂章程。不料委員尚未抵澳，義律卻節外生枝。四月二十四日（六月五日），義律再次來書，聲稱他本人和英商都在澳門，如要英國船隻進黃埔貿易，必須奉到英王陛下的批諭才可明白轉飭，他要求在等待國主命令期間能准予英船在澳門裝卸貨物。[24]義律此舉，使林則徐頓悟自己以往對他缺乏應有認識，「始知前稟章程一語，乃係別蓄詭謀。蓋澳門孤峙海隅，實可周通內地。向惟西洋夷人（沈案：係指葡萄牙人）准設額船二十五隻，起卸貨物，不納關稅，自明代而已然。英夷唯利是圖，久深豔羨，故於繳土之後，希圖破例效尤。此端一開，則粵海關幾同虛設」，[25]而且一旦發生夾帶鴉片，就將莫可稽查。事關貿易體制及禁煙前途，欽差大臣理所當然地予以嚴詞駁斥。粵海關監督也在欽差和總督訓令下宣佈：除澳門當地原有的商業照常進行外，禁止一切船隻在澳門進行貿易，必須按向例駛進黃埔，載貨之後應立即出口，駛回本國。[26]

對此，在澳英商舉行集會，一致表示反對把英船或英貨駛運廣州。義律則在五月初四日（六月十四日）覆信欽差和總督，攻擊廣東當局和林欽差「忘義施強而行」，拘留商人，封鎖海口，使英國人生命財產受到嚴重威脅；聲稱為了避免重蹈類似的遭遇，他已命令英國船隻不准開進黃埔，覆信宣稱：「如不准在虎門口外經商，則為奉國主批諭以先，其商人必不能在粵交易，是則所指及章程毋庸再議矣。」[27]五月初七日（六月十七日），在澳英商再次集會，通過決議，「認為監督的各項通知和他在十四日信裏所作的各項解釋集合起來，已足構成一種以本國政府機關的名義所發佈的積極命令，禁止英國船隻和財產在中英現存關

20《廣督諮義律稟辭下澳由》，《信及錄》，第九十一頁。
21《會札劉丞轉諭義律飭令貨船空躉分別進黃埔開行由》，《信及錄》，第九十三頁。
22 梁廷枏：《夷氛聞記》卷一，《鴉片戰爭》（中國近代史資料叢刊），第六冊，第十四頁。
23《鴉片戰爭前中英交涉文書》，第二一四頁。
24 同上書，第二一三頁；【美】馬士：《中華帝國對外關係史》第一卷，第二六四頁。
25《義律既阻英船進口貿易又抗不交兇已嚴斷接濟摺》，《林則徐集．奏稿》第二冊，第六七三頁。
26《鴉片戰爭前中英交涉文書》，第二一三頁。
27 同上。

係下駛運虎門以內。」[28]

從反對具結到集體撤出廣州，從集體撤離到拒絕進埔貿易，這就是義律在被迫交煙後蓄意激化中英兩國關係的一系列陰謀。這些陰謀的每一個環節，都是他力圖實現用武力打擊中國，策動侵華戰爭總體意圖中的重要組成部分。可以說，從道光十九年五月下旬起，武力衝突的趨勢已不可避免。

那麼，有沒有扭轉這個趨勢的所謂「轉機」呢？林則徐的好友魏源和梁廷枏，在戰後總結這場戰爭的全過程時，認為是有的。魏源在所著《道光洋艘徵撫記》一文中說，虎門銷煙後，「林則徐下令盡逐外洋之躉船與澳門之奸商，不許逗留內地。其續至商船有鴉片者，倘自揣不敢報驗，即日回國，亦免窮追。其進口之船均應具結，有夾帶鴉片者，船貨沒官，人即正法。其令過嚴，已非律載蒙古化外人犯殺罪准其罰牛抵償之例。時西洋彌利堅諸國，皆遵具結。於是義律由省下澳，稟言躉船販煙之弊，極須設法早除，如委員來澳門會議章程，可冀常遠除絕，並稟請准本國貨船泊卸澳門，此洋事第二轉機。林則徐以澳門向例，惟准設西洋額船二十有五艘，若英人援比例，不入黃埔，則海關虛設，而煙夾帶，何從稽查？嚴駁不許。義律言不准泊澳，便無章程可議，因不受所賞茶葉，不肯具結，言必俟奉國王命定章程，方許貨船入口。時義律已寄信附貨船回國，往返不過半年，原可少需毋迫也。」魏源這段話的意思是說，林則徐下令洋商具結，規定夾帶鴉片者船貨沒官，人即正法，其令過於嚴峻；及至義律建議派人來澳會議章程，請求在澳門貿易，至多不過半年即可接獲其國王命令，應該答應他們的請求，會訂澳門禁煙章程，便不失為避免事態激化的一次轉機。但林則徐未能把握，反而不准英商船在澳貿易，致使義律不願意訂章程，不受所賞茶葉，喪失了這次良好的機會。

梁廷枏在《夷氛聞記》一書中對這一段歷史也有類似的議論。他雖沒有把它稱之為「轉機」，但對林則徐的舉措，尤其是具結一事頗有微詞。他認為「就使彼能具結，亦不過虛應故事耳。」[29]

兩人都提到具結，魏認為過嚴，梁以為沒有意義。其實，具結一事本與繳煙互為表裏。繳煙着眼目前，具結針對將來，都是林則徐奉旨禁煙所不可缺少的環節。就具結作為一種具有法律意義的書面保證而言，它原是清王朝在廣州貿易制度中慣用的方法，不獨禁煙時才開始。當然，具結之後能否一勞永逸地斷絕了鴉片的夾帶誰都不能保證，林則徐實際上也沒有這種奢望，但它具有法律的制約力卻是無可懷疑的。義律和英商之所以對之堅不簽具或被迫答應，正從反面證明了它並非毫無意義。至於說它的內容過嚴，若以當時朝廷對吸食者課以極刑的意見對照，對興販者採取沒收煙土，人犯正法的措施，不僅合乎邏輯，而且體現了嚴禁的精神。對國內的煙販尚且如此，對外國的大煙販更無可非議了。魏源以蒙古化外人犯死罪可以用罰牛抵償的舊例比之具結，稱其過嚴，完全脫離了煙害對中國造成了嚴重後果的實際情況，把兩種不相等同的犯罪性質以同一種尺度去衡量。

問題是義律和英商們答應繳煙後，林則徐若不採取迫令具結的做法，事態是否有轉機，即不向惡化方向發展，從而可以避免後來所發生的中英戰爭？魏源因為沒有接觸到當時義律與英國當權人物的往來信件，所以才有這種不切實際的議論。事實上，義律在三月二十七日答應繳煙後，即在四月三日又致信英外相帕麥斯頓，主張發動侵華戰爭；四月十六日又致信英國駐印度總督奧克蘭勳爵，請他派盡可能多的兵船到中國示威；五月二十四日被義律任命指揮全部走私船隊的英國官員巴里，指揮鴉片走私船「赫鳩里」號向清廣東水師船艦開炮轟擊，命中了一艘師船。三十日，義律把這件事向英國外交部次官拔克浩斯作了報告，並強調：對清政府的報復就在眼前，採取「敏捷而強有力的行動，必定能把這次事件轉變成廣大而長遠的利益」。[30]這一系列密信表明，義律在被迫繳煙後決不會善罷甘休，他力圖把兩國拖到戰爭的道路，渴望英國在侵華戰爭中撈到不止是單純賠償煙價的好處。由此可知，問題不在於中國方面是否應該要求具結，而在於中國的禁煙從根本上觸犯了鴉片走私者的利益。為了維護這樁罪惡的買賣，外國鴉片販子和支

28【美】馬士：《中華帝國對外關係史》第一卷，第二六四頁。
29《夷氛聞記》卷一，《鴉片戰爭》（中國近代史資料叢刊），第六冊，第十五頁。
30 嚴中平輯譯：《英國鴉片販子策劃鴉片戰爭的幕後活動》，《近代史資料》一九五八年第四期。

持、縱容他們的英國政府，必然要不擇手段地對抗中國政府的正義行動，直至使用武力。義律在被迫繳煙後的上述公開和祕密的活動，正是英國政府蓄意破壞禁煙運動，乘機開闢中國市場，把古老帝國變作西方資本主義附庸的罪惡意圖的反映。如果英國沒有這種意圖，那麼，一個小小的商務監督能敢於冒天下之大不韙而自作主張地以本國承擔繳煙的損失，命令煙販如數繳出鴉片嗎？所以，你刺激他，要他具結也罷，不刺激他也罷，戰爭總是不可避免的，不存在所謂「轉機」問題。

就林則徐在禁煙過程中要外國販子繳煙和具結這兩項措施的成功程度而言，應該承認具結的成績不如收繳鴉片。對此，林自有認識。他在與總督的會銜奏摺中向皇帝報告說：「臣等先於收繳煙土之時，即經飭取生死甘結，該夷堅不肯具，蓋以繳煙係一時之事，尚可藉此求生，而具結乃長遠之事，適恐自陷於死也。然彼所畏憚者在此，則我所以制馭之者亦正在此。」[31]他看出了具結對拔本塞源的重要意義，也從中悟出了義律與鴉片販子抵制具結的潛在原因，決心以具結作為制夷的手段堅持到底。

但是，朝廷內有些不諳夷務的官員對具結一事不以為然。御史步際桐條奏稱：查辦夷船鴉片，雖責以萬分切實之結，亦將甘心出具，徒開含混之路。言下之意，具結只是形式，取結勢必造成含混之端。皇帝命林、鄧細心籌劃，務使弊源盡絕，「永杜含混之端」。針對步際桐的條奏，林則徐向皇帝坦陳了自己的心態，說：「臣等竊思夷人正不敢出結，如可免取，最為省事。繼又反覆籌商，若竟任其抗結則夷人夾帶之念斷不能一日忘，蓋夷人最重然諾，即議一事，訂一期，從不爽約，其視出結之事，絕無僅有，非比內地公牘，結多而濫，以致視為泛常。彼愈不肯輕易出結，即愈知其結之可靠，亦愈不能不向其飭取。是以設法辦理，直使該夷計窮心懾，至今始克遵依。臣等不敢因有人條奏，正可藉以自便，遂存趨易避難之見，至負委任。」[32]

這段文字，充分表達了林文忠公一貫奉行的「苟利國家生死以，豈因禍福趨避之」的為人處事宗旨。在具結問題上，他正是本着崇高的愛國主義精神，不避艱難，堅持不懈，他說「夷人最重然諾」，不肯輕易具結，不像國人動輒出具切結而又不願執行保證，視出結如具文。這些話，正是他在辦理夷務中痛切反思的結果。他體察到了外國人注意法律的觀念；堅持具結，就是他利用法制力量與外國煙販進行較量的表現。對於林則徐這一知夷情的正確體察，後世的史學家大可不必以所謂輕信外國侵略者的保證為詞加以批評。

雙方在具結問題上陷入了僵持狀態，形勢對義律顯然不利。儘管在澳門的外商既開會又決議，表示支持義律的抵抗行動，但唯利是圖的本性又使得他們痛感僵持一天，就等於多失去一天的發財機會。尤其是那些從本國滿載貨物而無法進廣州做買賣的船主，日子稍久，就時時流露出焦躁情緒。美國商人則不管義律的對抗，乘機大做生意。五月初一日（六月十一日），美國貨船「巴里斯」號與「南塔斯克特」號首先具結入口。到五月二十日，已有十一艘美國貨船進黃埔卸貨。美國人的商業利益刺激着英國商人的發財欲，於是，不滿和怨恨就像朝霧那樣，在澳門的英商中冉冉瀰漫開來。

義律焦急地等待着本國政府對他的戰爭建議作出答覆，又心急火燎地渴望奧克蘭勳爵派出的兵船從印度儘快開來。這個心懷叵測的英國人，在急切期望挑起戰爭的精神煎熬中度日如年。

31《英國躉船及應逐煙販現驅逐並飭取切結情形摺》，《林則徐集．奏稿》第二冊，第六九七頁。

32《仍需責令英人出結片》，同上書、冊，第六八九頁。

第三節　交兇與反交兇

雙方在具結問題上的僵持狀態，在道光十九年五月下旬（一八三九年七月初）被一件突發的惡性案件所打破，使具結與反具結的鬥爭加上了交兇與反交兇的衝突，中英關係很快升級到戰爭的臨界狀態。這個案件，就是五月二十七日（七月七日）英國水手在尖沙嘴村行兇毆斃村民林維喜一案。

為了對抗具結和阻止英船開進黃埔，義律到澳門不久，即命令英國商船和繳清煙土的空躉一律泊於九龍附近的尖沙嘴洋面。後來，由外洋到粵的貨船迫於義律不准進埔貿易的命令和眼見當時的緊張氣氛，也在此停泊觀望。一時，尖沙嘴洋面上聚集了數十艘船隻，那些潛帶鴉片的煙販，既不甘呈繳，又不願空回，則正樂於遷延，利用中國政府無法有效控制的局面，希冀私售貨物。

林則徐根據掌握的情報，認為「義律之勒令夷船聚泊口外，仍為圖賣新來鴉片，恐為進口搜查起見」。因為自廣東禁煙以來，各口查緝嚴禁，整箱煙土已無法運入內洋，而蟹艇漁船與洋船每相貼近，乘間買其零星煙土轉售獲利者，已被官廳拿獲，供出了實情；而且近來發現洋人私放三板，裝載鴉片潛赴僻口門，以木片為招貼，寫明鴉片一個銀洋幾元字樣，隨潮流入海口，以賤價誘人購買。凡此種種，使林欽差深感「夷情詭譎」。他認為「即無別滋事端，亦不得容其於附近口門佔為巢穴」。[1]為了防止洋人在外洋繼續私售鴉片，他與總督鄧廷楨命廣東水師派師船三四十隻在尖沙嘴洋面灣泊巡查，密切注視外國船隻的動向。

對於中國師船的巡洋，義律極為敏感。五月初九日（六月十九日），他致書佛山同知劉開域，聲稱中國師船在尖沙嘴洋面灣泊，使英國船隻極難得以接濟食物，「維思飢餓之人，正恐有冒險求食者，如有師船久泊該處，擴出不幸，自不能仍責義律，保以各事平安也」，要求中國方面「早為辦理」。[2]這封信的內容與措辭顯得離奇詭譎：何以中國師船的巡洋會使英船人員難以接濟食物？何以英船人員會有所謂的冒險求食之舉？何以師船巡洋會釀出不幸？什麼不幸？何以發生不幸時義律將不負責任？這一連串的問題義律都不作解釋，而字裏行間則隱含着威脅與殺氣。劉開域等於次日接到來信後，當天即抄呈欽差和總督，林則徐閱後當即與鄧廷楨會銜下諭駁斥。諭帖指出：「據義律稱說尖沙嘴洋面現有師船三四十隻灣泊，使夷船難以接濟食物等語，頗不可解。」「師船並無禁絕該夷接濟，何至難得食物？若夷船逗留洋面日久，以致食物不繼，是飢餓本由自取，何得怨師船之多？師船查緝鴉片是其專責，私帶煙土之奸夷或無可藉詞，因而捏為難得食物之說，以冀人憐，亦為可定。」諭帖認為此等無稽之言本可置之不理，但天朝以寬大為懷，為了使之洗心革面，決定檄令師船移泊沙角，為期五天，義律必須命將空躉船隻在這五天之內全數開行，其餘來去貨船亦皆限此五日內非報驗進口，即速回該國，斷不准再作逗留。諭帖宣佈：「若再執迷不悟，則不能不示以嚴威，不獨各處師船一調即至，即沿海民人，莫不視波濤如平地，倘一觸動公憤，則人人踴躍思奮，雖欲阻之而不能矣。」[3]

欽差與總督的這件諭帖，把義律企圖趕走師船的指控駁得淋漓盡致，同時又作出了讓步的姿態，給義律執行中國政府的命令以充分的時間。如果義律不是被他那發動戰爭的罪惡圖謀所驅使，雙方的緊張關係本可得以緩和。但義律早橫下了心，對欽差和總督的諭令置之不理，拒不命令各船開行。尖沙嘴洋面依然茵集着各色外國水手，他們為非作歹，無事生非，給附近的尖沙嘴村居民帶來了無盡的困擾。

五月二十七日（七月七日），一群英國水手膩煩於枯燥單調的船上生活，駕着三板到尖沙嘴村去尋求刺激。他們在村裏酗酒作樂、尋釁鬧事，仗着幾分醉意，竟然手持棍棒追打當地居民，連婦女兒童也不放

1《義律既阻英船進口貿易又抗不交兇已嚴斷接濟摺》，《林則徐集．奏稿》第二冊，第六七二—六七四頁。

2《委員劉丞等抄來義律致渠夷信》，《信及錄》，第九十六頁。

3《會札劉蔣二丞傳諭義律飭令空躉等船開行由》，《信及錄》，第九十七—九十八頁。

過。村民林維喜被毆成重傷。兇手們乘混亂之際竄回船上，而林維喜則因頂心及左乳下受棍傷而導致內出血，於次日斃命。

義律得到兇訊後即在英國水手中進行調查。他拘留了五名黑人卻沒有抓到兇手。為此，他宣佈誰能指明兇手者將得賞二百元，能供出引誘生事之首犯者賞一百元。從他後來向欽差和總督報告所謂調查結果時，聲稱肇事者也有美國水手在內的聲明看，[4]他的懸賞用意並非在專查本國人。此外，他自掏腰包墊付給死者家屬以一千五百元作為賠償，另加四百元作為「防止被人勒索」之用；對於受傷的村民，他也墊付了一百元。在這些類似撫卹的異常舉動背後，則是卑劣的收買和恐嚇。一個名叫劉亞三的中國人，奉命作說客，「與死親說和」，[5]逼着林維喜的兒子出具了如下證明：

> 立遵依人林伏超，母張氏、馬氏，弟伏華，叔奕禧及伯叔房族親人等，緣因父親維禧在於九龍貿易生意，於五月二十八日（沈案：應為二十七日）出外村討賬而回，由官涌經過，被夷人身挨失足跌地，撞石斃命。此安於天命，不關夷人之事。林伏超母子甘心向夷人哀求，幸夷人心行惻隱，幫回喪費銀些少與伏超母子並親人等，搬父親維禧回家，殯葬安息。此乃二家允肯情願，日後伏超母子兄弟並叔伯房親等不得生端，圖賴夷人，各表良心。恐口無憑，故立遵依一紙與夷人收執存照。
>
> 道光十九年五月二十九日
>
> 立遵依人男林伏超[6]

這份證明，把一場光天化日之下的行兇致死命案，說成為不慎被夷人身挨失足撞石而死的誤傷。義律通過收買和威脅想得到的，就是製造偽證，混淆視聽。對於一個自稱來自公正和法制國家的外交官來說，這種行賄捏報的行為不但無恥，而且直接違反了本國法律，構成了犯罪事實。他想以這種東西作為憑證向中國方面申報「調查」結果，理所當然地被林欽差和總督嚴詞駁回。因為，中國方面在出事後也派員作了認真的查辦。

澳門海防同知蔣立昂在欽差大臣和總督指令下，命新安縣知縣梁星源親赴現場查驗。梁驗得林維喜「頂心及左乳下各受木棍重傷」，並傳訊見證鄉鄰，「僉稱係英吉利國船上夷人所毆，眾供甚為確鑿」。[7]欽差與總督當即諭令義律交出兇犯，照例辦理。對此，義律來文聲辯稱：「審得五人酗酒，皆無兇殺之罪」，又稱「當日上岸滋事，亦有米利堅人，請再細訪」。[8]

經過調查，出事當天美國人並不在場，美國領事也來書保證美船和美水手均無牽涉[9]；並且還查出了英國人託漢奸劉亞三等於死親說和的事實，更說明了行兇者並非美國水手。欽差和總督根據蔣立昂的現場驗屍與見證人的錄供以及上述調查，對義律上述來文作了嚴正駁斥，指明「兇手實係英夷」。在確鑿證據下，義律無可置辯，不得不「添寫說帖一紙，聲明懸賞洋銀二千元，報知何人毆斃憑據，倘能發覺，即會官憲代稟等情」。[10]林則徐認為義律確實關押了五名犯人，「其非有意匿兇，尚屬可信，而實情不能審出，原亦無怪其然」，他在諭帖中宣佈：「如不能審定正兇，何妨送請天朝官員代為審明，只當辦一應抵之人，

---

4 據【美】馬士《中華帝國對外關係史》第一卷所記，義律曾向中國方面和英國政府宣佈，這次案件中有美國船上的水手牽涉在內。見第二六八頁注釋一。

5《已諭英船聽候搜查並辦理出結究兇摺》，《林則徐集．奏稿》第二冊，第六八八頁。

6《鴉片戰爭前中英交涉文書》，第二一八頁。

7《義律既阻英船進口貿易又抗不交兇已嚴斷接濟摺》，《林則徐集．奏稿》第二冊，第六七四頁。

8《已諭英船聽候搜查並辦理出結究兇摺》，同上書、冊，第六八八頁。

9【美】馬士：《中華帝國對外關係史》第一卷，第二六八頁，注釋一。

10《已諭英船聽候搜查並辦理出結究兇摺》，《林則徐集．奏稿》第二冊，第六八八頁。

其餘仍皆發回，斷不連累。如仍自審，則再限十日，亦必可以審明，毋得再圖延縱。」[11]自七月上旬起，奉命查辦林維喜案的中國方面的官員，就開始和義律接觸，而義律卻故意拖延。林則徐在仁至義盡無可容忍之下，於六月二十三日（八月二日）與總督、巡撫會銜頒佈告示，公佈了林維喜案的始末，並把義律收買林氏家族的行為揭了出來；駁斥了義律對美國水手參與此案的指控；以中國對外國人犯有權審判的向例，要義律交出兇手。[12]

義律公然藐視中國司法主權和對抗欽差、總督的命令，於次日悍然宣佈：他將於十二日（七月初四日）在一艘英船上設立一個「具有刑事與海上管轄權的法庭」，並開庭審訊有關兇手，屆時歡迎中國方面派員旁聽。[13]這種侵犯中國司法主權的所謂審訊，欽差和總督理所當然地予以拒絕。到了十二日那天，義律一手導演的審訊活劇按時開場。由二十三人組成了一個所謂大陪審團，而義律則以英國政府全權代表的身份充當法官。一名英國水手頭目被指控犯有殺人罪，五名黑人水手則被指控與林維喜一案有關。「大陪審團」接到訴訟狀後，即宣佈對殺人罪的指控不予受理，而五個黑人水手卻被押送到由十二人組成的小陪審團去受審訊，當即被判為有罪。義律據此宣佈判處其中的三人監禁六個月並各罰二十鎊，兩人監禁三個月各罰十五鎊；判決指定上述各犯應在英國的監獄中服刑。事後，他於十六日（七月初八日）把審訊結果通知了廣東當局，聲稱「未能查出行兇的兇犯」。[14]

義律的這次審判，完全是殖民主義者奉行的「治外法權」的惡行，也是他一貫主張不顧中國司法主權最徹底的暴露。早在道光十七年八月（一八三七年九月），他曾不顧中國方面的抗議，把被廣州知縣拘捕的四名殺人嫌疑犯英國水手強行要了回去。他向帕麥斯頓報告說：「我決不會把他們交出去按任何其他審判制度去審判的，除了按照我所保證的那樣——即按照英國法律程序來審判。」他並建議馬上設立管理在華英人的司法和警察機構。不久，他擅自宣佈了一套規章制度，自行其是。對此，帕麥斯頓在一八三九年三月（道光十九年正月）的一份訓令中告誡他：英國的法律官員們認為這是一種越權行為，「出於中國領土和主權問題，法律官員們認為，這些規章制度事實上是要在中國皇帝統治之下的黃埔建立警察制度，這樣的規章制度將是對獨立國家所享有的絕對主權的干涉，這只能通過確切的條約來使其合法化，或通過慣例而使其得到默許。」[15]這說明，義律的所謂審判，即使按英國法律的觀點也是通不過的，更何況作為一個主權國家的中國了。

對義律的所謂審判，林欽差作了針鋒相對的鬥爭。七月初七日（八月十五日），他下令停止對澳門英商的食物供應，撤回為英人服役的中國僱員[16]；並與總督鄧廷楨親率水師駐紮於廣州和澳門之間的香山縣，以注視事態的發展。初九日，林欽差接到澳門海防同知轉呈的義律所謂關於審訊結果的稟帖之後，即與總督會銜嚴詞批駁，並正告義律：「若再抗違不交，是義律始終庇匿罪人，即與罪人同罪，本大臣本部堂不能不執法與之從事矣！」[17]批諭由澳門同知蔣立昂轉交，義律則故意拖延，好幾天不作答覆。蔣立昂

11《已諭英船聽候搜查並辦理出結究兇摺》，《林則徐集·奏稿》第二冊，第六八八頁。
12《欽差大臣關於林維喜被殺案的告示》，廣東省文史研究館譯：《鴉片戰爭與林則徐史料選譯》，廣東人民出版社，一九八六年版，第九十九—一〇二頁。
13【美】馬士：《中華帝國對外關係史》第一卷，第二六八—二六九頁。
14同上。
15《英國議會文件》，第二三一—二三二；二九四—二九六；三一七—三一八頁。轉引自【美】張馨保著：《林欽差與鴉片戰爭》中譯本，福建人民出版社，一九八九年版，第一九一—一九二頁。
16《鴉片戰爭與林則徐史料選譯》，廣東人民出版社，一九八六年版，第一〇三—一〇六頁。
17《會批澳門廳轉稟義律說帖》，《信及錄》，第一〇〇—一〇一頁。

便命引水鄧成兆往催，被義律「橫加斥責」，並且當眾宣言更要大賣鴉片，氣焰極為囂張。[18]

事實上，自從銷煙以後，停泊於尖沙嘴洋面上的新來貨船，所帶鴉片為數更倍於前。義律對之不但不諭眾繳煙，而且暗中包庇走私。廣東水師已經拿獲中國煙販多名，此輩都已供出係在洋面夷船上買得。這批外國新到煙販，在義律包庇之下，分遣三板東駛西奔，凡潮州、南澳、高康、雷瓊，無不竄往。其私販手法也較前詭譎，每每以劈柴作為照牌，寫明鴉片一個，洋銀幾元，乘潮隨流送入各口內，誘人售賣。若遇水師兵船驅逐，竟然先放槍炮恐嚇抵拒；若兵船拿獲賣煙的中國煙販，此輩竟設計將官兵擄禁夷船，作為人質交換被捕中國煙販。義律當眾宣佈「更要大賣鴉片」，確實不僅僅是虛張聲勢、危言恫嚇，而是他決心與中國政府的禁煙運動拚命到底的真情流露。面對義律既不繳兇又不交煙的狂誕鴟張，欽差大臣在七月十四日（八月二十二日）會同總督再下嚴諭，申明：「如果即日送出兇夷，並將新來鴉片悉數呈繳，尚可寬其一綫。不然，即當肅將天威，制其死命，毋謂言之不早也。」[19]欽差和總督的這件諭帖，可謂事實上的最後通牒，說了理，動了情，也下了決心。澳門同知蔣立昂當即專差引水鄧成兆送往義律寓所，不料義律閉門不納。次日，義律潛出澳門，鄧成兆得悉立即趕到義律船上，再次轉交，義律仍堅拒不收。[20]事態表明，他決心把事情做絕，把兩國關係推到尖銳對抗的邊緣。

林欽差和鄧總督在忍無可忍之下，下令驅逐英商出澳門。澳門葡萄牙總督於七月十六日奉命通知英商及其家屬出境。十八日，在澳英商和他們的家屬只得灰溜溜地上船，離開澳門，向尖沙嘴洋面義律所在船隊靠攏。《澳門月報》在報導這一情況時寫道：那天，「男人、婦女和兒童，都匆匆從住所出來，趕到船上尋覓安身的地方。一小隊擠滿了乘客的小船、雙桅船和歐式沙船，當慢慢駛離港口的時候，真是一片淒涼景象。」[21]可是，它不願說明給這些婦孺們造成無家可歸的淒涼命運的，正是他們政府派駐中國的商務監督，那個自以為是、一意孤行、脾氣暴躁、充滿着戰爭狂熱的查理・義律。如果他心裏果真還有絲毫對自己的同胞負責和憐憫的感情，那麼他只要抓住中國欽差給他的任何一次轉圜的機會，就可避免出現這種淒涼情景的發生。

澳門冷清了，可尖沙嘴洋面卻囂囂然起來。那些從澳門撤出的大小船隻加入了原有的船群中，使原本不安分的人群更加情緒騷動。因為食物與寶貴的淡水，在中國方面宣佈斷絕供應之後早就顯得十分短缺，要不是附近村莊中有些一心想發財而不怕掉腦袋的中國人趁機做生意，尖沙嘴洋面上的船群怕早就餓飯了。現在大批英國人加入，勢必對吃喝帶來極大麻煩，這怎麼不讓人感到焦躁？茵集在洋面的貨船，原本是為了賺錢而來，若不是義律對中國官府的故意抗拒，早就進口卸貨、獲利而歸。現在不單不能做生意，而且連收舶的澳門也無法去，豬留海上，成了無路可走的流浪漢，眼睜睜地看着貨物一天天變質，又怎麼不讓人心痛？那些從澳門撤出來的英國人，雖然一部分寄住到澳門附近的譚仔灣洋面的空躉上，但仍有不少人家攜老扶幼地聚居在尖沙嘴貨船上。他們拋棄了舒適的住屋，擁擠在散發着各種氣味的貨艙中，情緒沮喪，怨聲不絕。這一切，使得妄自決定撤離廣州，又丟下澳門英僑獨自潛往尖沙嘴貨船上的義律，成了眾矢之的。

林欽差是在次日（八月二十七日）得到英人離澳上船消息的。那天早晨，欽差會同總督校閱了廣東駐軍操練子母炮和抬炮後，即回行轅休息。盛暑的廣州，天氣悶熱，雖說上午下了兩場陣雨，但放晴之後仍沒有一絲涼意。林欽差半臥在竹製的躺椅上微閉着雙眼，手執葵扇輕輕扇動，在陣陣微風中解暑消乏。這時，家丁送來了澳門海防同知蔣立昂的稟報，他報告說：澳門英夷自斷絕接濟後，陸續避往船上居住者共

18《會諭同知再行諭飭義律繳土交兇稿》，《信及錄》，第一〇三頁。
19同上書，第一〇二—一〇四頁。
20《札新安縣將澳門廳繳回諭帖轉給義律由》，《信及錄》，第一〇四頁。
21《澳門月報》一八三九年八月號，轉引自【美】馬士：《中華帝國對外關係史》第一卷，第二七〇—二七一頁。

五十七家，計至本日驅逐盡淨，澳內已無英夷了。[22]這個消息，欽差大臣早在意料之中。因為下令澳門葡萄牙總督驅逐在澳英人，結果必然是英人退居海上，只是葡萄牙總督認真執行天朝命令，使欽差大人在欣慰之餘略感意外。他覺得有必要對之予以獎勵，同時也可乘機直接考察一下外國人聚居處的風土人情，增加些感性知識。林則徐自來廣東之後，已逐漸注意於了解外情。他不僅組織人員翻譯西書西報，以增長對西方政情的認識，而且還在收集西方人文歷史方面的資料，以增進對各國民風習俗的知識。澳門作為外人聚泊的處所，無論從了解外情、從海防角度考慮，都是應該巡閱一下的。為此，他和總督鄧廷楨往返商量了幾次，決定在七月二十五日（九月二日）偕同鄧廷楨巡閱澳門，並把日期通知了澳門葡萄牙總督和澳門海防同知蔣立昂。

欽差和總督如期巡視澳門。當日凌晨，兩人帶同隨員自香山啟程，由陸路經新安汛、香粟山、石鼓蹝，過平徑嶺，中午時分到達雍陌村的鄭氏祠。在此午飯並略事休息後繼續趕路，傍晚抵達澳門同知駐地前山寨。蔣立昂等謁見後，林欽差和鄧總督當夜便宿於都司署中。一天中走了一百零八里的路程，而且有不短的一段是山路，雖說山不甚高，路不太峻險，但對五十多歲的半老人來說，也夠吃力的了。不過，長期的宦海生涯養成了夜晚遲睡的習慣。林則徐當夜接到了七月初四日（八月十二日）廷寄，要他在廣東禁煙事竣後，接任兩江總督新任時籌劃漕務，條陳定議。因為鴻臚寺卿金應麟（亞伯）上了一道《清除漕政弊端摺》，朝廷將此發交江蘇巡撫陳鑾、江蘇布政使裕謙議覆，要林則徐「於事竣接兩江任時籌劃妥議」。[23]廷寄明確表示朝廷對林的未來去向和倚重之意，說明朝廷在繳煙之後，已經有了廣東查禁工作可以毋須簡派欽差大臣主持的意向。林則徐連夜寫了一封給廣東巡撫怡良的書信，[24]對他加強三沙尾、大王滘等處兵防作了答覆，並把廷寄的內容扼要地告訴了怡良。末了一句說：「惟原奏與初議俱未經見，殊覺空無傍依，容當寄信往蘇詢問之耳。」從行文的寓意體察，他似乎隱含着準備結束欽差使命、轉接兩江新任的打算。作為臣子，君命自不可違，但作為身歷禁煙第一綫的知情者，未必認為英商繳煙後粵事就已了結，所以，他在信中對調任一事只是附筆提及，主題還是討論廣東防務。

大約怡良在林、鄧動身赴澳前已接到英國新到兵船一艘的情報，[25]所以派兵分駐二沙尾、大王滘等處，並修函遣弁送交赴澳途中的欽差和總督，報告自己的設防情況。對此，林則徐在覆信中表示：「所示派兵分防二沙尾、大王滘等處，並辦木排堵截，均屬周密有餘。頃間嶰翁見商，以為兵數似可稍減。緣夷兵船一隻，尚不知真假如何，即使再有續來，而內河亦不過各處有防，即無意外之患矣。」很明顯，林則徐對怡良提供的新到英國兵船一艘的情報並不重視，對廣東內河防禦的能力和佈置極有信心。其實，他完全錯了。

新到英國兵船的情報是確實的。它名叫「窩拉疑」（Volage）號，船長士密（所以後來的中方史料中把此船稱為「士密船」），裝有二十八門艦炮，屬於巡洋級兵艦。它服役於英軍東印度防區，由東印度防區總司令馬他倫於六月中旬派出，七月二十三日（八月三十一日）到達廣東尖沙嘴洋面，保護茵集於此的英商和其他西方國家的船群。由於中國方面對此船的確切情況尚未探得，所以在七月二十四到二十五日的兩天裏還知之不多，林則徐才會在信中有「尚不知真假」之句。

「窩拉疑」號的到來，是義律蓄意把禁煙爭端拖向武裝衝突的一個嚴重步驟。如本章第一節所述，義律早在被迫同意繳煙後即致函英國外相帕麥斯頓主張發動戰爭；三月中旬又致信英印總督奧克蘭勳爵，請求派遣兵艦到中國進行武力示威。奧克蘭勳爵接信後於六月中旬下令馬他倫，讓他派出「窩拉疑」號作為

22《林則徐集．日記》，第三五〇頁。
23 同上書，第三五一頁。
24《致怡良》，道光十九年七月二十五日申刻於前山，《林則徐書簡》，第六十二頁。
25「窩拉疑」號在八月二十九日開抵九洲洋面時，已被澳門廳營水師發現，當中國引水前往查詢時，它竟開槍射擊。九月一日駛至尖沙嘴洋面。參見《批澳門廳為義律呈述士密三板至九龍被炮攻擊稟》，《林則徐集．公牘》，第一三八頁。

先行，他在致帕麥斯頓的信件中表示自己將親率裝有七十四尊艦炮的「威里士釐」號巡洋艦開赴中國。所以，「窩拉疑」號的到達，實在是義律和英國政府準備發動侵華戰爭的一個信號。

林則徐對這件事的嚴重性缺乏應有的認識，這雖然有情報尚未核實、「不知真假」的客觀原因，但更重要的是他和鄧廷楨在主觀上缺乏對英國殖民主義者侵略本性的認識，尤其對義律敢於挑起戰爭缺乏應有的思想準備。儘管他在赴粵之前對禁煙是否可能導致邊釁有所慮及，在處理繳煙過程中也曾多次與鄧廷楨、關天培等磋商海防佈置並親臨視察，但本質上他不想通過武力解決問題，也不認為英國會輕易發動戰爭；他對義律的看法雖然隨着此人的每次阻撓破壞而有所改變，但基本上沒有對義律喪失「必能悔改」的信心。基於這兩方面的認識，林則徐和鄧廷楨都認為，即使事態發展到有小規模的武裝衝突，只要廣州加強內河設防也就完全可以應付。所以，他在致怡良的信件中才會有「即使再有續來，而內河亦不過各處有防，即無意外之患矣」的說法。

林、鄧兩人既然錯誤估計了英國和義律的態度，那麼對新到英國兵船預伏着的嚴重後果自然也不可能作出正確判斷，所以自第二天起繼續澳門視察之行。這天清晨，林、鄧一行由前山向南走了十里路程即抵達香山縣與澳門的分界處——蓮花莖關閘。澳門三面環海，惟背面有一山名花峯，峙於海中，山下築長堤一道，北通前山，整個地形有如蓮花莖，莖之中段，橫築垛城數丈，「以界華夷」，稱為關閘，派兵駐守，成為澳門與大陸的惟一通道。林、鄧等一過關閘，立即受到澳門葡萄牙官兵百餘人的迎接，在軍樂導引下到達望夏村附近的新廟。行香祀祝之後，即在廟內傳見葡萄牙駐澳門總督委黎多，「諭以安分守法，不許囤聚禁物，不許徇庇奸夷」，委黎多表示願意遵法令，驅逐「賣煙奸夷，亦屬份內當為之事」。[26]林則徐當即贈送了綢扇茶糖、牛豕麪臘等物及番銀四百元。之後，一行人等進入澳門街市，沿途查看，對洋人房屋建築、衣着服飾、風俗習慣，頗多新奇之感，不由得抒發了一通華夏文明對蠻戎狄的自我優越感。約在巳時（上午九—十一時），林、鄧等離開澳門，循原路回程，遇大雨不能行，只得在距前山寨四十里的鄭氏祠夜宿。恰巧粵海關監督豫堃由省城來，於是三人共進晚餐，但豫堃當夜則另宿他祠。七月二十七日（九月四日）繼續上路，翌日夜四鼓甫抵虎門鎮口，[27]澳門巡視至此結束。

林、鄧選擇中英雙方因林維喜事件陷於僵持狀態之際巡察澳門，不僅對了解西方、獲得第一手資料有意義，而且對堅定澳門總督在中英衝突中保持中立、不讓義律利用澳門作走私鴉片、抗拒中國的基地有意義。通過巡視，欽差和總督核實了四月間由佛山同知劉開域、署澳門同知蔣立昂、香山知縣三福等派員編查澳門戶口的確數，計華民一千七百七十二戶七千零三十三人，西人七百二十戶五千六百一十二人（內英人五十七戶）[28]；其租給英人房間，自英人離澳後一體關閉，澳門確已沒有英人蹤跡；澳門「西洋夷樓實無存貯煙土情事」。他認為像這樣的巡視應該每年進行一次，由督撫兩司分年輪替，對於了解夷情、正本清源和加強邊防都有益處。但是，皇帝只表示贊同林、鄧的這一次視察，而不認為今後每年都要由省級官員作類似的巡視。看來，皇帝認為堅持天朝大員不與外夷交接的成規舊例，比什麼都重要。

有一件事林欽差和鄧總督都不知道，即當「窩拉疑」號達到中國之後，義律以為有恃無恐，便在九月一日（七月二十四日）致函葡萄牙駐澳門總督，要求他准許英商和家屬仍回澳門居住，表示他目前已有足夠的力量提供對澳門的武力保護。澳門總督拒絕了這一請求，理由是他必須保持嚴格的中立。嗣後，義律又於九月十二日（八月初五日）再次提出這項要求，結果又一次碰了釘子。[29]這說明，中國政府加強對澳門的管理是完全必要和有益的，林則徐、鄧廷楨的巡察也是有作用的。

「窩拉疑」號的到來，打破了中英關係因具結和交兇爭端而形成的僵持膠着局面。早已想使用武力的查理・義律和急於在殖民征服事業中躍躍欲試的士密艦長，決定利用堅船利炮向中國水師發動攻擊。七月

26 林則徐：《巡閱澳門情形摺》，《林則徐集・奏稿》第二冊，第六八二頁。

27《林則徐集・日記》，第三五二頁。

28 林則徐：《巡閱澳門情形摺》，《林則徐集・奏稿》第二冊，第六八一－六八二頁。

29【美】馬士：《中華帝國對外關係史》第一卷，第二七二頁。

二十七日（九月四日），當林欽差和總督等還在由澳門回程的途中時，義律和士密艦長就迫不及待地向九龍洋面的中國師船開火。

第七章

義律挑起武裝衝突

第一節 九龍之戰

就在「窩拉疑」抵達廣州洋面的那天，即七月二十三日（八月三十一日），林則徐為迫使義律具結、交兇，決定實施「堅壁清野」，把英國人完全孤立在海上。他發佈告示，命令各級官員斷絕英人一切供應，並有鑒於林維喜事件，要求沿海居民武裝起來，不准英人上岸滋事、覓井取水：

> 本大臣、本部堂曉諭所有沿海鄉村紳耆、商人及居民等，效忠邦國，群策群力，購買器械，聚合丁壯，以便自衛。如見夷人上岸滋事，一切民人皆准開槍阻止，勒令退回，或將其俘獲。夷人為數甚少，自不能敵眾。夷人上岸覓井汲水，應加攔阻，不准其欽（飲）用。但若夷人並未上岸，爾等不得擅自登舟駕近夷船，徒生枝節，違者當於嚴懲。[1]

告示發佈後，沿海居民紛紛組織武裝自衛，香港民人甚至採取水中放毒的方法，斷絕英人取水。九月二日，義律在香港發出《為反對水中放毒給中國人民的通知》，恫嚇武裝起來的中國民眾，威脅說中國如果停止供應，水中放毒，必將發生衝突，表示將以武力進攻解決供應問題。[2]

九月四日下午，義律決定採取行動，他和「窩拉疑」船長士密等乘坐裝備十四門火炮的「路易莎」號英艦，率領「珍珠」號武裝小艇和「窩拉疑」軍艦的舢板，前往離英船停泊地四英里的九龍灣。義律得悉那裏有中國水師大兵船三艘正阻止中國人對英國人的食物供應。義律一行抵達時，發現中國師船一字兒排開，挨得很近，「處在一座相當令人生畏和配備齊全的炮臺下面」。義律把軍艦停靠在中國師船旁邊，相距僅有手槍射程之遠，派傳教士郭士立（Karl F. A. Gutzlaff）[3]帶兩名士兵駕小艇駛往中間的師船進行交涉，「因為從該船的大小和裝備精良看來它被認為是清朝官員指揮的船隻」。

郭士立和兩名士兵帶着義律的兩份文件，一是前面提及的「通知」，一是義律致九龍中國官員的「信函」，其中稱：「此地駐有幾千名英國人，他們被剝奪了正常的食物供應；如果這種情況繼續存在下去，必將經常發生衝突。貴官員們將對這些後果承擔責任。」[4]

當時帶領三艘戰船巡邏的是廣東水師大鵬營參將賴恩爵。賴恩爵，乾隆六十年（一七九五）生，行伍

1 廣州文史研究館譯：《鴉片戰爭史料選譯》，中華書局，一九八三年版，第二〇五頁。

2 胡濱譯：《英國檔案有關鴉片戰爭資料選譯》（上），中華書局，一九八三年版，第四四六—四四七頁。

3 這位郭士立，就是一八三二年與東印度公司間諜林賽乘坐阿美士德號沿中國海北上，進行間諜活動的甲利，又名郭實臘。一八〇三年出生於普魯士東部一個裁縫家庭。四歲喪母，少年時曾從銅匠為學徒，十五歲學阿拉伯語和土耳其語。一八二三年，入荷蘭教會學習。一八二七年受教會派遣來東南亞一帶傳教。一八二九年脫離荷蘭教會，和英國傳教士、商人和外交官建立廣泛聯繫。一八三一年來華，七月進入中國水域，九月抵達天津，並北上遼東半島，旋南下，十二月抵達澳門，受到傳教士馬禮遜的接待。郭實臘以親身經歷證明，可以衝破清政府的重重禁令，到廣州以外地區進行傳教或貿易，中國大門可以由此打開。在澳門，郭實臘入鄉隨俗，身穿唐裝，一面行醫，一面傳教。一八三二年乘坐阿美士德號作間諜偵察之後，又乘大鴉片販子查頓的商船第三次沿海北上，到達東北牛庄（今營口），沿途大肆販賣鴉片。根據三次航行，他出版了《一八三一—一八三三年在中國沿海三次航行記》一書，並一舉成名。他在書中鼓吹打開中國大門，成為殖民者採取侵略行為的理論與實踐依據。

4 胡濱譯：《英國檔案有關鴉片戰爭資料選譯》（上），第四四七頁。

出身，字簡廷，廣東新安縣大鵬城（今深圳市龍崗區大鵬鎮）人。父賴英揚，一生緝匪拿盜，戰績彪炳，官至浙江定海鎮總兵；叔父賴信揚官至福建水師提督。恩爵少時隨父出征，歷任把總、千總、守備、都司、遊擊等職。道光十八年（一八三八）補海門營參將。翌年因中英交涉起，調回家鄉大鵬營任職。郭士立記載了與賴恩爵交涉的經過：

當我們乘坐一艘雙槳小快艇來到第一艘帆船旁邊的時候，士兵們舉起了他們的木製長矛；不過，在我使他們相信我手無寸鐵而且為了和平的目的獨自前來以後，他們對於過早地表現抗拒一事感到羞愧。經過一些漫談之後，他們告訴我，船上沒有軍官；不過，雖然那位發言人穿着老百姓的普通衣服，但在我看來他似乎是一位水師軍官。他告訴我說，帆船不能夠接受和傳遞公家的文件，但如果我必須口頭上傳達任何事情，他將很愉快地聽取我的要求。於是，我說明我們前來的原因，並向他表示我們必需獲得食物供應，因為這麼一支鉅大的船隊不可能沒有食物而繼續存在。他接受了那份包含列舉我們所抱怨事情的文件，並且很仔細地閱讀它，但他說，他不能夠自行負責地辦事並允許人們離開，可是他十分願意將此事報告給他的上級。5

碰了軟釘子而不得要領的郭士立，轉向中國水師士兵詢問。他們告訴他在另一艘船上有軍官。可是，在另一艘船上，郭士立得到了同樣的結果。他採用這種方式「反覆走來走去」，要使中國官兵相信，「在我們獲得供應品之前，我們不能離開這個地方」。幾個士兵乘船去炮臺與軍官商量，並將軍官的意見告訴郭士立。郭士立意識到，「除非將此事正式告訴住在附近地方的欽差大臣的代表，並從全權代表本人那裏獲得許可」，英國人將不能做任何事情，郭士立只好灰溜溜地回來向義律覆命。

經五六小時的交涉毫無結果，義律決定繞過廣東水師，自行派人乘坐小艇，強行上岸購買食物。當英國人帶着「違禁品」離開時，官府的人來了，命令百姓收回了食物。義律得到消息後，「感到極為憤怒，從舢板、快艇和其他的一艘船隻對那三艘帆船開了火」。於是，「九龍之戰」由義律的「首先開炮」而起，他自己也毫不諱言，「我對開第一槍負有責任」。

廣東師船被迫還擊。雙方進行了將近半小時的射擊之後，義律因缺乏彈藥而撤退了。「九龍之戰」的結果，按照義律事後向英國的報告中說，中國師船受了相當大的損失：

> 經過大約三刻鐘的拖延之後，它們起錨並在炮臺的掩護下啟航，其明顯目的是通過附近的一個出口逃走。到這時，我們已獲得彈藥，並處於重新開始戰鬥的狀態；由於士密艦長已出去把女王陛下的軍艦開來，希望阻止那些船隻逃走，所以我鼓起勇氣，與它們重新交戰，順利把它們打回它們以前的駐地。[6]

按照義律的報告，英方大獲全勝，廣東師船逃離戰場，英軍沒有一點損失。但一位參戰的名叫亞當．埃姆斯里（Adam Elmslie）的年輕士兵在給家人的信中所描述的卻完全是另一番景象：

> 下午二時，義律給官員送過一個通知去，告訴他們說，如果在半小時以內還不準備好供應品，他就要轟擊水師兵船。半小時過去了，沒有送來供應品，於是士密艦長就命令附屬快艇開火，這命令立刻被執行了（附屬快艇船頭有十八磅炮一尊）。於是水師兵船拚力張起網繩，就在一半手槍射程的距離以內和我們搏鬥起來。我們的炮是備好了火藥和炮彈的，第一炮打過去以後，他們所有的炮都對我們展開了駭人的轟擊，並且打得相當準（每隻水師兵船有炮十門，他們把所有的炮都搬到和我們接戰

5 胡濱譯：《英國檔案有關鴉片戰爭資料選譯》（上），第四四七—四四八頁。

6 同上書，第四四四頁。

> 的這邊船舷上來了）。路易莎號有十門旋迴炮和四門三磅長筒炮，附屬快艇船頭有十八磅炮一尊，珍珠號有六磅炮六尊，水師兵船上的炮火，感謝上帝！是不夠充足的，被壓制下去了；否則就不會有人生還來敍述這幕歷史了。我們的主帆被打中了十九炮。我可以向你發誓，我們在偏舷上的辰光是不快活的，所有的人都必須為火炮奔忙。炮臺也向我們開火，打得頑強而相當準確，因為路易莎號懸有長流，所以炮臺上所有的炮火都打向這隻小艇，絕少有炮彈落到珍珠號甲板上去的。路易莎號的司令官戰鬥得很優異，打到四時半，計發炮一百零四發，彈藥打完了，不得不退出戰鬥，這使我大為高興，可是水師兵船一經發現這樣情況，立即揚帆向我們尾追而來，等到他們追到我們的時候，我們已備好了四十四副彈藥，於是我們把小艇的右舷轉向來船，珍珠號則以左舷船頭相向，如此，我們就以三面船舷的炮火把他們打得落花流水。我們第四次裝備彈藥以後，一炮接一炮地打去。甲板上的尖叫聲音是駭人的，但是我並不害怕，這是我有生以來使人類流血的第一個日子，我希望這也就是最後一天。[7]

顯然，廣東水師戰船和炮臺還擊猛烈，擊中義律坐船路易莎號主帆十九炮。激戰兩個小時，路易莎號因彈藥打完而不得不退出戰場時，廣東水師戰船立即揚帆圍追而來。並不是義律所描述那樣想逃離戰場，被英國軍艦堵截回原地。圍追而來的廣東師船被英軍三面圍攻，雖因不能得到岸上炮臺的支援而受損失，但仍頑強抵抗，給予英艦沉重打擊。戰鬥到五時，英軍援軍抵達。首先趕到的是有二十名士兵和足夠多武器的「威廉要塞」號（Fort Williams）艇船。不久，「窩拉疑」號也隨着微風開進了海灣。「劍橋」號船長道格拉斯（Douglas）率領十六名英籍水手（全穿白上衣藍褲子）駕船靠近路易莎號，從後面攻擊水師戰船：

> 水師人員隨即轉到船尾，把他們的火繩槍架在主帆上向道格拉斯船的人群中心作咬定目標的射

擊，有幾個人應聲而倒。當他們靠近水師船尾的時候，道格拉斯已被打穿了胳臂。[8]

「窩拉疑」號因無風而停了下來，不能深入海灣，炮彈的射程不夠，未能加入戰鬥。戰鬥一直進行到六點半，英船撤出戰鬥。按照該英國士兵的敍述，九龍之戰中，英船「劍橋」號船長道格拉斯及兩名水手負傷，英軍在中國水師戰船面前並沒有佔到多少便宜。義律的報告顯然誇大其詞，與事實不符。

義律曾有第二天繼續進攻中國師船的計劃，並命令士兵們連夜準備。當全副武裝的英軍艦隊趕到昨天的戰場時，發現三隻中國戰船仍然在那裏。可義律不敢下令進攻。按照他給英國政府的解釋，是因為進攻師船和攻打炮臺，「很可能導致附近村莊的破壞，並大大傷害和激怒那些居民」。[9]按照他給士兵們的解釋，是因為「他覺得向三隻不中用的水師兵船開火有損陛下皇家海軍的榮譽」。義律這種解釋連他的士兵都覺得站不住腳：

如果他不想毀滅兵船、火燒村莊，他為什麼又首開第一炮呢？我思想上認為不列顛旗幟的榮譽是已經被破壞了。假如他無意於把浮在中國水面的政府船隻、划子、排筏通統毀滅乾淨的話，那麼他為什麼敢於在盛怒中開火呢？中國人自然很可以說他們把我們揍了一頓。……我希望我絕對不再參加這樣的戰鬥，從這次戰鬥裏，我們已經被揍得很夠受的了。[10]

---

7 嚴中平輯譯：《英國鴉片販子策劃鴉片戰爭的幕後活動》，莊建平主編《近代史資料文庫》第四卷，上海書店出版社，二〇〇九年，第一二五—一二六頁。
8 同上書，第一二六—一二七頁。
9 胡濱譯：《英國檔案有關鴉片戰爭資料選譯》（上），第四四四頁。
10 嚴中平輯譯：《英國鴉片販子策劃鴉片戰爭的幕後活動》，《近代史資料》，一九五八年第四期，第七十頁。

九龍之戰後，林則徐、鄧廷楨和關天培三人向皇帝合奏，將九龍之戰描述為一場鉅大的勝利。奏摺稱賴恩爵帶領師船三隻在九龍山口岸「查禁接濟，防護炮臺」。此處距離尖沙嘴約二十餘里：

七月二十七日午刻，義律忽帶大小夷船五支赴彼，先遣一支攏上師船，遞稟求為買食。該將（賴恩爵）正遣弁兵傳諭開導間，夷人出其不意，將五船炮火一齊點放。有記名外委之兵歐仕乾，彎身料理軍械，猝不及防，被炮子打穿脅下殞命。該將賴恩爵見其來勢兇猛，亟揮令各船及炮臺弁兵，施放大炮對敵，擊翻雙桅飛船一支，在旋渦中滾轉，夷人紛紛落水，各船始退。少頃，該夷來船更倍於前，復有大船攔截鯉魚門，炮彈蜂集，我兵用網紗等物設法閃避，一面奮力對擊。瞭見該夷兵船駛來幫助，該將弁等忿激之下，奮不顧身，連放大炮，轟斃夷人多名，一時看不清楚，但見夷人急放三板下海撈救。時有兵丁陳瑞龍一名，手舉鳥槍，斃一夷人，被回炮打傷陣亡。迨至戌刻，夷船始遁回尖沙嘴。

在林則徐等人筆下，中國以非常小的代價取得了極大的勝利：

計是日接仗五時之久，我兵傷斃者二名，其受傷重者二名，輕者四名，皆可醫治。師船間有滲漏，桅篷亦有損傷，均即趕修完整。嗣據新安縣知縣梁星源等稟報：查夷人撈起屍首就近掩埋者，已有十七具。又漁舟疊見夷屍隨潮漂淌，撈獲夷帽數頂，並查知假扮兵船之船主得忌喇士（即道格拉斯）手腕被炮打斷，此外夷人受傷者，尤不勝計。[11]

必須指出：林則徐等人並沒有親臨戰場，他們奏報中有關此戰的經過得自於參戰的水師參將賴恩爵和新安縣知縣梁星源的稟報，有關戰果的報告，同樣存在誇大的成分，不足為據。

客觀地說，九龍之戰中英雙方並沒有勝利者和失敗者，僅僅是雙方首次試探性的武裝衝突，特別是英方最有戰鬥力的「窩拉疑」號並沒有參戰，因此，九龍之戰根本無法體現雙方真正的軍事實力。但是九龍之戰使林則徐乃至道光皇帝都產生了輕敵的思想。

林則徐經此一戰，認識到「英夷欺弱畏強」的本性，卻認為僅憑廣東師船即可使「奸夷膽落」。[12] 他與鄧廷楨於九月六日向外國商人貨船發佈告示，歷數義律挑起戰爭的罪行及王朝軍隊的強大：

> 七月二十七日，義律竟敢糾集大小夷船至九龍，開火襲擊巡洋舟師，從午之戌刻，多次進犯，傷我官兵。由於彼先來尋釁，本大臣、部堂惟有諭飭集結強大水陸官兵，聯合殲除，制其死命。試問，夷兵眾多焉能及我萬一？夷人槍炮雖屬銳利，其彈藥豈能長期使用而不消耗？若其冒險進埔，將立被焚燒為灰；若其敢於登岸，則許一切民人將其捕殺，該夷安能不懼？

因此，他告誡商人們不能與義律捆綁在一起，而應該聽欽差大臣的旨令，「各宜速即自行離散」，否則「勢將玉石俱焚」。[13]

處於深宮的道光皇帝，接到林則徐「九龍之戰」捷報後，立即朱批林則徐等的奏摺說：「既有此番舉動，若再示以柔弱，則大不可，朕不慮卿等孟浪，但誡卿等不可畏葸。」並發佈上諭稱：

> 我兵先後奮勇，大挫其鋒，該夷等自必畏懾投誠，籲求免死。惟當此得勢之後，斷不可稍形畏

11《欽差大臣林則徐等奏為英領義律率船偷襲已予反擊及葡人代為轉圜摺》，《鴉片戰爭檔案史料》第一冊，第六八〇頁。

12 同上書，第六八〇頁。

13 廣東省文史研究館：《鴉片戰爭與林則徐史料選譯》，廣東人民出版社，一九八六年，第一一〇頁。

蒐，示以柔弱。……著林則徐等相度機宜，悉心籌劃。如果該夷等畏罪輸誠，不妨先威後德，倘仍形桀驁或佯為畏懼，而暗佈戈矛，是該夷自外生成，有心尋釁，既已大張撻伐，何難再示兵威。[14]

正是這種瀰漫於君臣之間的天朝之大和輕視對手的文化心態，成為導致日後鴉片戰爭中國戰敗的根本原因。

14《英船開炮逞兇著欽差大臣林則徐等不可示弱相機籌劃並獎勵有功員弁事上諭》，《鴉片戰爭檔案史料》第一冊，第七〇三頁。

第二節　澳門談判

九龍之戰後的義律，面臨多方面的困境。一是食物和淡水短缺的危機並沒有解決，二是一部分英商因遲遲不能進入廣州貿易而心生不滿，三是他對華用兵的請示還沒有得到英國政府的批准。因此，他不得不「委曲求全」，八月初七（九月十四日）致書澳門同知蔣立昂，要求就貿易問題進行談判。林則徐以義律言詞頗為恭順，於八月十三日（九月二十日）讓蔣立昂轉告義律和談的條件：呈繳新運到的鴉片，交出林維喜案件的兇犯，空躉船即行離去，被驅逐出境的英國鴉片販子即行離境，按規定樣式進行具結，並告知何時可接到英國國王的回信。

八月十七日（九月二十四日），義律與蔣立昂在澳門總督寓所舉行了會談，義律對林則徐的條件一一作了答覆：

關於呈繳鴉片：「在已經採取嚴厲措施之後，這支船隊中不應當有一斤鴉片；懸掛女王陛下的旗幟不是為了保護一種被皇帝宣佈為非法的貿易」。提出由中英雙方共同搜查，若搜出鴉片，貨物盡行沒收，英國決不保護。對於具結，為了區分非法貿易與合法貿易，由義律提交一份由洋行每個成員簽署的聲明：「該聲明莊嚴聲稱，他們與鴉片無任何直接或間接的關係，將不允許他們支配之下的任何人與該藥材發生關係。」同時建議，「除非每艘船隻的船長和受託人在該船到達之日向他（指義律）提交一份用中文和英文寫成的莊嚴聲明，宣稱該船不曾運送鴉片前來中國，現在船上沒有鴉片，而且將不接受任何鴉片，中國當局將不允許該船進行貿易」。關於交兇，義律向林則徐保證，他已經為緝兇作了盡可能的調查，但上岸鬧事的除英國人外還有美國人，「所以不可能發現那名兇手」。建議雙方進行一次聯合調查，對兇手進行最嚴厲的搜尋，並懸賞緝拿。一當拿獲，即按照其國法律在中國官員面前進行審判。對於空躉船和被驅逐離境者，義律確認當季風吹起來時，立刻遵照欽差大臣的願望令他們開行，但為其中兩人求情，因他認為他們與鴉片毫無關係，並請求被驅逐離境者離開前在澳門逗留六天。對於英國國王的回信，義律確認四個月後可收到。對於在香港發現的那具屍體，確實是一艘英國船隻的，但不能確認是林維喜案的兇手。[1]

對於義律的回答，八月二十一日（九月二十八日），林則徐一一進行了駁斥，並提出了一系列更加強硬的要求：

第一，中方有證據表明船隊中存有鴉片，義律應按照協議立即呈繳這些鴉片。如果有人偷運被拿獲，有關人員將被處死。如果在中國沿海其他地方拿獲鴉片，摧毀該船並處死全體船員。同意派員查驗船隻，若無鴉片便訂立修改協議，在虎門進行貿易。具結應寫明：「遵照欽頒新例，如有夾帶鴉片，人即正法，船貨全行入官。」

第二，必須在十日內交出兇犯，「拖延可能招致我們採取消滅的措施」。

第三，鴉片船隻必須立即離開，被驅逐者離開前可以在澳門停留六天。

第四，交出船隊中的所有中國人，包括銀匠周亞全、木匠陳亞有等漢奸，以「永斷根株」，將來「各夷商專做正經貿易，不至為此輩所惑」。[2]

八月二十八日（十一月五日），義律報告說十六名被驅逐者已有六人離開，四人正準備離開，空躉船全部離去，兇犯還未查處，具結還需等待國王訓令，並表示願意與中方官員一同檢查船隻。林則徐對義律的報告很是不滿，最為緊要的交兇、具結都沒有進展，認為義律「含糊搪塞，希冀拖延」。九月初二日（十一月八日），林則徐直接向義律發出諭帖，為解決長期滯留英國貨船進入黃埔裝卸貨物問題，做出了一定的讓步，提出具結與搜查並行的臨時變通辦法：

今將具結與搜查二事，合而為一，通融辦理。其情願照式具結者，即准照常貿易，不必再行搜查。未具結者，須將該船提至沙角搜檢。……如有鴉片，即將夾帶本犯照例正法，船貨全行入官；果無鴉片，仍准貿易。……若不照式具結，又不遵照起貨聽候搜檢，是其船內明有鴉片，斷不能容其走私，限三日內統行驅逐回國；如三日後仍尚逗留，定即駕駛火船，將該船燒滅除害。

以後來船，無論是否搜檢、具結，均要另行照式具結，「來粵一次，必具一次之結」，否則不予貿易。林維喜案兇手藏匿之船，林則徐等一清二楚，「一經提質，不難得實」。義律實屬「有心延玩」，再展期十天交兇，到時「仍空言回覆」，林則徐將派人指明兇手所在之船，「將其船主、商伙、水手等全行提來審訊」，抓住真兇，「餘犯發還」，不再與義律作口舌之爭。[3]

林則徐此招，想用「搜檢」威脅商人具結，因為搜檢會使商品遭受損失而產生諸多麻煩，具結只是寫個字據而已。但在義律看來「具結」不僅需要得到英國政府的認同，而且「具結」在法律上就使鴉片走私完全非法化，必將對此後的貿易產生無窮無盡的影響，因此他選擇了搜檢這種形式。他正得意之間，一件大出他意料之外的事情發生了。

原來，義律在具結問題上的一意孤行，給各國商人帶來了極大的損失而招致怨恨叢生，出現了撇開義律自行具結的獨立行動。義律曾要求美國商人與英國商人一起離開廣州，抵制林則徐。美國商人並不認同義律，他們的領袖說：「我來中國不是為了療養和尋歡作樂，只要能賣出一碼布或者購進一磅茶葉我就要

1 胡濱譯：《英國檔案有關鴉片戰爭資料選譯》（上），第四六四－四六五頁。
2 參見《信及錄》第一一五－一一九頁。
3《會諭義律分別准駁事宜》，《林則徐全集·文錄卷·公牘》，海峽文藝出版社，二〇〇二年版，第二五八－二五九頁。

堅守崗位，……我們美國公民沒有女王來擔保補償我們的損失。」[4]英商的拒絕貿易給美商帶來機會，他們獲利豐厚。商人的本性是賺錢，長時間的賠錢是他們不願意的。未從事鴉片走私的英商得到美商獲利的消息後，開始挑戰義律的權威，認為義律無權阻止他們出具甘結。

八月二十四日（十一月一日），英國商船士林加沙爾船主具稟說，貿易久停使商人虧損甚大，義律的措施不得人心，請求進口貿易。林則徐得知消息後，順勢利導，要求他們照式具結。九月初五日（十一月十一日），僅載有棉花的「擔麻士葛」號（Thomas Coutts）從孟買出航到達澳門。次日，船主彎喇（Optain Warner）遞稟帖澳門同知請求進黃埔貿易。九月初八日（十一月十四日），彎喇第一個與林則徐簽署了甘結如下：

具甘結夷人彎喇擔，乃「擔麻士葛」船之船主，今到天朝大憲臺前具結。遠商之船帶棉花、沙藤、胡椒貨物來廣東貿易。遠商同船上之伙長水手俱凜遵天朝新例，遠商等並不敢夾帶鴉片。若查驗出有一小點鴉片在遠商船上，遠商即甘願交出夾帶之犯，必依天朝正法治死。連遠商之船貨物亦皆充公。但若查驗無鴉片在遠商之船，即求大憲恩准遠商之船進黃埔，如常貿易。如此良歹分明，遠商甘願誠服大憲，此結是實。[5]

彎喇具結後，第二天即駛進黃埔貿易。林則徐以為彎喇值得信賴，於是將給英國女王第二封信交給他帶回英國，船長不辱使命，書信在《泰晤士報》發表，引起轟動。

「擔麻士葛」具結進港貿易，使義律慌了手腳，他立馬致書林則徐要求在澳門與中方再次談判。彎喇的具結也增強了林則徐的信心，收到義律要求談判信當天，即命令廣州知府余保純赴澳門與義律談判，並改變先前「具結與搜檢」並行的策略，一再叮囑余保純堅持照式具結重開貿易的原則。多次與義律打交道的林則徐深知義律的狡詐，兩天後又命令余保純繞過義律直接開導商人具結進港貿易。

余保純，江蘇武進人，進士出身，官場不順，一八〇六年任廣東高明縣知縣，直到三十多年後的一八三八年才奉旨以知府補用。後作為林則徐隨員赴廣州禁煙，與外人折衝，頗獲林則徐賞識。

九月十一日（十一月十七日），中英第二次澳門談判舉行。在談判中，余保純卻沒有完全遵照林則徐的指示，既未堅持原則據理力爭，也沒有開導商人，而是自作主張，擅自與義律達成協議，允許英商及其家眷全部返回澳門居住；所有英國船隻可以不具結聽候搜檢後開艙貿易。這完全滿足了義律的「搜檢」籲求，使已經具結進港貿易的船隻與船主處於被「孤立」狀態。協議達成當天，喜出望外的義律立馬發佈告示：

以欽差大臣和兩廣總督為一方，以英國臣民的首席商務監督為另一方，已商定在目前情況下：

一、英國貿易可以在虎門外進行，不必簽署同意中國法規的保證書交給中國官員們，但以那些船隻只接受檢查為條件。

二、英國船隻經泊駐的地方將在阿農霍伊和穿鼻之間的錨地。

三、雙方獲得充分諒解，即這些船隻在虎門外卸貨時，應按照他們駛往黃埔時的同樣方式交納船鈔。……

四、駛往阿農霍伊的那些船隻將通過官方特許的小船轉運他們的貨物，並接受官員們的搜查。[6]

迫不及待的義律接着在澳門召集英商委員會和廣州行商聯席會議，擬定重開貿易的實施細則。會後，發佈委員會備忘錄，指責「擔麻士葛」號具結貿易違反了義律的命令：

4 費正清、劉廣京編，中國社會科學院歷史研究編譯室譯：《劍橋中國晚清史》（上卷），第一八三頁。

5 《信及錄》，第一三五頁。

6 胡濱譯：《英國檔案有關鴉片戰爭資料選譯》（上），第四六七—四六八頁。

一艘名叫「擔麻士葛」號的英國船隻（船長彎喇）違背女王陛下首席監督的命令駛入虎門的這個情況，以及該船長已簽署中國政府所要求的保證書的這個事實，可能對擬議中的在虎門外進行貿易一事產生一些拖延和麻煩；如果所有的英國人都像他們迄今所做的那樣，仍然堅決抵制中國方面試圖強迫他們書面同意新的法律（該法律涉及由中國官員們審判外國人並且對經營鴉片的外國人處以極刑），那末，那些拖延和麻煩是決不會產生的。[7]

義律催促余保純頒發領港證，讓英船接受驗貨，並組織英商及家眷返回澳門。

九月十七日（十一月二十三日），林則徐得悉義律所為後，怒斥余保純，並下令立即驅逐所有返澳英人，強調重開貿易的前提仍然是「繳煙、交兇、遣空躉奸夷三事」。並對不願具結等待查驗的外國船隻開倉貿易做出了更明確的規定：「其此次不具結之貨船，亦須遵照前諭，詰以下次是否遵式具結，令其分別立據。願具結者，此次許其候查，若下次亦不願具結，則不如此次回去，勒令三日內即行，毋許徘徊觀望。」[8]

九月二十一日（十一月二十七日），林則徐直接諭告義律，勸導英國人遵式具結。同時，重申交出煙販漢奸，以及「交兇」之前不得回澳門的原則。對於英人在廣東白石角洋面無辜傷害中國百姓，強烈要求義律查明交兇。[9]

九月二十三日（十一月二十九日），義律答覆林則徐說：白石角洋面不歸他管轄，其他各項已經再三說過，沒有再申說的必要。其實，他完全拒絕了林則徐的條件與要求。第二次澳門談判宣告破裂。

在此期間，其他國家商人紛紛放棄對義律的支持，先後有四十七艘船隻具結進港貿易。在「擔麻士葛」號的影響下，英國商人們也越來越不滿意義律的策略，紛紛準備效法，遵式具結貿易。「擔麻士葛」號船主也援引英屬印度殖民地有關文件，證明自己按照中國政府規定具結貿易並沒有違反英屬印度政府法律，以反擊義律的指責。十一月二十九日，一艘從爪哇運米來的「皇家薩克遜」號（Royal Saxon）以「擔麻士葛」號為榜樣，申請具結貿易。

7 胡濱譯：《英國檔案有關鴉片戰爭資料選譯》（上），第四六八頁。
8 中山大學歷史系編：《林則徐集．公牘》，中華書局，一九六三年版，第一六二—一六三頁。
9 同上書，第一六九—一七〇頁。

第三節 穿鼻海戰

義律深知英國商人的具結將使他的策略完全失敗，剛好新的軍艦「海阿新」號（Hyacinth）到來。這大大地提升了義律的底氣，他決定對「皇家薩克遜號」訴諸武力，以儆效尤。

九月二十七日（十一月二日），義律同士密率領「窩拉疑」號和「海阿新」號軍艦從澳門抵達穿鼻洋海面，準備阻止英國商船經此進港貿易。這天中午，遵式具結的「皇家薩克遜號」準備進口，即被英艦開炮折回。廣東水師提督關天培率師船巡查中，也遭到英艦突然襲擊。關天培被迫率軍還擊，穿鼻海戰爆發。

對穿鼻海戰的起因，義律在給英國政府的報告說：

> 我在馬禮遜[1]先生的陪同下，於上月二十八日登上泊於澳門錨地的「窩拉疑」號軍艦，目的是可能在穿鼻舉行任何會議或談判提供幫助，並且還帶領一些船艦前往該錨地。強勁的逆風使我們延遲到本月二日早晨才抵達該地，當時一些船艦停泊在第一組炮臺下游大約一英里的地方，第一組炮臺那裏集中了一支給人深刻印象由一些兵船和縱火船組成的部隊。

按照義律的說法，澳門談判失敗後，他率領艦隊到穿鼻洋面是為了舉行會議或談判。這是毫無根據的託詞，因為澳門談判破裂後，中英雙方根本就沒有再進行會談的約定，更沒有在穿鼻洋面上進行談判的可能性。其實，他害怕的正是按照林則徐的條件遵式具結進港貿易的英國船隻。

當時，廣東水師提督關天培數月以來，督率師船常住沙角炮臺，間赴穿鼻洋面來往稽查。關天培，生於乾隆四十六年（一七八一），江蘇山陰（今屬淮安）人，武秀才出生，積功累遷至參將。道光六年（一八二六），自吳淞口押送千餘艘漕米船往天津立功，擢升副將。次年，補授江南蘇松鎮總兵。道光十三年，署江南提督。翌年，因律勞卑事件調任廣東水師提督。到任後，他仔細考察虎門地勢，提出了三重門戶的防禦設想，並積極實施，使虎門成為清朝最強大的海防要塞。中英交涉期間，他全力協助林則徐，在廣東洋面往來巡查。九月二十八日，當已具結的「皇家薩克遜」號開到虎門希望進口貿易時，「窩拉疑」號艦長士密突然發射炮彈凌空越過「皇家薩克遜號」以示威脅，將其迫回。正在廣州洋面率師船巡視、保護已具結進口貿易的英國商船的水師提督關天培，聽到炮聲之後，向英艦駛去，以查詢原因。士密船長立即以左舷大炮向關天培座船進行轟擊。英艦再一次先開炮，關天培當即「令本船弁兵開炮回擊，並揮令後船協力進攻」。

對於戰爭經過，義律是如此描述的：

> 當時在中國兵船最右端頂風停泊的那些船艦避開逆風，在前面緊密地排成一行，大風從右舷吹過。這樣，他們很容易地衝向中國兵船，給予毀滅性的轟擊。側面的風向使船艦能夠從兵船相反的一端實現同樣的位置變換，用左舷大炮進行轟擊。

首先發難的侵略者是有計劃有準備的，搶先佔據了有利位置，欲對中國師船進行毀滅性打擊：

1 其實是馬儒翰（John Robert Morrison），是第一個來華新教傳教士馬禮遜（Robert Morrison）的兒子，鴉片戰爭期間一直充當英軍的首席翻譯，近代中國第一個不平等條約《南京條約》中英文表述上的差異，就是此人故意造成的。

中國人抱着他們一貫的情緒進行回擊，但我們自己炮火的驚人效果很快便表現出來。一艘兵船在離「窩拉疑」號這艘軍艦大約手槍射程距離的地方發生爆炸，很可能有一枚炮彈穿過了彈藥倉；三艘兵船被擊沉；另有幾艘顯然浸滿了水。……在不到三刻鐘的時間內，他（沈案：指關天培）和該中隊的剩下船隻很悲痛地撤回到他們原先的拋錨地。由於士密艦長無意延長破壞性的敵對行動，或除了擊退他們之外確實不想向前推進，所以他沒有阻撓他們的撤退，而是停止了轟擊並駛回澳門……[2]

當時，在「窩拉疑」號軍艦上的一位軍官回憶穿鼻海戰說：

中國船普遍放一二炮，就急行離去。只有水師提督的戰船和其餘幾個船，據着原地，猛力對我方進攻，實在出乎我們的意料之外。從距離看來，中國的炮和火藥是很好的，只不能自由地上升下降，炮彈太高，多無效果，只有少數落於船桅或上層甲板之上。窩拉疑號船帆上中了幾彈，海阿新號船桅上層甲板也中了炮彈。一個十二磅的炮彈，擊中了海阿新號的船桅，又一彈正中了主要橫帆，帆桁需要修理。此時海阿新號正與提督的艦船相近，不久就要將它擊沉，我方認為懲罰已夠，即時收兵。[3]

無論是義律的敘述還是這位軍官的回憶，英軍僅僅「窩拉疑」和「海阿新」兩艘軍艦受到了輕傷，並未有人員傷亡。

對於義律和「窩拉疑」號軍官的言說，林則徐卻給出完全不一樣的描述，他在向朝廷的奏摺中，報告提督關天培對陣「窩拉疑」號軍艦時寫道：

該提督親身挺立桅前，自拔腰刀，執持督陣，厲聲喝稱：敢退後者立斬！適有夷船炮子飛過桅邊，剝落桅木一片，由該提督手面擦過，皮破見紅。關天培奮不顧身，仍復持刀屹立，又取銀錠先置案上，有擊中夷船一炮者，立刻賞銀兩錠。其本船所載三千斤銅炮，最稱得力，首先打中士密船頭。查夷船制度與內地不同，其為船主宰者，轉不在船尾而在船頭，粵人呼為頭鼻，船身轉動，得此乃靈，其風帆節節加高，帆索紛如蛛網，皆繫結於頭鼻之上。是日士密船頭撥鼻拉索者，約有數十夷人，關天培督令弁兵，對準連轟數炮，將其頭鼻打斷，船頭之人紛紛滾跌入海。

林則徐關於關天培的這段敘述，有學者認為「恍惚置身於古典戲劇小說的戰鬥場景之中」，「在一派中世紀的豪邁之中，又讓今人淒然感受到無知於近代戰術原則的悲涼」，因為「在近代激烈的炮戰中，關天培的這種做法是不足取的」。[4]可道光帝閱後大為感奮，特加朱批稱讚關天培「奮勇直前，身先士卒，可嘉之至」，賞給法福靈阿巴圖魯名號，並「交部從優議敘」。

林則徐在奏報中還提及參戰的水師提標左營遊擊麥廷章，他對陣的是「嗶唥」（海阿新號）軍艦：

又奏升水師提標左營遊擊麥廷章，督率弁兵，連擊兩炮，擊破該船後樓，夷人亦隨炮落海，左右艙口間有打穿。嗶唥船不甚向前，未致受創。

對於戰爭的結果，林則徐的奏報這樣說：

接仗約有一時之久，士密船上帆斜旗落，且禦且逃，嗶唥亦隨同遁去。我軍本欲追躡，無如師船

2 胡濱譯：《英國檔案有關鴉片戰爭資料選譯》（上），第四七三—四七四頁。
3 賓漢：《英軍在華作戰記》，《鴉片戰爭》（中國近代史資料叢刊），第五冊，第四十八頁。
4 茅海建：《天朝的崩潰：鴉片戰爭再研究》北京，生活·讀書·新知三聯書店，一九九五年版，第一三一頁。

下旁灰路多被夷炮擊開，內有三船漸見進水，勢難遠駛。而夷船受傷只在艙面，其船旁船底皆整株番木所為，且全用銅包，雖炮擊亦不能遠透，是以不值追剿。收軍之後，經附近漁艇撈獲夷帽二十一頂，內兩頂據通事認係夷官所戴，並獲夷履等件，其隨潮漂淌者，尚不可以數計。我師員弁雖有受傷，並無陣亡。惟各船兵丁，除中炮致斃九名外，有提標左營二號米艇，適被炮火落在火藥艙內，登時燃起，燒斃兵丁六名，繼已撲滅。又有燒傷之額外黃鳳騰，與受傷各弁兵，俱傷妥為醫治。[5]

英國人說中國被打敗退回原錨地，達到了「懲罰」的目的。中國人說英國人被打敗，「且禦且逃」，不僅傷亡慘重，「紛紛」被炮擊中墜入海中，而且撈獲「夷帽」二十一頂，「夷履等件」不可計數。看來雙方都獲得了勝利，孰是孰非似乎難以判斷。必須指出，古今中外的戰報，包括親歷戰爭的當事人所寫回憶錄，往往因各方的信念所持和利益所需，在戰爭具體進程和戰果傷亡人數上或有誇大其詞，或有隱瞞虛構。所以，歷史學家在引用上述文獻資料時，必須進行考訂鑒別。我們引用義律和林則徐各自對穿鼻海戰的奏報，因資料匱乏，孰是孰非，難以考訂判斷，只是相互比照，使讀者大體瞭解海戰過程而已。

九龍之戰、穿鼻海戰，都是英國商務監督義律為了抗拒「具結」、「交兇」一手挑起的，兩次海戰規模很小，都不是代表兩國之間國家動員的全國性戰爭。參戰的英方軍艦「窩拉疑號」、「海阿新號」，都是義律以私人名義向印度總督請求之下，來華為義律張目，並非為發動侵華戰爭的指令而來；中方參戰的廣東水師只是在英艦開炮挑釁的情況下，不得已而被迫還擊。雙方只是偶發性的局部性的小戰鬥，與後來的中英鴉片戰爭不同。有的學者把九龍之戰與穿鼻海戰稱為「鴉片戰爭」的「序戰」，更有人將之作為「鴉片戰爭的開端」，我認為這種判斷，似乎混淆了地區性和全局性、突發性和計劃性的界限。

穿鼻海戰後，林則徐鑒於英艦船堅炮利、遊弋海面、騷擾師船的現實，決定加強廣東海防，採取「以守為戰，以逸待勞」的戰備策略。他在奏摺中向道光皇帝報告稱：

> 無論該夷有無兵船續至，即現在之士密、嗱崙兩船未去，度其頑抗之意，妄誇炮利船堅，各夷船恃為護符，謂可阻我師之驅逐。臣等若令師船整隊而出，遠赴外洋，並力嚴驅，非不足以操勝算。第洪濤鉅浪，風信靡常，即使將夷船盡數擊沉，亦只尋常之事，而師船既經遠涉，不能頃刻收回，設有一二疏虞，轉為不值，仍不如以守為戰，以逸待勞之百無一失也。[6]

道光帝對林則徐的這一策略朱批為「所見甚是」。因此，林則徐在穿鼻之戰後，積極進行廣州防務，調集了一支約有六十艘師船的水師，以二百多門新購洋炮鞏固虎門炮臺，並用鉅型鐵索封鎖江面。

對於中外貿易，林則徐提出了「區別對待」的方針：

> 至貿易一事，該國之國計民生，皆繫於此，斷不肯決然捨去。若果英夷憚於具結，竟皆歇業不來，正米利堅等國之人所禱祀而求，冀得多收此利者。與其開門揖盜，何如去莠安良，而良莠之所以分，即以生死甘結為斷。臣等現又傳諭諸夷，以天朝法紀森嚴，奉法者來之，抗法者去之，實至公無私之義。凡外夷來粵者，無不以此為衡，並非獨為英吉利而設。此時他國貨船遵式具結者，固許進埔，即英國貨船，亦不因其違抗於前，而並阻其自新於後。又如英國彎喇之船，已在口內，聞有穿鼻、官涌之役，難免自疑。臣等諭令地方印委各員，諄切開導，以伊獨知遵式具結，查明並無鴉片，洵屬良夷，不惟保護安全，且必倍加優待。復經海關監督臣豫堃親至黃埔驗貨，特傳彎喇，面加慰

5 以上引文，俱見《欽差大臣林則徐等奏為英兵船阻撓該國商船具結並到處滋擾疊被擊退摺》，《鴉片戰爭檔案史料》第一冊，第七三〇—七三一頁。

6《兩廣總督林則徐等奏為被逐英船仍逗留外洋及燒毀匪船以斷英船接濟摺》，《鴉片戰爭檔案史料》第二冊，第二十七頁。

諭，該夷感激涕零。惟嚐啷一舡，被士密嚇唬之後，尚未知避往何處？臣等飭屬查明下落護帶進埔。倘士密兵船，復敢阻擋，仍須示以兵威。[7]

對於林則徐這一區分「奉法者」與「抗法者」以分化英國人從而達到制約義律目的的政策，道光以為「所見甚是，而所辦未免自相矛盾矣」。對於已經具結的英國商船，林則徐決定加以保護，道光帝以為「恭順抗拒情雖不同，究係一國之人，不應若是辦理」。認定同為英國人，無論是「恭順」還是「抗拒」，都應該相同對待。在他看來，在強大的朝廷軍事力量面前，如此「曲意奉承」實在多此一舉，他對英軍在廣東海口四處騷擾不勝其煩，遂諭令完全中止中英貿易，並將英國船隻全部驅逐：

英吉利國夷人自議禁煙之後，反覆無常，前次膽敢先放火炮，旋經剴諭，偽作恭順，仍勾結兵船潛圖報復。彼時雖加懲創，未即絕其貿易，已不足以示威。此次士密夷船復敢首先開放大炮，又於官涌地方佔據巢穴，接仗六次，我兵連獲勝仗，並將尖沙嘴夷船全數逐出外洋。該夷心懷叵測，已可概見，即使此時出具甘結，亦難保無反覆情事。若屢次抗拒，仍准通商，殊屬不成事體！至區區稅銀，何足計論，我朝撫綏外夷，恩澤極厚，該夷等不知感戴，反肆鴟張，是彼曲我直，中外咸知，自外生成，尚何足惜！著林則徐等酌量情形，即將英吉利國貿易停止，所有該國船隻盡行驅逐出口，不必取具甘結。其毆斃華民兇犯，亦不值令其交出。嚐啷一船，無庸查明下落。並著出示曉諭各國，列其罪狀宣佈，俾知英夷自絕天朝，與爾各國無與，爾各國照常恭順，仍准通商。倘敢包庇英夷潛帶入口，一經查出，從重治罪。其沿海各隘口並距夷埠不遠之各海島，均著林則徐等相度機宜，密派員弁兵丁嚴加防護，毋稍疏懈。[8]

在道光帝看來，義律是屢教不改並蠻橫無理，這樣「屢次抗拒，仍准通商」，實在是「不成事體」。

何況天朝之大，「區區稅銀」根本不足掛齒，因此中止中英貿易，並將所有英國船隻驅逐出境，在朝廷來說是理所當然，「彼曲我直，中外咸知，自外生成，尚何足惜！」為了達到完全與英國人斷絕關係的目的，「兇犯」也不必交出。

正當道光帝與他的朝廷沉醉於勝利之中時，英國政府為了保護其非法的鴉片貿易，決定派遣更為強大的軍隊組成侵華遠征軍前往中國。道光帝及其朝廷對即將到來的英國人及其侵略戰爭毫不知情，因之也毫無準備。

7《欽差大臣林則徐等奏為英兵船阻撓該國商船具結並到處滋擾疊被擊退摺》，《鴉片戰爭檔案史料》第一冊，第七三四—七三五頁。

8《為英船膽敢首先開炮接仗著即停止對英貿易等事上諭》，《鴉片戰爭檔案史料》第一冊，第七四二頁。

第八章

英國發動鴉片戰爭

第一節　侵華輿論的形成

用武力打開中國大門，變中國為第二個印度，是英國蓄謀已久的企圖。從十九世紀二十年代起，東印度公司、英國散商和來華貿易的其他各國商人，就反對清政府實行閉關政策，由公行壟斷對外貿易的體制，以辦報、上書等方式，呼籲英國政府用武力威脅手段，迫使中國開放「自由貿易」。這股輿論迎合了鴉片販子的需要，兩者遙相呼應，互相配合，由廣州逐漸瀰漫到英國，最終形成為一股侵華戰爭的濁流，影響並支配了英國政府的對華政策。

一八二三年，大鴉片販子馬地臣在中國進行了長達一千里的「考察旅行」。一八二七年在廣州創辦了《廣州紀事報》，公開鼓吹用武力威脅中國，廢除公行體制。一八三〇年，東印度公司在廣州的特選委員會請求英國政府派遣海軍來華，用「幾艘英國戰艦駐紮在中國海域」打破廣州貿易體制。當時，英國政府對中國的軍事實力以及中國沿海的設防情況還很不了解，因而對貿然使用武力還有顧慮，所以駁回了特選委員會的請求，並責問他們為什麼要放棄一迄今為止成功執行的不動用炮艦、排除一切衝突或冒犯的可能的謹慎政策」，認為依靠「國王陛下的海軍力量」是難以成功的。但在廣州的英國人並未放棄其武力威懾的設想，特選委員會因此多次要求英印殖民當局派遣海軍艦隊來華。東印度公司董事部不得不告誡他們：「維護國家尊嚴的權力在國王陛下政府的手裏，只有國王的大臣們才有責任決定採取極端措施去證明國家榮譽是否受到侮辱。」[1]

散商是東印度公司對華貿易未期迅速成長起來的一個群體，他們力量雄厚，有超過東印度公司的勢頭。他們對廣州貿易體制的憎恨，似乎超過了東印度公司，也開始製造對華強硬輿論。曾任職英商查頓—馬地臣洋行的美國人威廉・伍德發刊的《中國信使報》（*Chinese Courier and Canton Gazette*）曾著文抨擊中國的貿易是壟斷的貿易，廣州是中國對外壟斷貿易的港口，行商是地方的壟斷者，「通過這種制度，整個外國貿易之流被迫通過一個渠道進入這個廣闊的帝國」。認為只有廢除這一制度，才能實現西方人嚮往的所謂「自由貿易」。一八三〇年十二月，四十七名英商向英國議會上書要求採取行動。以反對鴉片貿易著稱的美國商人查爾斯・金（Charles King）也在《中國叢報》上發表文章，提出向中國適度地展示武力，迫使清政府在對外政策上讓步。他還認為西方國家聯合起來表達共同的意願，可以「影響中國君主的政策」。

作為鴉片貿易的急先鋒，東印度公司為了向英國政府提供中國情報以誘使政府改變對華政策，便於一八三二年派遣「阿美士德號」間諜船去中國沿海搜集情報。一八三三年九月，《廣州紀事報》公開宣稱，為了「迫使中國同我們貿易，訴諸武力是必要的」。對華軍事行動必定成功，因為中國虛弱的軍事力量使其無法抗拒西方人的海上武力。東印度公司對華貿易特許權廢止後，散商們認為中英貿易變為「自由商人財富」的日子到來，他們急切地為自己的利益吶喊。一個商人在《中國叢報》發表一篇長文《對華自由貿易》，提出要打破廣州貿易體制、建立在華「自由貿易」新體制，必須在中國沿海建立一個不受中國管轄的商業—軍事基地，派軍艦駐紮，對「虛弱」、「面臨崩潰」的中國形成威懾，英國艦隊可以輕易地封鎖黃河和大運河，必要時實行禁運。不過一八三〇年代中期前後，廣州各國散商的輿論，主要是通過武力威懾以達到對華自由貿易的目的，還沒有主張發動侵華戰爭。

必須指出，這種所謂「自由貿易」論以及用武力威懾方法打破中國既有貿易體制的輿論無論是在廣州還是在遙遠的英國國內，都曾受到質疑。有人在英國報紙上著文批判所謂對華自由貿易的論調，指出那些

1 吳義雄：《鴉片戰爭前在華西人對華戰爭輿論的形成》，《近代史研究》二〇〇九年第二期。本節相關內容主要參考了該文，資料來源不再一一注明。

提出派遣軍艦到中國進行侵略的人，使人想起英國歷史上的多次侵略戰爭，「難道因為中國人拒絕與我們或其他國家進行不加歧視的交往，我們就應該兇殘地毀滅他們的城鎮鄉村，把他們排斥在國際法的範圍之外嗎？」但這種質疑的聲音很快被完全淹沒了。

律勞卑事件是在華西人從鼓吹武力威懾向鼓吹對華戰爭轉變的催化劑。從那時起，廣州的西人報刊發表一系列言論，主張採取軍事行動，逼迫中國簽訂條約，實現擴大通商、廢除行商制度、擺脫在海關稅費方面所受勒索、取得治外法權、佔領不受中國管轄的基地等。《中國叢報》一八三五年一月號上一位讀者來信，認為在對華關係上不必顧及國際法。英國應該派遣一位受人尊敬的特命全權公使來中國，率領英國遠征軍艦隊直接抵達白河口，向清朝皇帝要求公道。

在華西人輿論轉向的過程中，鴉片販子不僅起了推波助瀾的作用，而且明確地提出了武力侵華的主張。一八三四年十二月九日，查頓—馬地臣鴉片走私集團，拋開英國駐華商務監督直接上書英國國王，敦促英國政府對中國儘快採取軍事行動。這次上書由鴉片販子查頓和馬地臣發起，共有八十四名商人和商船船長簽名。他們要求英王任命一位具有相當品級、具有外交經驗，特別是從未參與對華貿易事務（以免被當做「商人」而被中國官員歧視）的特命全權公使。由他率領艦隊開抵中國東海岸（靠近首都更佳），要求為律勞卑所受屈辱進行經濟賠償，為英國船隻通過虎門時炮臺開火所造成的侮辱索賠，為貿易停止期間英國船隻被扣押所受損失索賠。他們還提出，在獲取上述權益之後，公使還要繼續與欽差大臣談判，簽訂協議，將廈門、寧波、舟山闢為通商口岸。如果這些要求不能得到滿足，可以訴諸武力，有鑒於中國軍事力量的孱弱，做到這一點並不需要大規模的軍事力量。

與此前的武力威懾論相比，這次上書已經表明對華發動侵略戰爭的輿論在廣州開始形成。對於這種赤裸裸的武力侵華論，在廣州西人中並非鐵板一塊。因為在對華關係上，當時還有所謂的「商業交往論」和「宗教改善論」。「商業交往論」者認為「武裝侵華論」者宣稱在中國所受到種種「弊害」，更多的是名義上的而非實際的：

事實上，儘管我們無疑遭到了苛刻的剝奪，我們在與中國人的交往中並沒有或者甚少遭到被描繪成色調如此引人注目的侮辱。相反，作為個人，我們一般得到了尊重，甚至在作為侵略者之時我們也得到了保護。這種情況也許並非出於對我們的友誼，而是因為中國人在整體上對外國人的害怕，因為他們無論在金錢方面還是在身體方面都肯定會遭到懲罰。

因此，這些「商業交往」論者和任何人一樣樂見與中國人的交往，認為通過「持續不斷的安靜而謙遜的貿易進程」，中國人自身也會日漸認識強加給外國人的許多不利條件，這些條件也使他們受困，「這種狀況必定會導致強加於我們的規章的消除。其人民將發現善待我們正是他們自身利益之所在，輿論甚至會強大到讓其統治者聽到」。這樣，中外交往之間的障礙也就會無形中慢慢消解，而這一目標是武力侵華不能達到的。

所謂「宗教改善論」，認為中外友好交往的基礎建立在基督教的道德力量之上。在他們看來，暴力是「自然的或道德的邪惡」，人們應該想方設法去消除這種「邪惡」。這明顯是指向「武裝侵華論」者。他們承認商業貿易的利潤的確給人類帶來了福祉，也值得加以發揚光大，但在中國的商業貿易與非法的、不道德的鴉片走私聯繫在一起，也就沒有資格充當改善中外關係的使命。

當然，無論是「商業交往論」還是「宗教改善論」都沒有成為輿論主流，很快因中英關係出現的變化，到一八三八年，特別是林則徐禁煙運動開始以後，武裝入侵的言論已經成為廣州西人的一致看法。一八三九年五月，逃回英國的大鴉片販子顛地，聯合數十家英國洋行向英國政府控訴他們遭受的以欽差大臣林則徐為首的官員種種「迫害」，諸如被迫交出鴉片、圍困商館、撤退僕役、逐出澳門、斷絕供應、迫交兇犯、師船攻擊等等，提請英國政府對華採取武裝侵華的強力措施。與此同時，作為商務監督的義律，在抗拒繳煙、抗拒具結、不肯交兇的過程中，也向英國政府不斷要求出兵中國，發動戰爭，並且請英印政府派遣軍艦來華，幫助他挑起武裝衝突，導致了九龍之戰和穿鼻海戰。

廣州英商、鴉片販子和駐華商務監督義律這種日漸形成的對華戰爭輿論和挑動武裝衝突的手段，通過各種各樣的途徑，極大地影響了英國本土，並與英國本土的利益集團相聯合，造成一種對華武力強制的輿論氛圍，並通過與政府密切相關的渠道，對英國政府的決策造成了決定性影響，從民間的聲音最終成為政府決策的基礎。西方若干史學家和中國問題觀察家，在他們的著作中說到爾後的中英戰爭時，都只注意和強調英商的「自由貿易」要求受到中國貿易體制的壓抑、阻礙，認為中英戰爭是一場「商業戰爭」，不是因鴉片走私和反走私而導致的「鴉片戰爭」。這種定性，顯然是忽視或故意抹殺鴉片走私集團在戰爭輿論形成過程中所起的作用，抹殺戰爭的正義與非正義、侵略與反侵略的本質。

第二節　搜集情報　策劃戰爭

鴉片走私販子和對華貿易休戚相關的英國紡織利益集團，不僅在鼓吹武力侵華輿論形成過程中，相互呼應，起着影響和支配英國政府對華政策的作用，而且還搜集中國政治、軍事情報和直接策劃戰爭方案，提供英國政府作為侵華戰爭的依據。

如上節所示，由於歷史原因，早有企圖殖民中國的英國政府，在十九世紀二十年代前後，因對中國的實際狀況還很不了解，所以不敢對中國貿然動手。於是，搜集中國情報就成為英國對華政策的重要前提。這個任務落實到了英屬東印度公司的身上。

東印度公司本身是英國對華貿易和鴉片走私的老巢。一八三二年二月，東印度公司出於自身利益的需要，決定派遣廣東商館高級職員休·漢密爾頓·林賽（Huyh.Hamilton Lindsay）化名胡夏米（Hoo-Hea-Mee），偕同化名甲利的德國傳教士郭士立，乘坐「阿美士德」號，以調查中國沿海商業貿易情況為名，從澳門出發，經廈門、福州、寧波、上海作間諜航行。他們偵查了港口虛實，測繪海灣、河道地圖，搜集相關政治、經濟、軍事情報。

胡夏米、甲利和船長禮士（Capt. Rees）各有分工，禮士負責河道和海灣測量，繪製航海圖；郭士立負責沿海港口地勢、貿易和軍事設施情況的搜集；胡夏米除主持偵察活動外，沿途散發《英吉利國人品國事略說》、《戒賭博》、《戒謊言》等小冊子以作掩飾。經三十一天的航行，「阿美士德」號到達粵閩邊境的南澳島，偵察該地海軍實力和陸上軍事設備後，胡夏米向東印度公司報告說：

南澳是廣東第二個海軍根據地，一半位在廣東，一半位於福建。它是總兵官或提督的駐所，在他的指揮下，共有軍隊五二三七人，其中四零七八名屬廣東，一一五九名屬福建。但是這些軍隊的實際存在，除了在花名冊中以外，是很可懷疑的，這個根據地的防禦，據我們所見，共有七八隻戰船，從外形看來，它們類似小型的福建商船，從各方面看來，比我們在廣州看到的戰船要差得多。海灣入口處有炮臺兩座，較高的一處有炮八尊，較低的一處有炮六尊。海灣內部另有小炮臺一座，上面並未架炮。[1]

四月二日，「阿美士德」號抵廈門。地方官曾多次驅逐，未能奏效，胡夏米等登岸偵查，逗留六天才離開。他們偵查到廈門雖無物產，但因地理位置特殊，當地人善於航海經商，是中國最繁盛的城市之一。廈門港不僅商船能直接靠岸起卸貨物，最大的軍艦也能進口停泊。在廈門，胡夏米一行也清楚地看出清朝官吏的弱點是「懼強欺弱」。因此，在清朝官吏的面前一定要表示強硬態度：「我方愈不屈從，對方就愈會滿足我們的要求。」

「阿美士德」號是第一艘開進閩江的英國船隻。從進入閩江口起，他們就觀察水文、測量水深、繪製地圖，並調查了閩江防務：船開進拱衛福州的五虎門以後，閩江兩岸各有大炮臺一座，附近山上另有許多炮臺。但是這些炮臺既沒有安置炮，也沒人守衛，幾乎全成為廢墟，只不過是當地優美風景的點綴品。福州附近的炮臺也處於年久失修的狀態。郭士立說：「即使這些炮臺很完整，清軍是既無技能，也沒有勇氣來保衛它們的。」胡夏米向東印度公司建議，解決福州開港問題最直截的辦法，就是使用武力：

我有確切的信念，只須四隻或六隻印度商船和一艘戰船，開入閩江，就能俘虜中國戰船。這之後，再直接開往閩安，從那裏通知中國政府，讓它在友好與敵對，貿易與戰爭之間，任擇其一，那末用不到流血和浪費金錢，英國在福州的貿易就可以永久建立起來。

「阿美士德」號在寧波也沒有受到真正的阻撓，大模大樣駛入甬江。郭實臘（士立）很是詫異：「本地全體海軍船隻，不能阻止一隻商船進口，真是怪事！」胡夏米等詳細考察了鎮海炮臺，認為是他們在中國所見到炮臺中最大的一個，但與所有炮臺一樣年久失修，上面既沒有架炮，也沒有兵丁守衛。六月二十日，「阿美士德」號出現在吳淞口。藉口風狂雨大，不能開船，停留不走。因歐洲船隻從未到過上海，禮士對長江和黃浦江水道仔細探測。胡夏米等搜集情報後，認為吳淞口炮臺雖很大，但只須極少兵士就可佔領，因炮彈質料極壞，炮彈和炮口徑不合，發炮時炮手比他所要射擊目標更危險。他們參觀了上海附近兵營後，胡夏米報告說：「我們看到牆上掛着箭，但沒有發現弓，據士兵告訴我們，弓卻放在對岸另一個地方。他們使用的武器極不一致，有的用刀，有的用火槍，有的用矛。」他們還參觀了清軍的檢閱：「中國軍官對待我們非常客氣，容許我們查看他們的武器和裝備。大部分人只有一把刀和一面藤牌。刀是最壞的一種，實際上不過是一片鐵片，槍一般說來，也是很髒的，而且上面幾乎全生銹了。」他們的結論是：「只要有五十名意志堅定，訓練良好的士兵，或者比這數字更少些，就可以徹底消滅比這五百人更多的軍隊。」

胡夏米一行會見了上海地區最高官員道臺吳其泰。吳其泰命令他們即刻離滬，不得逗留。但胡夏米不僅不予理睬，還要求將其稟帖轉呈兩江總督。這戳中吳道臺要害，因為洋人入境說明他防守不力，這可是丟烏紗帽的罪過。吳其泰對胡夏米等無可奈何，任由他們在上海逗留了十八天，使西方人第一次近距離地觀察認知上海，上海也由此進入了英國人的視野。胡夏米等認為：

上海地位的重要，僅次於廣州。它的商業十分活躍。如果歐洲商人准許來上海貿易，它的地位更

1 南木：《鴉片戰爭以前英船阿美士德號在中國沿海的偵查活動》，列島編《鴉片戰爭史論文專集》，北京，三聯書店，一九五八年。本節相關資料除注明外，皆來源於該文，不再一一注明。

能大為增進。外國商品在上海的消耗量很大。這樣大的商業活動區域，以往一直被人忽視，實在太令人奇怪了。由於觸犯中國法律的顧忌，阻止了船隻來此貿易的企圖。這些雖然是困難，但不是不能克服的。

新任江蘇巡撫林則徐命令蘇松鎮總兵關天培驅逐「阿美士德」號，並派水師押往浙江水域。胡夏米等假意南返，半途折回北上山東，出現在劉公島海面。僅停留一天，就折往朝鮮，經琉球回澳門，完成間諜偵查任務，歷時六個多月。

對於胡夏米一行的間諜活動，清朝政府與地方官員們都完全不明就裏。他們只有運用傳統的對外方式——嚴厲防範胡夏米等人販賣商品和與中國民眾接觸。除此之外，其他事情毫不介意，甚至還邀請胡夏米等參觀軍營與軍隊檢閱，將軍事祕密完全暴露。當然，清朝政府與各級官員更沒有認識到此次偵查的後果。根據此次偵查，經過三年充分的討論，英國人擬定了一份全面的武裝侵略中國方案。一八三五年七月二十四日，胡夏米以私人信件的方式將該方案提交英國外交大臣巴麥尊，其中稱：

照我的意見，採取恰當的策略，配以有力的行動，只要一支小小的海軍艦隊，就萬事皆足了。我樂於看到從英國派出一位大使，去與印度艦隊的海軍司令聯合行動，對於我們所受的損害索取補償，並商訂一份以自由原則為基礎的通商條約。迫使滿清政府屈服的武裝力量可包括一艘主力艦、兩艘大巡洋艦、六隻三等軍艦、三四隻武裝輪船，船艦載運陸上部隊約六百人，以炮兵隊為主，以便進行必要的陸上動作，這就滿夠了。……這支武裝足夠達到我們所想望的一切目標，是毫無疑義的。

儘管卑怯如中國人，但是如果我們激起他們民族的反抗精神，他們就可能，並且必然會證明出他們乃是出乎我們想象之外的可怕人物。因此，我們的政策就應該避免激怒人民，在一切場合不對他們懷抱任何敵對情緒。敵對行動開始時，單純地只對沿海進行封鎖，在廣州、廈門、上海、天津四個主要港口附近，各駐以小型艦隊。……這些行動的結果，會在很短的時間內把沿海中國海軍的全部威信一掃而光，並把數千隻土著商船置於我們的掌握之下。[2]

為了擴大影響，翌年該信被公開出版，題為《與巴麥尊子爵論英華關係書》。一八三九年，胡夏米的方案又成為倫敦印度中國協會的提案提交給巴麥尊，成為當年英國議會制訂對華戰爭方案的重要依據之一。

「倫敦印度中國協會」是英國紡織資本家集團伙同航運、進出口貿易、金融等各界鉅頭組成的團體，於一八三六年成立。這個團體以研究對華貿易為名，經常向英國政府提供有關中國的情報。他們與外交大臣巴麥尊保持着密切的聯繫。巴麥尊是個狂熱的殖民主義者。自從東印度公司一八三四年被取消對華貿易特許權後，英國派出了具有官方性質的商務監督主持與中國的貿易。一八三六年六月，巴麥尊撤換了商務監督羅賓臣（George Best Robinson），因為羅賓臣標榜與中國「相安無事」，不符合他的殖民野心。他任命查理．義律為商務監督，因為義律主張對中國採取強硬行動。一八三七年九月，他將英國駐東印度艦隊調到中國，與義律取得個人聯繫，以準備面對「許多可能的意外事件」。[3]

虎門銷煙的訊息傳到倫敦後，英國紡織集團從自身利益出發，竭力煽動英國政府以武力保護鴉片貿易。一八三九年八月，倫敦印度中國協會舉行緊急會議。會議由曼徹斯特紡織資本家、對華棉貨出口商、曼徹斯特商會主席莫克．維卡召集，聽取鴉片販子查頓和剛從中國逃回的大鴉片販子顛地報告中國禁煙

2 嚴中平：《英國資產階級紡織利益集團與兩次鴉片戰爭史料》，列島編《鴉片戰爭史論文專集》，第三十九—四十一頁。

3《英國議會文件：有關中國通訊》，第一九四頁。

情況後，會議一致認為「鴉片貿易加上輸華金屬品、製造品，構成英印進行對華貿易的手段」，[4]表明他們與鴉片販子的利益完全合流，因而宣稱：「應該用強大的武力作後盾，從中國人手裏獲得特權，庶幾使貿易建立在永久的基礎上」。[5]會後，這伙人同巴麥尊交談了一個多小時，共同擬定了發動戰爭的初步設想。[6]

九月十八日，倫敦侵華集團繼續開會，商討如何促使政府侵華，並決定成立由拉本德、查頓等組成的九人委員會，具體策劃侵華戰爭。九月二十一日，英國政府收到義律的正式報告，巴麥尊侵略嘴臉暴露，他立即表示，對中國的唯一辦法就是「先揍它一頓，然後再作解釋」。兩天後，他以私人函件名義致函首相，提出了他的侵華主張：

（一）政府對於義律用政府名義承擔下來的兩萬箱鴉片的責任是承認呢？還是否認？

（二）要是否認這份責任，政府就讓受害人聽天由命嗎？

（三）要是承認這份責任，政府是簡單地向國會提議付出那筆錢呢？還是把義律以政府名義承擔下來的義務當做強迫中國政府賠補受害人所受損失的義務，而以林欽差辦事的暴虐性做為向中國政府提出要求的根據？

（四）財產是如此其用暴力奪去的，政府替他們提出賠償要求，同時，為了將來把不列顛人民和中國人民關係放在安全的基礎之上，政府是否更進一步提出締結一個條約的要求，並且對於這種行動的整個精神所加於英國官員的絕大失敬也要求某種道歉或賠償呢？

（五）如果政府這樣決定，那麼壓迫中國人順從的最容易最有效的強制手段是什麼呢？

（六）截至現在為止，已經建議出來的辦法是，強有力地截斷中國的沿海貿易。捕捉並扣押他們一切的沿海船隻，據說沿海船隻是極多極多的。佔領沿海幾個島嶼，此中包括一個小島上的廈門鎮。為此，不需要很大的海軍力，兩艘主力艦，再加幾艘較小的艦隻可以夠了，印度不難派出足夠的陸軍去。[7]

巴麥尊雖然是以討論的口吻開始信件的寫作，但其最終的目標已經顯露無遺，而且還說已有一艘主力艦在印度，另一艘主力艦和一艘大型巡洋艦正整裝待發，似乎已經做好了馬上出兵的準備。這樣，通過鴉片販子在廣東的醞釀、中經與英國本土的紡織集團的合流和策劃鼓吹，切合了英國政府商業殖民的追逐，英國政府決定對中國「動手」。

4 嚴中平輯譯：《英國鴉片販子策劃鴉片戰爭的幕後活動》，《近代史資料》一九五八年第四期，第四十六頁。

5 嚴中平：《英國資產階級紡織利益集團與兩次鴉片戰爭史料》（上），《經濟研究》一九五五年第一期。

6《威廉．克勞弗德致羅伯特．克勞弗德》，《近代史資料》一九五八年第四期，第十四頁。

7 嚴中平輯譯：《英國鴉片販子策劃鴉片戰爭的幕後活動》，莊建平主編《近代史資料文庫》第四卷，第八十一—八十一頁。

第三節　英國政府出兵

一八三九年十一月一日，時為道光十九年八月二十四日，英國召開內閣會議，第一次討論中國問題，「經過長時間的討論之後，終決定派遣一支艦隊到中國海去，並訓令印度總督對於我們兵船司令所採取的任何必要行動予以合作」。

在會上，巴麥尊特別賣力，「他說明怎樣用一條主力艦、兩條巡洋艦，兩三隻輪船和幾隻小型武裝船隻就可以把從北京到廣州的整個海岸封鎖起來」。這位力主侵華的英國政府外相巴麥尊（Henry J. P. Palmerston，一七八四——一八六五），是一個愛爾蘭貴族，在愛爾蘭擁有大量的土地，又在威爾士等投資工礦業，在倫敦從事股票投機，是英國當時典型的資產階級化土地貴族，馬克思為他頗費筆墨，後曾結集為《巴麥尊子爵生平故事》。巴麥尊就學於愛丁堡大學和劍橋大學，一八〇七——一八六五年間，先後擔任海軍部委員、軍政大臣、內政大臣、外交大臣和首相，成為英國宦海中的不倒翁，他的名言是「英國沒有永遠的朋友，只有永恆的利益」。一八〇七——一八二八年，他作為托利黨成員，當了近十年軍政大臣。後「叛逃」輝格黨，很快成為輝格黨內閣第一流人物，一八三〇年成為外交大臣。本次內閣會議前幾日，巴麥尊曾與拉本德等九人委員會密談，並留下了委員會提供的大量相關中國的情報。

內閣會議雖然達成了侵華決定，但並未公佈，更沒有在議會討論得到議會同意，因此以拉本德為首的所謂九人委員會加緊了行動，他們不僅自己不斷向巴麥尊進言，更組織以城市為單位的聯名上書方式，向政府施壓。自九月三十日曼徹斯特三十九家公司聯名致書巴麥尊，到十一月十日，先後有倫敦、利茲、利物浦等六個著名工商城市近三百家工商業資本家上書巴麥尊，要求政府武力侵華。拉本德也一再致函或會見巴麥尊，敦促政府早日發出武力行動的訓令。十一月十八日（道光十九年九月十二日），巴麥尊向義律發出第十五號祕密訓令，其中稱：

> 陛下政府感覺，對於中國人所加於不列顛人民和女王官吏的暴行，不得不表示憤怒；陛下政府認為絕對必須把大不列顛和中國今後關係安置在明確而安全的基礎之上，為此，陛下政府意將派遣海軍到中國海去，可能還有少量陸軍。……陛下政府現在的想法是：立刻封鎖廣州與白河或北京諸河，封鎖廣州與白河之間認為適當的若干處所；佔領舟山群島中的一個島或廈門鎮，或任何其他島嶼，凡是能夠用作遠征軍的供應中心與行動基地並且將來也可以作為不列顛商務之安全根據地的就行；陛下政府是有意於要永久佔有這樣地方的。陛下政府還打算立刻開始捕捉，並扣押海軍所能夠弄得到手的一切中國船隻。採取了這些步驟之後，海軍司令應該進到白河河口，向北京政府送一封信，告訴他們不列顛政府何以採取這樣的行動……[1]

他要求義律「用心研究實現這樣一個計劃的困難條件和便利條件」，並告知遠征軍抵達中國的時間在來年的三月。這一訓令，巴麥尊並沒有按照慣例立刻送達內閣各閣員，而是遲至十一月十六日才送交。

此後，顛地等也向巴麥尊獻計獻策，提出了一些侵華策略。巴麥尊更是囑託拉本德等起草詳細的侵華方案。十一月二日，拉本德等以書信形式向巴麥尊提交了一份集當時各種建議大成的全面侵華方案，要求在侵華戰爭之後逼迫中國政府簽訂通商條約，其主要條款包括下述七條：

1. 除廣州之外，允許英商到廈門、福州、寧波、揚子江等北部港口貿易。

---

1 嚴中平輯譯：《英國鴉片販子策劃鴉片戰爭的幕後活動》，莊建平主編《近代史資料文庫》第四卷，第九十一—九十二頁。

2. 在上述各地，英國人與本地中國人直接交易，反對僅與少數行商貿易的制度。如果中國政府堅持與行商貿易，中國政府必須承擔因行商問題引起的損失。

3. 中國政府與官吏不得賤視在華合法貿易的英國商民，應讓他們依照歐洲習慣生活，擁有住所，與妻子同居。

4. 出入口關稅由中英政府協商釐定，以後非經雙方同意，不得更改。

5. 英國駐華商務監督是英王代表，應與中國皇帝、大臣和地方當局直接交往，並准允住北京或通商口岸，以保護僑民、管理商業。

6. 在華英僑觸犯中國法律，只准將其個人處罰，不得牽連別人。

7. 如中國不願意開闢商埠，應將一島讓與英國（購買或其他方式），英國在島上建立商館。

除此之外，他提出了一套完整的侵華軍事計劃。他們認為侵華時間在四—十一月西南季風時節，侵華艦隊包括一艘英海軍中最大的戰艦，用以嚇唬中國人，教他們「認識可以用來進攻他們的海軍威力是怎麼回事」；二等或八十尊炮戰艦一艘；兩艘最大巡洋艦和兩艘二十八尊炮巡洋艦；小兵船兩艘，大型輪船兩艘，六百噸運輸船七八艘等等，共配備士兵二千五百四十人（其中部分為正規炮兵部隊，用以進攻炮臺或防守佔領後的島嶼），加上後備部隊三千九百六十人，共計六千五百人。[2] 這個方案受到巴麥尊的高度重視，也成為後來英軍侵華計劃的藍本。

十一月四日，巴麥尊訓令義律，在英國遠征軍四月到達中國前，將英國人撤離廣州，並儘量搜集對英軍有用的情報。同日，巴麥尊致函海軍部，指出英國政府已經決定向中國派遣遠征軍。一八四〇年一月十六日（道光十九年十二月十二日），英國女王維多利亞在英國國會發表演說，攻擊林則徐的禁煙運動，聲稱「我已經並將繼續對此深為影響我國臣民利益和我的榮譽尊嚴的事件予以最嚴重的注意」。刊登這一演說的《中國叢報》評論說：「我們猜想這可以被認為是女王陛下對欽差大臣第一封來信的答覆，如非答覆，也可以說是覆信的開端。[3]」原來，在英國人正緊鑼密鼓籌劃侵華這段時間，林則徐正請人將他與鄧廷楨等人擬稿、道光帝批閱的致英國國王「照會」英譯，於一八四〇年一月十八日託英國商船「擔麻士葛」號船主帶往倫敦。在照會中，林則徐說：

> 惟我大皇帝撫綏中外，一視同仁，利則與天下公之，害則為天下去之，蓋以天地之心為心也。……唯是通商已久，眾夷良莠不齊，遂有夾帶鴉片，誘惑華民，以致毒流各省者。似此但知利己不顧害人，乃天理所不容，人情所共憤。……以中國之利利外夷，是夷人所獲之厚利，皆從華民分去，豈有反以毒物害華民之理？……試問天良安在？聞該國禁食鴉片甚嚴，是固明知鴉片之為害也。……何忍更以害人之物恣無厭之求乎？設使別國有人販鴉片至英國誘人買食，當亦貴國王所深惡而痛絕之也。[3]

林則徐太天真了，他對英王抱以期望，不料維多利亞女王正與她的政府一道為侵華戰爭在作準備。二月二十日（道光二十年正月十八日），英國政府正式任命海軍少將喬治・懿律（George Elliot）為英國遠征軍總司令兼全權正公使，已在廣州與林則徐「鬥智鬥勇」的他的堂兄弟查理・義律被任命為全權副公使。同一天，發出五個文件，分別是《巴麥尊子爵致中國皇帝欽命宰相書》、《巴麥尊給全權公使函件》、《巴麥尊致海軍部密函》、《對華條約草案》及其《備忘錄》、《巴麥尊子爵致懿律海軍少將和義律上校函》。這些文件除給公使的信是訓令外，給海軍部密函和致中國宰相書以及條約草案都是作為訓令附件

2 嚴中平輯譯：《英國鴉片販子策劃鴉片戰爭的幕後活動》，莊建平主編《近代史資料文庫》第四卷，第一〇四—一〇六頁。

3《擬頒發檄諭英國國王稿》（一八三九年八月三日），《林則徐全集》編輯委員會編《林則徐全集》第五冊，第二二一—二二三頁。

發出的，最後一封信是對以上問題的補充。於是，懿律率領英國遠征軍浩浩蕩蕩向中國進發，會同他在中國的堂兄弟義律，完成英國歷史上首次對中國的征戰。他們受命完成以下事務：（一）為商館被圍索取全面賠償；（二）歸還收繳鴉片並賠償鴉片損失；（三）廢除壟斷性的廣州貿易體制並還清行商債務；（四）賠償加諸英國臣民身上的凌辱與褻瀆而產生的精神損失費；（五）割讓一個或數個島嶼，以保證英國臣民未來的安全；（六）賠償遠征軍費用。巴麥尊還命令懿律封鎖中國所有重要港口顯示英國力量，佔領舟山直到賠款付清。

當然，侵華命令雖然已經在二月二十日已經下達，但這個重大的政府行動還沒有得到議會的批准，英國政府必須履行這一「例行公事」的手續。當時英國下議院議員大多與鴉片貿易沒有關係，因此對有損英國榮譽的鴉片貿易以及因此而起的「鴉片戰爭」極力反對，而且呼聲很高。為了使下議院通過議案，英國政府及鴉片販子們祕密勾連，積極進行幕後活動。一方面利用國會講壇和報紙等宣傳機器製造輿論，一方面在下議院組織一個研究賠償是否正當的委員會，以影響議員們的決定。通過一系列運作，原初十五人組成的委員會改變為二十一人，其中反對派只有四名，並將四月二日應提出的動議推遲到七日。英國內閣大臣們與鴉片販子們的努力終有結果。四月七日，下議院開始辯論，通過三天的激烈爭論後，終於以二百七十一對二百六十二票的微弱多數，通過了對華戰爭議案。有報道說，戰爭議案的制定者巴麥尊在關鍵時刻朗讀了一封由三十名具有影響的倫敦商人共同簽名的廣州商人來信，為巴麥尊贏得這個微弱的多數票也立下「汗馬功勞」。

議員辯論時，一位反對黨議員發言堅決反對戰爭：

> 我不知道而且也沒有讀到過，在起因上還有比這場戰爭更加不義的戰爭，還有比這場戰爭更加想使我國蒙受永久恥辱的戰爭。站在對面的這位尊敬的先生竟然談起在廣州上空迎風招展的英國國旗來。那面國旗的升起是為了保護臭名遠揚的走私貿易；假如這面國旗從未在中國沿海升起過，而現在

升起來了，那麼，我們應當以厭惡的心情把它從那裏撤回來。[4]

巴麥尊否認英國政府支持非法的鴉片貿易，他派兵只是希望保證貿易的安全和英國公民的安全。五月十日，上議院幾乎未經討論便一致通過了上述決議案。於是，轟隆隆的英國戰艦陸陸續續集結於廣東海面，而沉浸於天朝上國的道光帝及其臣民們根本沒有意識到即將來臨的戰爭與危險，那麼，戰爭的結果也就可想而知。

4【美】費正清、劉廣京編，中國社會科學院歷史研究編譯室譯：《劍橋中國晚清史》（上卷），中國社會科學出版社，二〇〇六年版，第一八七頁。

補記

此書中文繁體版於香港出版之際，沈公渭濱先生已至生命的最後時刻，這本著作也便成了先生的絕響。

先生長期治中國近代史，在其整整五十五年的學術生涯中，並不固守一域，從辛亥革命史起步，研究興趣十分廣泛，在辛亥革命、太平天國、鴉片戰爭等領域取得了非常重要的成就，在軍事史、會黨史、區域文化史及區域社會史、民族資產階級及晚清人物研究等領域也鮮明地鐫刻着奮力衝擊的足跡，某些方面的研究可以說是開創者或奠基人。他回憶自己治學時說過，大學畢業工作以後，在歷史方面是足足下了狠功夫的，在大約十年時間裏，每天看書做筆記到晚上十二點。正是這樣的「寒窗苦讀」，為其後來的研究打下了深厚而又紮實的基礎。從《道光十九年》一書，我們可以管窺先生在中國近代軍事、政治、文化、經濟史乃至社會史研究方面所積累的超卓功底。先生經常談到，一個學者有一兩本書或一兩篇文章能留存下來就已不錯了。他一生著述雖然不算宏闊，但每一本都在學術界贏得了口碑，有的甚至成為國外大學研究中國近代史學的必讀書。他退休以後筆耕不輟，成果遠超工作期間，並應邀參加「國家清史工程」，主持「人物傳記光緒朝（上）」的編撰。「國家清史工程」首席專家戴逸先生經常評說沈公：沈先生寫的清史，材料紮實、持論有據、人物鮮明、文字古雅。

在先生最初的籌劃中，《道光十九年》一書大約還有五萬字的內容要寫，總篇幅應該在二十萬字左右，然因主持「國家清史工程」和增訂《孫中山與辛亥革命》等，無暇撰稿，又長期受疾病的困擾。二〇一三年清史工程結項後，先生實感精力不濟，不得不放棄了續寫的計劃，委託其學生、上海社會科學院歷史研究所張劍兄協助收尾，由秋霞圃書院策劃編輯，交付華東師範大學出版社出版中文簡體版。

先生身上有着傳統知識分子強烈的家國情懷。我的記憶中，與他的每一次會面總少不了憂國憂民的言論，退休在家近二十年，他無時無刻不關注着時事與國家的發展與變革。從他早年的辛亥革命和太平天國研究，到開創軍事史和民族資產階級研究，再到清史工程的人物特別是慈禧太后研究，每一本著作、每一篇文章，總有一種大格局、大觀照。「作為一個學者，特別是歷史學家，評價一個人與事件要放到當時的歷史語境中去判斷、思考，要有一種知人論世的態度。」這是先生平時說得最多的一句話，也正因為長期以這樣的治學態度研究歷史人物與事件，先生的著述生命力是深遠的，蘊含的歷史智慧是豐富的。

《道光十九年》簡體版出版前半年，先生再三叮囑，要我題寫書名，我知道他是希望我好好寫毛筆字，給我施加練字的壓力。先生一生寫毛筆字，他的字獨步學林，數十年來堅持寫日記，亦是毛筆蠅頭小楷，遺憾的是我的字未練成，未能如先生的寄望。而最感遺憾與愧疚的是，二〇一四年下半年，先生因某醫院治療方案不當，生命垂危，後來僥倖躲過此難。出院後我曾與先生相商，抓緊錄製口述回憶，前些年他總是拒絕，今年一月，總算答應了，可由於工作與瑣事牽絆，再加上先生後來病情反覆，最終失去了這個機會，也就失去了再次體會先生生命歷程的經驗與因歷史思考而結成的智慧。

與沈公相識，是我人生最重要的際會，蒙先生不棄，使我多年得以從遊，他的言傳身教，影響了我，改變了我，從而有了秋霞圃的文化志業。在先生生命的最後時刻，我補記這點文字，狗尾續貂，表達我對先生的懷想，也讓讀者諸君能對《道光十九年》和他的作者有更深的了解。

懷抱墨軒主人

——恩師病重，予連日探視，歸而涕泗交流，作七言一首以記之。

關山戎馬原為夢，
抱墨還書黍離憂。
故紙無聲揮淚別，
聖時壯志已難求。
蒲溪一去傷心處，
困入中山作楚囚。
劍膽餘生何所冀，
滄桑百載寫春秋。

乙未季春李耐儒於秋霞圃書院